KB201039

춤추는 브라질

춤추는 브라질

펴낸날 ‖ 2014년 5월 15일 초판 1쇄

지은이 ‖ 장화경

펴낸이 ‖ 이순임

펴낸곳 ‖ 올리브나무

  경기도 고양시 일산동구 마두1동 1004 정발마을 705-101
  Tel. (031) 904-9152, 010-7755-2261
  Fax. (031) 629-6983 전자우편 yoyoyi91@naver.com
  등록번호 제2002-57호

ⓒ 장화경, 2014

ISBN 978-89-93620-37-5   03230

값 18,000원

선교를 위한 문화인류학적 접근

춤추는 브라질

‖ 장화경 지음 ‖

외부자의 위치에서 내부자의 관점으로 쓴
진지하고도 흥미로운 책

강승삼 박사

전 총신대학교 선교대학원장, 전 (사)한국세계선교협의회 대표회장

장화경 박사님의 『춤추는 브라질』은 직접 보고 느끼고 체험한 사역의 실재와 이론을 겸비한 훌륭한 선교의 책입니다. 장선교사님은 브라질선교에 관한 박사 학위 논문을 쓰기도 했고 10여 년 동안 브라질을 연구하고 브라질을 겨냥하여 선교해 왔습니다. 장선교사님의 브라질 사랑은 순수하고도 열정적입니다. 『춤추는 브라질』은 학문적으로는 선교문화인류학적 접근으로서, 브라질의 문화와 사람들의 독특성을 외부자의 위치에서 내부자적 관점으로 아주 흥미롭고도 분석적으로 표현하고 있습니다. 사진들도 적절히 배치하여 현장의 분위기를 한층 가깝게 전달해 주고 있습니다. 아울러 학자들의 전문 서적들을 적절히 인용, 활용함으로써 학술적인 깊이와 넓이를 더하고 있습니다.

브라질은 발달된 문명의 부재와 소수의 인디오라는 조건 하에 이주해온 외래문화들이 접변과 융합, 흡수, 통합을 통해서 독특한 브라질만의 문화코드를 형성했습니다. 그래서 브라질은 "이민과 혼혈의 천국", "인종의 도가니"라고 불릴 뿐만 아니라, "문화들의 땅"(Land of Cultures)이라고도 불리고 있습니다. 남미대륙의 거의 절반을 차지하고 있는 브라질은 칠레와 에콰도르를

제외한 남미 모든 국가들과 접경하고 있으며, 남미의 상업과 교통의 중심에 위치하고 있어 "남미의 심장", 또는 "남미의 관문"이라고 불립니다. 현재 브라질은 신흥경제 4개국, "BRICs"(브라질, 러시아, 인도, 중국) 가운데서도 가장 좋은 투자대상 국가로 주목받고 있습니다. 한국과는 1959년 수교를 맺은 후 지금은 'No Visa' 협정국이 되어 자원외교 및 활발한 산업, 문화 등의 교류가 확대될 것으로 전망됩니다.

『춤추는 브라질』은 "무엇이 브라질을 낯설게 하는가?"로 시작하여 브라질 선교의 방향과 미래적 관점의 전망으로 결론을 내립니다. '신들의 어머니', '붉은 인디오의 후예들', '상황화의 늪', '브라질 교회의 허와 실', 그리고 '춤추는 브라질'을 재미있게 엮어 나갑니다. 특히, '거룩성을 대치하려는 거대함의 도전'이라는 제하에 많은 브라질 사람들이 지니고 있는 종교적 혼합성을 잘 분석하고 있습니다.

장박사님은 한국 국토 면적 85배, 인구 약 2억 명, 로마가톨릭과 아프로-브라질종교의 혼합 속에 살고 있는 브라질에 (현재 한인 선교사가 250여 명) 더 많은 한인선교사가 헌신하기를 갈망하는 마음을 호소하고 있습니다. 저 또한 이 책을 읽고 더 많은 한인 선교사들이 브라질에 헌신하게 되기를 기원하면서 이 책을 모든 선교사님들과 선교헌신자들, 평신도들, 선교학을 연구하는 분들께 추천합니다.

브라질의 심층 풍경을 읽게 하는 내면의 안내자

장훈태 박사

백석대학교 선교학 교수

남미는 북유럽이나 아프리카, 다른 지역과는 달리 독특한 매력을 지니고 있다. 원시적인 자연 경관과 고전적이면서도 이국적인 건축물의 조화는 낯선 곳이지만 그만큼 흥미와 관심을 불러일으키는 곳이다. 특별한 매력이 흐르는 이유는 무엇일까?

남미 대륙에서 가장 큰 나라인 브라질은 칠레와 에콰도르를 제외하고는 남미의 다른 나라들 모두와 국경을 접하고 있다. 브라질 하면 많은 이들은 노란셔츠에 파란색 반바지 유니폼을 입은 축구팀을 상상한다. 매년 개최되는 삼바축제는 브라질의 상징이 되어 있다. 최근 들어 브라질은 국제적인 이미지 제고를 위한 변화발전에 박차를 가하고 있는 듯하다. 2014년 월드컵과 2016년의 올림픽을 비롯한 각종 국제적 행사는 브라질의 자존감을 높여주고 있다. 또한 브라질에서 생산되는 사탕수수, 지하자원 개발(유전)은 전 세계의 관심을 끌고 있다.

브라질은 여행하기에 좋은 나라다. 브라질을 통과하는 아마존 강을 따라 대자연을 즐길 수 있다. 전 세계적으로 미전도 종족이 그대로 생존해 있는 곳이기도 하다. 브라질의 "물라뚜라" 문화는, 잉카, 아즈텍, 마야 문명과 같이 인디오 문명을 바탕으로 이룩된 남미의 다른 나라들과는 확연히 다른 양상을 띤 문화이다. 저자는 '외래문화의 융합과 흡수, 통합을 통해서 독특한 브라질만의 문화 코드를 형성하고 있다'고 평가한다. 저자가 경험한 대로 이민과 혼혈의 천국, 인종의 도가니, 문화들의 땅인 만큼, 브라질은 선교학적 · 문화인류학적 측면에서 다양한 연구거리를 제공하는 곳이다.

『춤추는 브라질』을 읽어 내려가노라면 자기 자신이 여행자가 된 듯한 느낌을 받게 된다. 브라질의 어제와 오늘은 물론 내일의 희망을 찾아 나선 여행자. 여행자는 미지의 세계를 알려주는 역할을 한다. 여행자는 자신과 현지인의 삶의 변화를 꿈꾸며 외부세계에 알려주고 교류하게 해준다. 저자 역시, 브라질을 비롯한 인근지역의 현지 문화를 탐사하면서 그들의 심층 풍경을 열어 보이고자 애쓴다. 그럼으로써 민간종교와 가톨릭교회, 개신교회, 남미의 혼합주의가 무엇인가에 대한 큰 그림을 그리게 하고, 브라질을 알고 접점을 찾기 위한 물음표와 느낌표를 동시에 안겨준다.

저자는 브라질에 대한 남다른 애정과 관심을 가지고, 지금도 그곳을 위해 사랑의 기도를 하고 있다. 그는 박사학위논문 작성을 위해 브라질에 장기간 머물면서 리서치를 했고, 선교사들과 함께 사역을 하면서 몸과 마음과 혼을 그곳에 담갔다. 브라질에 대한 헌신과 사랑, 깊은 관심을 가진 저자의 출간을 기쁘게 생각하며, 세계선교의 꿈과 비전을 가진 모든 이들에게 『춤추는 브라질』을 적극 추천한다. 모든 영광을 하나님께 돌리면서 이 귀한 책이 많은 이들의 손에 들려지고 읽혀져 하나님의 나라가 확장되기를 소망한다.

2014년 4월 마지막 날
충남 태조산 자락에서

세계관의 변혁을 꿈꾸게 하는 지도책

김완기 선교사

GMS 선교사, IGREJA PRESBITERIANA GLOBAL(글로벌 장로교회) 목사,
FACULDADE BOAS NOVAS(복음대학 및 동 대학원) 신학과 교수

『춤추는 브라질』은 저자가 10여 년 동안 현지를 여러 차례 방문해 각계의 대학 교수들과 전문가들을 만나 인터뷰하면서 얻어낸 학문적이고 지식적인 정보를 바탕으로, 문화인류학적 접근을 통해 브라질 교회들이 현재 절실히 필요한 것은 세계관의 변혁임을 역설한다. 특히 현지의 선교사들도 연구하기 힘든 브라질의 인종, 문화, 종교의 역사적인 뿌리를 추적해 현재의 브라질 문화가 어떻게 형성됐는가를 밝힘과 아울러 나아갈 방향을 제시해 주고 있다. 브라질 선교를 후원하는 한국 선교단체들과, 브라질 현지인 선교를 하고 있는 한인선교사들에게 현지에 대한 문화, 선교인류학적인 이해에 길잡이가 되어줄 만한 귀한 책이다. 저자의 소망처럼, 하나님의 말씀과 성령의 능력으로 현지인 교회들 안에서 성경적 세계관에로의 대변혁이 힘있게 일어나기를 기대한다.

브라질은 중남미 종교의 중심자리를 차지하면서 자신의 종교를 수출하고 있다. 이 책이 브라질뿐만 아니라 중남미의 종교연구에 길라잡이가 되고 새로운 비전을 찾는 원천이 되어줄 것을 소망하고 기도한다.

www.CONPLEI.org.br

낯설고 멀고 광대한 땅,

알 수 없는 느낌들로 가득 찬 얼굴들,

그들의 '다른 삶'은

거울이 되어 나를 비춘다.

'확연한 다름'은 점차 '같음'이 되어 나타나고

이방인의 호기심은 비로소 사명이 된다.

하나님의 선교란,

그들에게만 흘러가는 것이 아니라,

너와 나의 변화를 이끌며 '거룩'을 향해 흐르는 일이다.

선교사란, 큰 변화를 체험하는 사람들이다.

우리 모두는 자신의 마음에

변혁을 일으켜야 하는

우리 자신에 대한 선교사들이다.

지난해만 해도 나는 답답한 벽을 마주하고 있었다. 생각의 기능이 마비된 듯했다. 한국을 벗어나니 생각들이 다시 움직이기 시작했다. 하나님께서는 14년간의 사역을 돌아보게 하셨고, 새로운 방향을 제시하셨다. 아울러 변화하는 상황들에 대한 융통성 있는 대응과 인내하고 배려함으로써 동역자들과 바른 관계를 이룰 것이며, 어떠한 상황 속에서도 유쾌함을 잃지 말라고 당부하셨다.

유래하게 그분의 뜻을 따라가리라

남미대륙의 거의 절반을 차지하고 있는 브라질은 칠레와 에콰도르를 제외한 남미 모든 국가들과 국경을 접하고 있으며, 남미 상업과 교통의 중심이 되고 있기에 "남미의 심장", 또는 "남미의 관문"이라고 불린다. 2014년 월드컵과 2016년 올림픽 개최국인 브라질은 최근에 들어서 전 세계의 관심을 모으고 있는데, 특히 미래의 에너지로 각광받는 사탕수수 알코올과 계속 발견되는 해저 유전들은 세계인의 부러움을 사고 있다. 그 외에도 질이 우수하고 수량이 풍부한 농축수산 및 광물 자원들로 인하여 신흥경제 4개국 "BRICs"(브라질, 러시아, 인도, 중국) 가운데서도 가장 좋은 투자대상 국가로 주목받고 있다. 한국과는 1959년 수교를 맺은 후 우호적인 관계를 유지하고 있지만, 세계 시장의 동향을 살펴볼 때 더욱 더 폭넓은 자원외교 및 활발한 산업, 문화 등의 교류가 이루어질 것으로 전망된다.

이렇게 세계의 중심으로, 한국으로 가까이 다가오고 있는 브라질은 독특한 특성을 가진 나라다. 문화인류학적 측면에서도 중남미 다른 나라들과 확실히 구분된다. 먼저 언어학적 측면에서 브라질은 남미에

13

서 유일하게 스페인어가 아닌 포르투갈어를 사용하고 있고, 인구 구성
에 있어서도 인디오(Indio)와 메스티조(Mestizo: 인디오와 백인의 혼혈인)로
구성된 스페인어권 나라들과는 달리 흑백혼혈인 물라뚜(Mulato)가 중
심을 이루고 있다. 또한 문화적으로도 잉카, 아즈텍, 마야 문명같이
발달된 인디오 문명 위에 세워진 나라들과는 매우 다르다. 브라질은
발달된 문명의 부재와 소수의 인디오라는 조건 하에 이주해온 외래문화
들이 접변과 융합, 흡수, 통합을 통해서 독특한 브라질만의 문화코드를
형성했다. 이에 브라질은 "이민과 혼혈의 천국", "인종의 도가니"라고
불릴 뿐만 아니라, "문화들의 땅"(Land of Cultures)이라고도 불린다.

그런데 이러한 중심성(남미에서의 위치와 역할), 거대성(국토, 인구,
자원들), 가능성(자원 및 인력 개발), 독특성(인종, 문화, 종교) 등으로 인해
남미대륙에서뿐만 아니라 전 세계의 관심을 모으고 있는 브라질을
문화적, 정신적, 영적으로 지배하고 있는 것은 다름 아닌 아프로-브라질
종교이다. 브라질 인구의 70% 이상이 가톨릭 신자이지만, 가톨릭교회
에 출석하고 있는 사람은 5%에 불과하고, 60% 이상은 아프로-브라질종
교에 연관되어 있다. 아프로-브라질종교는 아프리카 종교의 황홀경,
빙의, 조령숭배, 우상숭배뿐만 아니라, 가톨릭의 성자숭배와 제의,
인디오의 정령숭배와 치유술, 유럽 신비술의 마술, 심령과학, 영의
진보사상, 힌두교와 이슬람의 카르마, 환생 등을 전부 포함하고 있다.
이 종교는 민간적 신념과 관행, 그리고 다종교간 혼합으로 빚어진
양상들의 진면목을 유감없이 보여주고 있다. 뿐만 아니라, 이 종교의
환생사상과 영매술(spiritism)은 포스트모더니즘(postmodernism) 신앙
코드와 일맥상통한 것으로, 세계화 모드(Globalization Mode)에 더욱

힘입어 브라질 국경을 넘어 전 세계로 확장될 전망이다.

　브라질에서 아프로-브라질종교가 공식종교인 가톨릭을 능가하면서 확연히 드러날 수 있었던 것은 브라질의 역사와 문화, 그리고 국민적 특성 때문이라는 것과 다른 지역에서는 민간차원의 실행들이 공식종교의 그늘에 가려져 있기 때문에 겉으로 드러나지 않고 있을 뿐이라는 것을 깨닫게 되었다. 또한 2004, 2011년에 실시한 남아프리카 공화국과 페루에서의 민간종교에 대한 리서치를 통해서, "외형상의 차이는 있지만, 아프로-브라질종교와 같이 거룩함이 배제된 초자연주의, 신비주의, 물질주의, 능력주의, 쾌락주의 등은 전 세계에 두루 퍼져 있는 신앙"이라는 것을 알게 되었다.

　세계 기독교("기독교"란 용어는 가톨릭과 프로테스탄트를 통칭하는 것이며, "복음주의교회"는 프로테스탄트를 통칭하는 것이다) 선교계는 브라질을 세계 최대의 가톨릭국가이며 복음주의교회(특히 오순절교파)가 폭발적으로 성장하고 있다고 소개하면서, 브라질 선교에 미온적이었다. 더욱이 지구 반대편에 위치한 한국 교회는 브라질에 대한 이해와 경험 부족으로 선교사 파송과 선교 지원에 있어서 소극적인 입장을 취해 왔다. 가톨릭 국가인 필리핀의 경우와 비교해도, 한국 국토 면적 3배의 크기, 인구 약 9천만이 살고 있는 필리핀에는 한국파송 선교사가 1,000명 정도 거주하고 있다. 그러나 국토면적이 한국의 85배, 인구 약 2억 명이 살고 있는 브라질에는 1.5세대 선교사를 비롯한 한국 선교사가 250여 명 정도 있을 뿐이다. 브라질은 잘 훈련된 선교사가 많이 필요한 나라다. 선교사 부족은 브라질 복음주의교회의 신학적인 허약함과 신앙적인 미성숙함을 방치하게 함으로써 또 하나의 혼합교회

Norte
Nordeste
Centro-Oeste
Sudeste
Sul

와 이교주의를 배양하는 결과를 초래할 수 있다. 과거 포르투갈 가톨릭의 "소수의 사제, 형식적인 예배"가 가져왔던 반복음적인 민간종교의 부흥, 그리고 말씀과 성령으로 양육되지 못한 명목뿐인 교인의 양성을 브라질 복음주의교회들도 번복할 수 있음을 간과해서는 안 된다.

본서는, 브라질 북부의 마나우스(Manaus), 중남부의 상빠울루(São Paulo), 남부의 히우데자네이루(Rio de Janeiro)와 뽀르뚜알레그리 (Porto Allegre) 여행기에 박사학위 논문 '아프로-브라질종교와 선교 상황화 전략 연구'의 내용을 더한 것이다.

2014년 4월

장 화 경

차 례

16세기 초부터 19세기 중엽까지 약 950만 명의 아프리카 흑인노예들이 처참한 학대를 받으면서 대서양을 넘어 아메리카 대륙으로 이동했다(42%가 카리브 해 지역으로, 38%가 브라질로, 5% 미만이 북아메리카로 갔다). "툼베이로스"(Tumbeiros, 무덤 또는 관에서 유래된 말)라고 불리던 노예선 은 한 척당 보통 300-500명의 흑인들을 운송했는데, 그 중 40% 가량이 홍역과 천연두, 향수병 등과 열악한 환경 때문에 사망하였다. 그 상황에서 그들이 의지할 수 있었던 것은 오직 그들 신령들뿐이었다. 사진은 히우의 꼬빠까바나 해변.

카이로 청년의 질문

당돌한 논리

　브라질은 먼 나라다. 한국에서 지구 반대편에 있는 브라질까지는 최소한 비행기로 꼬박 하루를 가야만 한다. 2013년 11월 5일(화) 새벽, 나는 아부다비(Abu Dhabi: 아랍에미리트 연방의 수도)를 거쳐 브라질로 가는 애티하드(Etihad) 비행기에 올랐다. 7년 만이고 네 번째 방문이었다. 이전의 방문들은 브라질의 종교현상에 대한 리서치를 위한 것이었다면, 이번에는 마나우스(Manaus: 브라질 북부 아마존 강 유역의 도시)의 현지인 리더들에게 성경적 세계관에 대한 세미나를 열어주기 위해서였다.

　옆 좌석에는 체격이 자그마한 아랍계 청년이 앉아 있었다. 10시간 이상을 나란히 앉아 있어야 하는 이 청년이 자꾸 나를 의식하면서 친절을 베풀었다. 그러나 나는 애써 그의 시선을 피했다. 급작스런 여행계획으로 무리한 일과를 보낸 탓에 비행기 안에서만은 부담 없이 쉬고 싶었기 때문이었다. 눈을 감았지만, 잠이 오지 않았다. 영화를 보거나 음악을 듣는 것도 곧 싫증이 났다. 결국 쉬기를 포기하고, 세미나 내용을 빼고 더하고 있었다. 선교지로 향할 때마다 하나님께서 주시는 심부름이 있곤 했었는데, 이번엔 어떤 예기치 못한 사역을 주실까? 궁금해 하면서 이런저런 생각을 하고 있었다.

그런데, 아랍청년이 계속 어색한 미소를 날려 보냈다. 그냥 무시하기엔 너무나 다정한 미소였다. 결국 내가 입을 열었다. "한국에 사느냐?", "한국말을 하느냐?" 그는 한국말을 거의 하지 못했다. 부산에서 선박디자인 박사과정을 밟고 있는 중이라고 했다. 그는 내게 어디로, 무엇을 하러 가느냐고 물었다. 나는 간략하게 선교사이며 브라질로 가는 중이라고 답변했다. 그는 고개를 갸우뚱하면서, 가톨릭 선교사인지 개신교 선교사인지를 물었다. 개신교 선교사라고 답변하자, 몇 번씩이나 고개를 가로저으면서 "도대체 왜, 브라질에 개신교 선교사가 필요하단 말인가? 당신은 가톨릭 신자들을 개신교로 개종시키려고 브라질에 가는 것이냐? 도무지 이해할 수 없다"라고 했다.

그의 당돌함에 기분이 씁쓸해졌다. 그러나 무슬림의 입장에서 보면, 아주 당연한 질문이었다. 그들이 보기에는 가톨릭과 개신교는 같은 신을 섬기고 있기 때문에, 개신교 선교사가 가톨릭의 나라에 가서 선교한다는 것은 비논리적이고 비이성적인 일이었다. 그의 논리에 따르면, 가톨릭과 개신교는 다름이 아니라 같음 속에서 형식상의 차이가 있을 뿐이었다.

브라질은 세계 최대의 가톨릭 국가이다. 피상적으로 본다면, 거대한 기독교 국가에 또 기독교를 전파하러 가는 꼴이다. 청년이 몇 번씩이나 도리질을 했던 것은 바로 그런 이유에서였으리라. 그러나 내가 브라질에 가는 이유는 가톨릭 신도들을 전향시키려 함이 아니었다. 어떤 상황이든 그 속으로 들어가면 피상적으로 보는 것과는 달리 복잡성을 띠게 마련이다. 복잡한 실제 상황 속에서도 큰 줄거리를 읽어내야 하고, 작은 잎들도 섬세하게 읽어낼 수 있어야 한다. 나는 그 청년에게 나의 연구논문인 "아프로-브라질종교와 선교 상황화 전략 연구"(A Study on the Afro-Brazil Religion and the Strategy of Mission Contextualization) (2008년 백석대학원 선교학 Ph. D)를 소개했다. 그리고 아프로-브라질종교(Afro-Brazil Religion)의 신념이 브라질인들에게 널리 퍼져 있기 때문에 개신교이든 가톨릭 신자이든 이 신념의 영향을 받고 있다는 것을 설명하고, 바른 신앙, 바른 신학을 세우기 위해서 브라질에 간다고 말했다.

아프로-브라질종교가 뭐예요?

아프로-브라질종교란, 수세기에 걸쳐서 브라질로 이동한 아프리카의 종교가 포르투갈[1]의 가톨릭, 브라질 원주민의 종교, 프랑스의

---

1) 포르투갈(Portugal)이란 국명은 라틴어 "Portus Cale"(Portos는 항구, Cale는 서쪽이라는 뜻)가 합성된 뽀르뚜깔레(Portucale)에서 유래했다. 현재 포르투갈의 본토는 유럽 남서부에 위치한 이베리아 반도의 서단 대서양쪽 해 안을 따라 위치하고 있다. 동쪽과 북쪽으로 스페인과 경계를 이루고 있으며 남쪽으로는 지중해와 접해 있다. 국가의 총면적은 본토의 88,797㎢와 대서양에 위치한 아쏘리스(Açores) 제도와 마데이라(Madeira) 제도까지 합하여 총 91,906㎢인데, 이는 한반도의 약 2/5에 해당된다. 포르투갈어를 국어로 사용하는 국가는 브라질을 비롯해서 아프리카의 앙골라(Angola), 모잠비크(Mozambique), 기니비사우(Guinea-Bissau), 상뚜메프린시뻬

카르덱시즘(Kardecism), 유럽의 신비술(Occult) 등과 조우하면서 변화, 통합, 융합을 거쳐서 생성된 혼합종교(Syncretism)다. 이 종교는 다인종 간의 문화접변과 혼혈을 통해서 더욱 발전되었고 브라질 전역에 확장되었다. 현재 이 종교는 공식종교인 가톨릭을 능가하고 있으며, 브라질인들의 삶과 문화를 대표하고 있다.

포르투갈의 아프리카 점령과 대서양 노예무역은 아프로-브라질종교의 탄생의 서막을 열었다. 브라질로 끌려온 아프리카인들은 그들의 인종적 · 종교적 · 문화적 특징을 브라질에 이식하기 시작했다. 식민 브라질에 유입된 아프리카 문화는 사탕수수 대농장과 낄롬부(Quilombo: 도망한 흑인노예들이 세운 마을)에서 포르투갈이나 인디오 문화와 더불어 접변, 유지, 발전되었다. 인디오의 문화는 지배문화인 포르투갈 문화에 흡수되었지만, 아프리카 문화는 지배문화와 융합되어 브라질의 대중문화를 이루게 되었다. 아울러 흑인노예들의 종교는 수호신과 성인숭배 등의 유사성을 접촉점으로 하여 포르투갈의 가톨릭과 혼합되어 생존하였다.

또한 가톨릭교회의 억압적인 개종, 신앙 교육의 부재, 사제의 부족과 부도덕성은 흑인노예들의 진정한 회심을 이끌지 못하였다. 게다가 생산력 증가에만 관심을 모으고 있었던 백인주인들은 흑인노예들의 신앙생활에는 무관심했을 뿐만 아니라 이들의 옛 종교를 오히려 장려하는 경우도 있었다. 이런 까닭에서 사탕수수대농장은 아프리카의 신령들이 생존하고 보호받는 공간이 되었다. 아울러 농장 대저택의

(São Tomé and Principe), 케이프 베르데(Cape Verde) 등과 마까오(Macao), 티모르 (Timor)와 일부 아시아 지역 등, 세계 1/7에 해당하는 지역에서 사용하고 있다.

생활 전반에 개입되었던 흑인하녀들이 아프리카의 신앙과 문화를 백인문화에 깊이 이식하게 되어, 현재 브라질의 대중문화와 아프로-브라질종교의 기틀이 마련되었다.

19세기 브라질에 불어닥친 산업화는 도시화를 급진적으로 진행시켰다. 브라질에는 상빠울루(São Paulo, '성 바울')와 히우데자네이루(Rio de Janeiro, '1월의 강')와 같은 거대 도시들이 생겨났고,[2] 남부의 농업지대에도 대규모의 공장들이 세워졌다. 이에 따라 농촌지역의 흑인들이 도시로 이동을 시작했는데, 까보끌로(Caboclo: 백인과 인디오의 혼혈)나 백인들과 마찬가지로 광활한 브라질 전역에 흩어져 살게 되었다. 산업화는 흑인들에게 생활비를 벌고 신분을 상승시킬 수 있는 기회를 가져다주었다. 그러나 가난한 백인들과의 경쟁에서도 뒤쳐진 흑인들은 여전히 사회의 최하위층에 머물렀다.[3] 더군다나 이들은 종족과 문화 결속의 해체로 인해 격심한 정체성의 혼란과 고독을 겪게 되었다. 도시 흑인들은 새로운 결속의 필요를 느꼈다. 그것은 계급적인 결속이라기보다는 불행한 일을 당한 사람들끼리의 결속, 말하자면 소외된 사람들이 새로운 세계에 적응하기 위해서 맺는 동지적 교제의 결속이었다.

도시의 사회구조는 서로 다른 종족 출신의 아프리카인들을 서로 혼합시켰다. 브라질 정부는 흑인들의 종족적 조직화를 막기 위해 이들의

---

2) 1913년까지는 산업이 거의 전부 식료품과 방적에 제한되었었지만 두 차례의 세계 대전은 브라질로 하여금 그들이 과거에 미국이나 유럽으로부터 수입했던 모든 제품들을 제조하는 산업을 일으켜 세우게 하였다. 제2차 세계 대전 후, 상빠울루에는 브라질 전체 공장과 제작소의 40%가 있었고 히우는 바짝 뒤를 따랐다.

3) Roger Bastide, *The African Religions of Brasil*, 295-6: 농촌에 남은 흑인들 역시도 외롭기는 마찬가지였고, 이들은 깐돔블레 안으로 모여들었다.

축제와 종교의식을 세밀하게 감독하면서 체계화되는 것을 가로막았다. 흑인들은 전통적인 신앙과 제의를 유지하기가 매우 어려워졌다. 그에 따라 실질적으로 흑인들에게 남겨진 것은 그들의 마술(magic),[4] 즉 백인들에게 대항하기 위한 저주술인 블랙매직(black magic)과 자신들의 병을 고치기 위한 치료적인 마술이 전부였다.[5] 이렇게 해체와 억압으로 희석되고 개인화된 아프리카의 종교의식 안으로 포르투갈의 가톨릭, 인디오의 종교, 유럽인들이 가져온 신비술, 그리고 프랑스의 영매술(spiritism) 등이 침

브라질에 온 흑인은 수단계와 반투계로 나눌 수 있는데, 수단인들은 진보된 문명을 가지고 있었고 대체로 키고 크고 건장하고 영리했으며 연초록빛을 띤 흑색 피부를 가지고 있었다. 반투인은 의존적이고 복종심이 강했으며 내성적이었고 수다스러웠지만 환경에 잘 적응하였고 가톨릭도 잘 받아들였으므로 브라질 백인 고용주들은 이들을 매우 선호했다. 사진은 뽀르뚜알레그리의 흑인 요리사.

투되었다. 그리고 흑인들의 혼합주의적 성향은 기꺼이 이것들을 받아들여 새로운 종교인 아프로-브라질종교를 탄생시키기에 이르렀다.

---

4) 웨인 E. 오츠, 『현대종교심리학』, 정태기 역 (서울: 대한기독교서회, 1994), 257-267 참조: 마술은 미지의 존재, 신, 또는 초자연적인 힘을 조정하여 어떤 목적을 위해 자연의 질서를 변화시키는 기술이다. 마술의 요소에는 주문, 의식, 마술의 조건들이 포함된다. 마술의 종류에는 공감적 마술, 점술, 영매술, 주술 등이 있다.
5) 의사의 지원을 받을 수 없었던 흑인들은 치료의 수단으로서 마술을 사용했다.

현재 이 종교에는 여러 종파가 있다. 그 중 대표적인 3개를 소개하면, 한 종파는 바이아를 중심으로 농촌지역에서 성장한 깐돔블레(Candomblé)다. 다른 두 종파는 도시에서 성립되고 발전된 마꿈바(Macumba)와 움반다(Umbanda)이다. 마꿈바는 도시로 확산된 깐돔블레에서 유래했으며, 움반다는 마꿈바에서 유래했다고 할 수 있다. 이들 종파는 각각 독특한 특징들을 갖지만 공통적으로 오리샤들(orixas),[6] 사령들, 조령들, 성자들을 숭배하며, 영매술을 통한 황홀경과 빙의를 강조한다.

아프로-브라질종교는, 가톨릭의 나라로 일컬어지며 거대한 오순절의 물결이 일어나고 있는 브라질에서 팽창 일로에 있다. 특히 이 종교의 엑소시즘과 치유, 그리고 블랙매직은 브라질인들의 마음을 사로잡고 있다. 이는 역사적 배경의 연장선 위에서 사회적 · 문화적 · 종교적 요인에 의한 것인데, 전 세계를 휩쓸고 있는 포스트모더니즘과 세계화란 커다란 파도가 이 종교의 발전과 확산을 더욱 부추기고 있다고 할 수 있다. 게다가 브라질은 국가의 정체성을 확립하는 데 있어서 이 종교의 관행들을 민속문화화하고 있다. 또한 브라질인들의 인종과 문화적 특성은 그들이 신봉하는 모든 종교 안으로 "영들과의

---

6) "orixas"의 "o"는 "당신", "ri"는 "보다" 또는 "발견하다"라는 뜻이며, "xa"는 "집다, 모으다, 고르다, 선택하다"라는 의미다. 오리샤들은 여성과 남성으로 분류되는데, 이에만자(Yemanja)와 오슘(Oxum)은 여성이고 샹고(Xango), 오굼(Ogun), 오쇼씨(Oxôssi), 그리고 오무루(Omulu) 등은 남성이다. 아프로-브라질종교에서는 최고신 올로룸을 나타내는 형상은 결코 만들지 않지만, 오리샤들의 형상은 돌, 나무, 점토, 동으로 만들거나 초상화로 표현해서 떼헤이루의 제단들에 진열한다. 이 종교는 오리샤들이 신화 속의 환상적 존재가 아니라 실존하는 능력있는 존재들임을 믿어 의심치 않는다.

접촉과 타협"을 끌어들임으로써 종교혼합주의를 야기하고 있다. 이 종교는 영매술과 치유술, 그리고 수많은 신령들을 형상화한 우상들을 통해 브라질사람들을 매료시키고 있다. 특히 이 종교는 신령들에 의한 빙의와 환생을 크게 선전하고 있는데, 자신들의 신념과 관습의 타당성을 하나님과 성경에 근거하여 주장한다. 그러나 성경은 이 종교의 신념과 관행들을 엄하게 금지하고 있다.

특히, 아프로-브라질종교의 영향을 받고 있는 사람들은 질병의 원인을 나쁜 영의 침투, 오리샤들에 대한 영적 나태와 방심 때문이라고 믿지만, 성경은 인간의 부주의와 정서적 요인으로도 병에 걸릴 수 있음을 지적한다. 특히 바울은 디모데후서 2장 22절에서 디모데에게 건강을 당부한다. 인간의 육신은 절제하지 않고 위생에 주의하지 않으면 질병에 걸리기 때문이다(호 7:5; 왕하 1:2; 삼하 13장; 빌 2장). 또한 성경은 상한 심령이 병의 원인이 될 수 있다고 말씀한다(잠 17:22; 18:14). 찰스 크래프트(Charles H. Kraft, 미국 풀러신학대학원 교수) 박사는 인간에게 해를 끼치는 정서적 요인들로서 불안, 무력감, 낮은 자존감, 우울, 스트레스 등을 들면서 이런 현상들이 장기적으로 계속되면 육체에 나쁜 영향을 주어 질병을 일으킨다고 한다.[7] 이와 같이 질병의 원인은 다양하므로 치유방법도 원인에 따라서 다양하게 적용되어야 한다. 모든 질병이 신령들과 관계가 있다는 아프로-브라질종교의 진단은 사탄숭배의 일면에서 비롯된 것이다. 브라질인들이 그토록 열망하고 동경하는 초자연적 능력을 가진 신령들이란, 두말할 나위 없이

---

7) Charles H. Kraft, *Deep Wounds Deep Healing*, 73

크리스찌나 아비우스. 영매였
다가 회심하여 목사 부인이 된
그녀는 교회교육의 중요성을
강조한다.

사탄과 귀신들이다.

　　나는 이 아랍청년에게 아프로-브라질종교를 간략하게 설명한
후, 한 가지 예화를 들려주었다. 2004년과 2006년, 나는 두 차례에
걸쳐서 마나우스에 살고 있는 크리스찌나 아우-비스(Crsitina Aubis dos
Santos)를 인터뷰했었다. 영매(medium, 무당)인 부모에게서 태어난 크리
스찌나는 능력 있는 영매가 되기 위해서 동물의 피로 목욕을 하고
그 피에 사람 시체를 삭혀서 만든 음료를 마시는 것을 마다하지 않았다.
또한 전 가족이 영매였는데, 그들은 내담자들의 요구를 받고 특정인물
들을 죽이기 위해서 저주술을 행하곤 했다. 그렇게 영매술에 깊이

빠져있던 그녀가 19세에 극적으로 회심했다. 그리고 현재는 목사의 아내로서 열정적으로 복음사역에 임하고 있다. 그녀에게는 무슨 일이 있었던 것일까?

하루는 공동묘지의 담을 넘어서 시신을 훔치려고 하는데 사탄이 말했다. "이쪽을 파라!" 그러나 나는 다른 쪽을 팠다. 시신 위에는 성경책이 놓여 있었다. 깐돔블레 집회소로 그 시체를 가져와서 평소대로 동물들의 피를 섞어 넣은 항아리 안에 담갔다. 7일 후 손을 넣었는데 시체가 삭지 않은 채 그대로 있었다. 아버지는 허탈한 웃음을 지었다. 그리고 7일을 더 담가두었는데도 그대로였다. 모두가 허탈해 하면서 루시퍼에게 물으니 "이 시체는 나에게 속한 것이 아니라 위의 있는 분의 것이니 돌려놓으라!"고 말했다. 잘못 가져온 것이었다. 그래서 시신을 돌려놓았고, 예수님을 따르게 되었다.

2006년도에 그녀를 다시 방문했을 때, 그녀와 남편은 교회를 개척하고 있었다. 그녀는 나를 반기면서, 영매술에 관련되었던 사람은 회심 후에 더 악해질 수도 있으므로 영적 분별력을 위해 계속적인 제자훈련이 필요하다고 말했다. 또한 브라질에서는, 주로 13일 금요일이나 연말연시에 마법과 귀신의 날, 할로인데이 등의 행사를 하는데, 이런 것들은 기독교를 적대시하는 사탄이즘

브라질 사람들은 책을 잘 읽지 않아서 출판업이 부진한 상태다. 서점과 가판을 거의 점령하고 있는 것은 영매술에 관한 서적들이다. 그만큼 브라질 사람들은 영매술에 매료되어 있다.

(Satanism)이라고 밝히면서 교회교육을 통해서 브라질 사람들이 더 이상 이러한 사단숭배에 휩쓸리지 않도록 해야 한다고 자신의 경험에서 나온 의견을 피력했다.

더러운 귀신이 사람에게서 나갔을 때에 물 없는 곳으로 다니며 쉬기를 구하되 쉴 곳을 얻지 못하고 이에 이르되 내가 나온 내 집으로 돌아가리라 하고 와 보니 그 집이 비고 청소되고 수리되었거늘 이에 가서 저보다 더 악한 귀신 일곱을 데리고 들어가서 거하니 그 사람의 나중 형편이 전보다 더욱 심하게 되느니라 이 악한 세대가 또한 이렇게 되리라(마 12:43-45).

브라질 스캔들

브라질의 역사, 인종, 문화, 그리고 종교는 포르투갈의 깊은 개입으로 형성되어 왔다. 포르투갈은 수 세기에 걸쳐 아프리카인들을 브라질로 불러들이는 역할을 했고, 아프리카인들은 아프로-브라질종교의 모태가 되었다. 그러므로 아프로-브라질종교가 브라질인들의 심령을 사로잡게 된 배경을 알기 위해서는 먼저 식민시대의 사탕수수 대농장과 포르투갈 사람들에 대한 이해가 필요하다.

포르투갈은 1249년 서십자군 원정대[8]의 도움으로 무어인들의 지배로부터 독립했다. 그리고 유럽의 다른 나라들보다 일찍이 해외팽창 사업의 문을 열고 아프리카, 브라질, 인도, 중국, 일본에까지 진출했다.[9] 포르투갈이 해외 영토확장에 나서게 된 초기의 배경은 흑사병으로 인한 국내 경제피폐와 그로 인한 사회계층 간의 알력, 그리고 농촌인구의 감소로 인한 곡물부족 때문이었다. 특히 14세기 말부터 15세기 전반에 걸쳐 유럽에서의 금 생산 절감은 포르투갈의 해외 진출을 더욱 부추겼고,[10] 급기야 무어인들을 통해서 아프리카를 알게 되어 곡물과 금, 그리고 흑인노예의 보고인 아프리카로 진출하게 되었다. 이로 인해 포르투갈은 대내외적으로 영향력을 확대해 갔으며, 유럽

---

8) 조이환, "포르투갈의 종교와 종교의식: 포르투갈의 종교와 축제,"『종교로 본 서양문화』 (서울: 역민사, 2002), 330. 무어인의 지배를 받고 있던 이베리아 반도에서 이슬람세력을 물리치기 위한 재정복운동이 시작되었을 때 수많은 프랑크족 기사들이 이 전쟁에 참여하였다. 이에 이 전쟁을 "서십자군전쟁"이라고 칭한다.

9) Joseph A. Page, *The Brazilians*, 37; Charles D Ley, *Portuguese Voyages* (London: Everyman's Library, 1965), 11.

10) 김용재 · 이광윤,『포르투갈 브라질의 역사문화 기행』, 52.

강대국들의 세계팽창에도 기여하기에 이르렀다.[11] 포르투갈은 훗날 아프리카와 브라질을 서로 관계 맺게 하는 다리가 되었으며, 양측 모두의 삶에 지대한 영향을 미쳤다.

1500년 4월 22일 포르투갈의 까브랄(Pedró Alvares Cabral, 1467-1520) 은 13척의 선박과 1500명의 인원으로 구성된 대규모 선단을 이끌고 인도를 향해 항해하던 중 브라질을 발견했다.[12] 그러나 그 당시 포르투 갈은 향료, 보석, 화려한 직물 들이 풍부한 동방과의 무역에서 큰 이익을 획득하고 있었기 때문에 경제적 이윤을 기대할 수 없었던 브라질 개척을 고려하지 않았다.[13] 동 주앙 3세(Dom João III, 1521-1556)가 집권한 후 동방무역이 쇠퇴일로에 처하게 되었고, 재정적으로 위기를 맞은 포르투갈 왕실은 1534년이 되어서야 브라질에 대한 경제적 활용 가능성 을 타진하고 식민화작업을 추진하기 시작했다.[14]

---

11) José Honório Rodrigues, *Brazil and Africa*, trans. Richard A. Mazzara and, Sam Hileman (Berkeley: Univ. of California Press, 1965), 11; Charles E. Nowell, *The Great Discoverries and the First Colonial Empires* (New York: Cornell Universe Press, 1962), 3-6; 민만식, 『중남미의 성치와 경제』(서울: 일신사, 1975), 12.

12) João Pandiá Calogeras, *A History of Brazil*, tran. Percy Alvin Martin (New York: Russell and Russell, Inc., 1963), 1: 까브랄은 이곳을 "베라 꾸르즈"(Vera Cruz, 거룩한 십자가)의 섬이라고 명명했었다. 현재 브라질이란 국명은 빠우-브라질 (Pau-Brazil)이란 나무 이름에서 비롯되었다.

13) Richard M. Morse, ed., *The Bandeirantes: The Historical Role of the Brazilian Pathfinders* (New York: Afred A. Knopf, 1965), 7; Roger Bastide, *The African Religions of Brasil*, 31: 당시 포르투갈인들은 브라질에서는 빠우-브라질이라는 염료나 무와 약간의 약초, 앵무새, 원숭이 외에는 기대할 것이 없다고 생각했다.

14) Brandforld E. Burns, *A History of Brazil* (New York: Columbia Univ. Press, 1970), 7.

아프리카 흑인노예들이 브라질로 이동하게 된 직접적인 원인은, 식민 브라질에서 사탕수수 산업을 비롯한 산업이 폭발적으로 일어났기 때문이었다.[15] 이에 아프리카 흑인들은 노동력을 충당하기 위해서 약 3세기 반 동안 쉬지 않고 브라질에 유입되었다. 식민 브라질의 산업은 <표 1>과 같이 16세기에 해안산림지대에서 빠우-브라질(pau-brasil, 붉은 물감을 뽑는 부라질의 나무)의 채취로 시작되었는데, 16-17세기에는 북동부의 제당산업, 17세기 말에서 18세기 중엽에는 중서부 및 남부 지방의 광산업, 그리고 19세기에는 커피 산업으로 변천되었다.[16]

<표 1> 식민 브라질의 산업 변천

산업품목	시기	주산지	산업형태	결과
빠우-브라질	16C	해안 산림 지대	수목채취	인디오와 접촉
사탕수수	16-17C	북동부	농업, 목축	계급사회 형성
금 및 귀금속	17-18C	중서부 및 남부	광물채취와 목축	애국심 형성 및 영토확장
커피	19C	동부 전지역	농업, 상업	브라질 독립

특히, 브라질은 1580년부터 1680년까지 한 세기 동안 세계 최대의 설탕 생산국이자 수출국이었다.[17] 제당산업은 18세기 금의 시대가

---

15) 브라질의 폭발적인 산업발달은 제당, 금, 커피 외에도 목축업, 담배와 면화 그리고 아마존(Amazon) 지역의 고무생산에서도 나타났다.

16) Rolle E. Poppino, *Brazil: The Land and People* (New York: Oxford Univ. Press, 1968), 115-156: 식민 브라질 산업의 특성은 많은 노동력을 투입하여 한 종류의 작물을 대규모로 재배하는 단일경작 형태인 대농장(Plantation)제도였다. 이에 흑인노예들의 이동은 1854년 노예무역이 폐지될 때까지 결코 감소되지 않았다.

17) Leslie Bethell, *Colonial Brazil* (revised ed.: New York: Cambridge Univ. Press,

도래할 때까지 브라질의 경제를 지탱하는 유일한 경제작물이었다.

사탕수수는 기원전 2세기부터 인도에서 재배되었는데, 설탕은 유럽에 소개되기 전까지 희귀하고 신비한 것으로 여겨졌으며 의약품으로도 사용되었다.[18] 포르투갈에는 16세기에 소개되었고, 마데이라 (Madeira)와 상뚜메(São Tomé) 섬 등에서 재배되었다.[19] 브라질에서는 1532년에 상빈센트(São Vincent)에서 처음 소개되었고,[20] 1535년에는 열대성 기후에 풍부한 강수량, 그리고 짙은 흑갈색과 적색 토양이 있는 브라질 북동부 뻬르남부꾸(Pernambuco, 현재의 헤시페 [Recife]) 지역에 사탕수수 대농장이 설립되었다. 사탕수수 재배지역은 점차 해안을 따라 북동부 전 지역은 물론 남동부의 히우데자네이루까지 확대되었다. 그리하여 1585년에는 66개의 사탕수수 대농장들이 생겨났다.[21]

사탕수수 대농장은 한 지역사회의 정치, 경제, 사회, 종교, 문화의 중심지였다.[22] 사탕수수 대농장은 가부장적 체제의 대가족 중심이었고, 주인은 봉건영주로서 단일사회의 지배자였다. 대농장은 양극화된

1987), 67.

18) A. Souto Maior, *Historia do Brasil* (São Paulo: Companhia Editora Nacional, 1970), 87.

19) Helio Viana, *Histó a do Brasil* (São Paulo: Ediçoês Melhoramentos, 1975), 114.

20) Maria Célia P. V. F. Freire & Marlene Ordonez, *História do Brasil* (São Paulo: Atica, 1974), 68. 상빈센트는 브라질 최초의 식민마을이었으나 토질이 사탕수수 경작에 적합하지 못했고, 지리상 뻬르남부꾸나 바이아에 비해 유럽으로의 수송여건이 불리했다. 이에 이곳에서는 사탕생산보다 반데이라의 발진에 더 노력을 경주했다.

21) A. Souto Maior, *Historia do Brasil*, 52.

22) 대농장은 하나의 요새, 은행, 묘지, 병원, 학교, 예배당, 작업장, 늙은 사람과 과부와 고아를 위한 자비의 피난처였다.

사회구조를 이루고 있었다. 인디오와 흑인은 노예로서 인종적으로나 종교적으로 백인식민자들과 구분되었으며, 문화와 피부색이 달라 새로운 특성을 지닌 사회 계층을 형성했다. 사탕수수 대농장은 포르투갈 양식으로 지어진 주인의 대저택(Casa Grande)과 흑인들이 거주하는 노예막사(Senzala), 예배당(Capela)과 교육기관 등을 갖추고 있었다. 대저택과 노예막사는 정원을 사이에 두고 마주하고 있었는데, 이는 백인주인이 흑인노예들의 생활을 관찰하고 감독할 수 있도록 하기 위해서였다. 이런 구조 속에서 노예들은 향상된 사회적 신분을 얻기 위해 주인의 가치에 부합하는 탈아프리카화를 시도하기도 했다. 이런 흐름은 일방적이기만 한 것은 아니어서, 한편으로는 대저택에 아프리카의 음식, 음악, 춤, 놀이, 종교를 전파하기도 했다.[23]

대농장의 사회구조는 최고위층의 자리에 농장주와 그의 가족이 있으며, 계급 순서대로 사탕수수 경작자, 자유로운 농장 거주자, 임금을 받고 일하는 자유노동자,[24] 그리고 가장 밑바닥에 노예가 있었다. 사탕수수 대농장에 사는 일반 거주자들은 대개가 물라뚜(mulato, 흑백혼혈인)였는데, 농장 내에 있는 땅을 개간하여 적은 양의 사탕수수나 기타 곡물을 재배하면서 일정한 세금을 내고 살았다. 이들은 농장주가 요구하면 떠나야 했기에, 자유의 몸이었지만 생활여건은 노예와 다를 바가 없었다.

포르투갈인은 이베리아 반도에서 자생하고 있던 루시따노

---

23) Bastide Roger, *The African Religions of Brazil*, 68.
24) 이승덕, "사탕수수 산업이 브라질에 미친 영향," 95-96.

(Lusitâno)[25]와 BC 700년경 이베리아 반도에 도착한 북방 켈트족(kelt)[26]과의 혼혈로 인해 형성된 인종이다.[27] 이들은 BC 218년부터 6세기에 걸쳐서 정치, 경제, 사회 및 문화의 모든 면에서 로마의 지배를 받았고, 서로마제국이 멸망한 후에는 수에비(Suebi) 족과 서고트(Visigoth) 족 등 게르만(German) 족의 통치를 받았다.

해변을 산책하는 백인들. 브라질에 온 포르투갈인들은 혼혈을 꺼려하지 않았을 뿐만 아니라, 다정다감한 면도 있었다.

특히 AD 711년부터 약 5세기 동안은 무어인(Moor)들의 지배를 받았는데,[28] "무어인"이란 호칭은 아랍계나 베르베르(Berber) 족의 후손들로서 이베리아 반도와 북아프리카에 살았던 이슬람 사람들을 지칭한다. 이베리아 반도에 살았던 무어인들은 대체적으로 타종교인들에게 관용적이었으므로 포르투갈인들과 문화적, 인종적 혼합을 이루는 것에

---

25) 이런 이유로 포르투갈의 문화를 "루소문화", 브라질을 "루소-브라질(Luso-Brazil)"라고도 한다.

26) Celt로 표기하기도 함. BC 2000년부터 BC 1세기까지 유럽 대부분의 지역에 살던 인도유럽어를 사용하던 종족의 일파.

27) Gerald J. Bender, *Angola under the Portuguese: the Myth and Reality* (London: Heinemann Educational Book Ltd., 1978), 9.

28) Joseph A. Page, *The Brazilians* (New York: Da Capo Press, 1995), 36.

거리낌이 없었다. 이러한 무어인들의 영향29)을 받은 포르투갈인들은 식민 브라질이 가장 복잡한 문화와 인종 혼합의 장이 되는 데 큰 영향을 끼쳤다.

다양한 계층의 사람들이 포르투갈에서 브라질로 건너 왔다. 귀족들은 식민 행정구역의 통치자로 부임하면서 대토지를 소유하였고 사회계급의 최정상을 차지했다. 농사를 목적으로 이주해온 농민들은 소규모 농장을 운영했다. 사회의 밑바닥에 위치했던 유배인들과 범법자들도 새로운 삶 속에서 성공을 거두는 일이 적지 않았다.30) 이렇게 브라질에 정착한 포르투갈인을 루소-브라질인(Luso-Brazilian)이라고 했는데, 오늘날 브라질의 민족과 문화는 이들의 인종, 언어, 종교, 문화의 영향을 받아 형성된 것이라고 해도 과언이 아니다.31)

이들은 역사적으로 다양한 인종과 문화에 의한 점령과 통치를 경험했던 까닭에 타인종과 타문화에 대한 수용성이 컸다. 게다가 해외 진출을 통해서 얻은 적응성도 강했다. 포르투갈인들은 브라질로 이주하기 전에 인종적·문화적 혼합을 경험한 사람들이었다. 브라질에서 마주한 흑인노예의 문화도 이미 포르투갈과 아프리카에서 경험했기 때문에 낯설지 않았다. 포르투갈인은 인디오의 문화뿐만 아니라, 흑인노예들의 아프리카적 민속, 관습, 종교를 수용하는 데 주저하지 않았다. 그 결과 혼혈과 혼합으로 빚어진 독특한 브라질만의 문화가 움트기

---

29) Vera Kelsey, *Seven Keys to Brazil* (New York: Funk & Wagnalls Compa New York, 1940), 7.

30) Joseph A. Page, *The Brazilians*, 41.

31) Ibid., 62.

36

히우의 아뜰란띠까 도로.
백인과 흑인이 대립의 구
도가 아닌, 하나가 되어 물
이 흐르듯이 함께 나아가
자는 의미를 담고 있는 듯
하다. 이러한 문양의 도로
는 뽀르뚜알레그리에서도
볼 수 있다.

시작했던 것이다.

포르투갈인들은 자립심이 강한 개인주의자들이었다. 이들은 중세
포르투갈의 계급의식을 갖고 자신의 위치를 아는 사람들이었으며,
가톨릭 신앙에 순응했고, 브라질의 기후와 풍토에도 잘 적응했다.[32]
이들은 다정다감한 사람들이었다. 브라질의 사회학자 질베르또 프레이
리(Gilberto Freyre)에 따르면, 대농장의 주인들은 노예들 위에 군림하는
전제적 특성만을 가지고 있었던 것이 아니었다. 예속자들을 잘 보호할
줄 아는 관용도 아울러 가지고 있었다. 왈도 프랑크(Waldo Frank)도

---

32) 포르투갈의 기후는 유럽보다는 아프리카적이었다.

"미국과 비교해 보면 포르투갈인 노예 주인들은 잔혹성도 있었지만 다정함도 있었다"라고 말했다.[33] 포르투갈인 주인들은 노예들에게 자유를 주기도 했다. 노예들이 낳은 자신들의 자녀들은 거의 합법적인 자녀로 받아들였고, 자신이 죽을 때는 자녀와 첩에게 자유를 주었다. 또 사탕수수 경작으로 많은 부를 축적한 주인들은 일부 노예에게 자유를 주는 경우가 적지 않았다.[34]

　　포르투갈인들은 무어인들로부터 수용한 가부장제도, 일부다처제, 그리고 여자들의 가정 은둔 습성과 같은 유산을 브라질에 유입시켰다.[35] 특히 일부다처제는 식민지 사회의 가족구조에 그대로 적용되었다. 무어인은 노예와의 결합으로 태어난 자식을 자신의 신앙과 의식, 그리고 관습 안에서 다른 자녀들과 동등하게 대우하였는데, 포르투갈인들은 이를 그대로 브라질에 반영하였다. 그 당시 유럽사회에서는 혼혈을 금지하고 있었지만, 포르투갈인은 혼혈을 꺼려하지 않았고, 더욱이 검은 피부, 긴 머리, 신비스럽고 매우 에로틱한 무어인 여인들을 숭배했었다. 이에 포르투갈 남자들은 브라질에서 인디오 여인들과의 결합을 꺼려하지 않았다. 더욱이 백인 여자의 수가 매우 적었던 초기 브라질 사회에서는 백인들이 인디오나 흑인 여자들과 결합하는 행태가 자연스럽게 일어났다. 브라질에서 포르투갈인들과 유색인종의 혼혈이

---

33) Frederico Gil, *The Government of Latin America*, 71.

34) 김영철, "브라질 문화의 흑인성 연구: 형성 과정," 45; 이승덕, "사탕수수 산업이 브라질에 미친 영향," 94: 사탕수수 대농장의 주인들 모두가 귀족은 아니었지만, 재산이 막대한 가문 출신들이었다. 이들은 한 지방의 정치, 경제, 사회의 최고 권위를 누리면서 마치 그 지방의 영주처럼 모든 것을 통제했다.

35) Ibid., 48.

퍼져 나갔던 배후에는 무어인들의 영향이 컸던 것이다.[36]

　　루소인들은 육체노동을 경멸하였다.[37] 이는 포르투갈이 해양제국으로서 위세를 떨치던 시절 생성된 권위주의에 의한 것이었다. 이러한 성향은 백인의 피가 흐르고 있다는 것을 자랑으로 여기는 물라뚜에게도 전이되었다. 이들의 노동경시 사상은 더 많은 흑인노예들을 아프리카로부터 데려오게 만들었다. 육체노동을 하기 위해 유입된 아프로-브라질인들은 "센잘라"라고 불리는 노예들의 막사에서 살았다. 이들은 공개적으로 사고 팔리는 상품이었고, 주인에게 절대적으로 복종해야 하는 종이었다. 식민사회는 백인과 흑인의 관계가 뚜렷이 구분되었고, 지배 계급과 피지배 계급의 경계가 분명했다.[38]

　　노예막사 내부에는 간이침대들이 설치되어 많은 노예들이 함께 생활하였다.[39] 센잘라는 엄격히 통제되었다. 저녁 10시까지는 출입이 자유로웠으나 이후에는 출입문을 폐쇄하였다. 노예들의 음식은 따뜻한 물에 돼지비계와 옥수수 가루를 섞어 만든 '앙구'(Angu)였다. 저녁에는 주로 찬물에 담가 보관한 돼지의 꼬리, 귀, 코, 혀, 발, 그리고 소시지 등에 검은 콩을 넣고 푹 삶은 '페이자웅'(Feijão)[40]을 먹었다.

---

36) Joseph A. Page, *The Brazilians*, 64: 백인 남자들이 인디오나 흑인들을 육체적인 쾌락의 대상으로만 여겼다는 비판 속에서도 예외적으로 진정한 사랑으로 이룩된 가정도 있었다. 흑인노예 시까 다 실바(Xica da Siva)는 포르투갈의 왕실이 파견한 장교와 결혼했고 이들은 엄청난 재산을 소유한 훌륭한 가문을 이루었다. 두 사람 사이에 13명의 아이가 태어났고 모두가 합법적인 자식으로 인정되었다.

37) 에밀리오 A. 누네스 윌리엄 D. 테일러, 『라틴아메리카의 위기와 희망』, 변진석 역 (서울: 기독교문서 선교회, 2004), 308-10 참조.

38) 장세현 "브라질인의 종교운동에 관한 소고," 78.

39) 김영철, "브라질 문화의 흑인성 연구: 형성 과정," 49.

노예들은 사탕수수밭과 공장뿐만 아니라 주인이 사는 대저택의 모든 일을 도맡아 했다. 이들이 없이는 농장을 만들고 보존하고 확장할 수가 없었다. 물론, 제당공장도 갖지 못했다. 노예들의 자녀들은 더 어린 아이들과 갓난아이들을 돌보았고, 열두 살이 되면 부모와 함께 일을 했다. 주인들은 노예끼리 혼인을 시켜주곤 했지만 결혼과 상관없이 언제든지 되팔 수 있었고, 다른 주인의 노예와는 결혼할 수 없었다. 흑인노예들의 출산율은 매우 낮았다. 자신들과 마찬가지로 노예가 될 것이 뻔했기 때문에 자녀를 낳으려고 하지 않았던 것이다. 주인들 역시 노예들의 출산을 원치 않았다. 아무런 보상도 없이 아기들이 성장할 때까지 양육해야 할 책임이 있었기 때문이다.

포르투갈인들이 노예들에게 인정을 베풀었다고는 해도, 농장주인들에게 흑인노예는 자산을 증대하기 위한 노동력일 뿐이었다. 흑인노예들의 고된 노동의 대가는 3P, 즉 Pau(매)와 Pão(빵)과 Pano(옷)뿐이었다.[41] 농장주인들은 노동력의 효율성을 높이기 위해 노예들을 채찍질하기 일쑤였다. 설탕 한 줌, 쌀 한 줌을 훔쳐도 족쇄에 묶여 '바깔랴우'(Bacalhau)라는 가죽채찍으로 얻어맞았다. 도망치다가 잡힐 경우엔 9일 동안 계속해서 채찍질을 당하는 '노베라'(Novena)라는 형벌을 받았

---

40) 이승덕, 『브라질 들여다보기』, 217: 현재는 페이조아다 꽁쁠레따(feijoada completa)라고 불리는데, 히우의 대표 요리로 브라질 서민들이 즐겨 먹는 가장 전통적인 브라질 음식 중의 하나가 되었다. 이 페이조아다는 히우 식과 상빠울루 식이 있다. 히우 식은 검은 콩과양파, 마늘을 재료로 쓰는 반면, 상빠울루 식은 오렌지 주스, 미나리, 파 등이 재료가 들어간다. 좋은 페이조아다를 만들기 위해서는 3일 전부터 준비해야 한다.

41) Ibid., 81.

다.[42] 초기 아프로-브라질 연구가이자 정신의학자인 아서 하모스 (Arthur Ramos)는 "노예들은 육체적인 학대와 과도한 노동, 그리고 위생과 안전장치의 결함으로 신체절단을 당하기도 했고, 채찍으로 얻어맞아 염증을 앓았다. 엉덩이와 목에 상처를 입는 것은 물론, 팔, 다리, 머리가 불구가 되기도 했다"라고 밝혔다.[43] 게다가 흑인노예들은 정신적으로도 가혹함을 당했는데, 이들은 아프리카에서 가족과 부족의 파괴를 경험해야 했고, 신세계에서는 적대적인 부족과 구분 없이 한 집단에 던져지기도 했다.[44] 노예들은 열악한 환경과 식사, 육체적인 학대와 비인격적인 처우를 받았고, 자기들끼리의 격심한 충돌과 갈등도 겪었으며, 심한 향수병에 시달리기도 했다.

흑인노예들을 학대로부터 보호하기 위한 규정들이 있었다. 병들어 있거나 죽음의 위험에 처한 노예들에게는 약간의 종교적인 위안이 허락되었다. 노예 소유주들은 나이가 많고 무력한 노예들을 돌보도록 되어 있었다. 배를 타는 노예들에게 적용되는 안전과 건강, 복지에 관한 엄격한 법률도 있었다.[45] 법이 준수되었다고는 할 수 없어도 포르투갈 정부가 이 같은 흑인노예 보호법을 제정했던 것은, 흑인노예들의 노동력이 인디오들의 노동력보다 그만큼 더 유용했기 때문이었

---

42) 김용재·이광윤, 『포르투갈 브라질의 역사문화기행』, 399.

43) Joseph A. Page, The Brazilians, 61.

44) 최영수, "브라질인의 민족적 특성에 관한 고찰,"『중남미 연구』, 제19-2권 (한국외국어대학교, 2000), 64.

45) Mok A. Man Soo, "The Practices of Macumba in Afro-Brazilian Religion: A Description and Evaluation from Missiological Perspective" (Ph. D. Fuller Theological Seminary School of World Mission, 1999), 45.

다. 흑인노예들은 백인 주인보다 브라질 환경에 더 잘 적응하는 좋은 노동자였다. 이들은 새로운 땅에서 그들의 문화와 종교를 포용해주는 포르투갈 사람들에게 헌신했다.[46] 아프로-브라질인들은 현장 노동자로서뿐만 아니라 직물과 비누, 그리고 다른 생산품들의 제조자들과 상인들로서도 필요한 존재였다.[47]

흑인노예들 간에도 계급이 있었다. 대저택의 하인과 유모는 다른 노예들보다 위에 있었다. 하인은 미모, 적성, 건강, 깨끗함을 기준으로 선택되었는데, 대부분 서부 아프리카에서 온 사람들이었다.[48] 남자들은 요리사나 마부가 되었고, 여자들은 시중을 들거나 세탁과 방청소 담당, 또는 유모가 되었다. 비록 소수이지만 하인이 된 노예들은 다른 노예들과 떨어져 살았고, 부유한 농장주들과 같은 차림을 했으며, 주인가족과 거의 다를 바 없는 생활을 누렸다.[49] 특히 아프리카의 상류계급 출신 여자 노예들은 유모로서 대저택(Casas Grandes)의 여주인(Dona de Casa) 역할을 했는데, 다른 노예들보다 훨씬 높은 지위를 유지했다. 이들이 사망했을 때는 미사와 화환들과 애곡이 수반된 장례도 행해졌다.[50] 흑인노예들은 개인적인 능력에 따라 자유를 획득할 수도 있었다. 법적으로는 노예의 개인 재산권이 인정되지 않았지만, 주인들은 노예들의 재산소유를 인정했다. 노예들에게는 일주일에 하루

---

46) Vera Kesly, *Seven Key to Brazil* (New York.: Funk and Wagnells Company, 1940), 55.
47) 이들 중에는 음악가, 선생들, 연예인들, 그리고 주술사들, 마법사들, 마술사들도 있었다.
48) Roger Bastide, *The African Religions of Brasil*, 68.
49) 시공사, 『흑인노예와 노예상인』, 101.
50) Vera Kesly, *Seven Key to Brazil*, 56.

자유로운 날이 허락되었는데, 이때 그들 자신의 땅을 경작할 수 있었으며 여분의 농작물을 시장에 내다가 팔 수 있었다.[51]

　　사탕수수 대농장은 포르투갈의 주도하에 문화접변이 일어나는 공간이었다. 브라질 식민기의 문화접변은 인디오와 포르투갈 문화, 그리고 아프리카와 포르투갈 문화의 혼합으로 구분할 수 있다. 문화혼합은 먼저 인종적 혼혈로 시작되었는데 인디오는 포르투갈인들과 함께 동일 공간에서 생활하지 않은 까닭에 그들의 문화는 소멸되거나 백인문화에 흡수됨으로써 브라질 문화형성에 크게 기여하지는 못했다. 그러나 아프리카인들은　포르투갈인들과 함께 사탕수수 농장이라는 동일한 공간에 거주하면서 인종적, 문화적 혼합이 동시에 진행되었고 흑인문화는 백인문화에 종속적으로 통합되었다.[52]

　　흑인노예의 문화는 사탕수수대농장의 노예 막사를 넘어서 브라질 대중문화 안으로 들어갔다. 아울러 아프리카로부터 가져온 노예들의 종교도 브라질인들의 마음을 점령해 나갔다. 그리하여 브라질은 표면적으로는 가톨릭국가처럼 보이지만, 브라질인들의 세계관은 아프로-브라질종교가 추구하는 방향과 시각을 가지게 되었다. 이러한 사실은, 브라질이 가톨릭 국가가 아니라, 실질적으로는 아프로-브라질종교의 나라임을 시사한다.

---

51) Robert A. Voeks, *Sacred Leaves of Candomblé: African Magic, Medicine, and Religion in Brazil* (revised ed.: Texas: Univ. of Texas Press, 2003), 151.
52) 김영철, "브라질 문화의 흑인성 연구: 형성 과정," 51.

아프리카의 신령 에슈(Exu)와 마술에 대한 흑인하녀들의 이야기는 부유한 백인 여주인들의 마음을 사로잡았다. 또한 백인아이들도 흑인유모의 젖을 먹으면서 전통적 아프리카의 신화들과 아프리카의 가치들을 마음에 새겼다. 이 아이들이 성인이 되어감에 따라서 흑인의 신령들은 브라질 사회를 장악해 나갔다. 사진은 전통복장을 입은 살바도르의 흑인 여인.

무엇이 브라질을 낯설게 하는가?

뚜두벵1)? 상빠울루!

내가 브라질 땅을 처음으로 밟은 것은 16년 전의 일이다. 나는 '열대', '밀림', '인디오'를 생각하면서 브라질로 향했었다. 그런데 비행기가 과룰류스(Guarulhos) 공항에 근접하여 고도를 낮추자 창밖으로 보이는 언덕 위의 풍경은 그리 낯설지 않았다. 빼곡히 들어선 붉은 기와지붕들은 한국의 것과 다르지 않았다. 커다랗고 복잡한 공항과 널찍한 고속도로, 숨막히게 들어선 회색 빌딩들은 '밀림'과 '인디오'란 단어를 내 뇌리에서 싹 지워버렸다. 건물들이 음침해 보이긴 했지만, 서로 한쪽 벽면을 공유하여 집을 지은 것은 이베리아 반도의 양식을 전수받은 듯했고, 실내의 인테리어는 화려하거나 세련된 장식은 배제되어 있었지만, 깨끗한 화장실과 편리성을 고려한 부엌과 세탁장 등은 한국의 방식보다 훨씬 좋았다. 특히 어느 곳을 가든지 화장실을 깨끗하

---

1) Tudo bem? "잘 지내요?"라는 인사말.

고 아름답게 꾸며놓은 것이 인상적이었다. 한국이 화장실문화에 신경을 쓴 것은 불과 5년 안팎인 것 같은데 이젠 공항화장실만큼은 한국처럼 깨끗하고 품위 있는 곳이 드문 것 같다.

브라질에서 가장 생소한 것은 포르투갈(이후 '포어') 말이었다. 포어는 악센트가 강했고 비음을 많이 사용하는 것 같았다. "봉지아"(Bom Dia, '좋은 날')라는 아침 인사말이 내 입에서 나오기까지는, 시간이 한참이나 걸렸다. "따봉"(Tá Bom, '좋다'는 의미)이라는 말과 함께 엄지손가락을 치켜세우는 모습을 자주 보았는데, 이것도 내게는 무척이나 어색했다. 국내선 비행기 안에서는 아예 영어가 불통이어서, "water"를 아무리 외쳐도 승무원들은 과라나(Guarana, 아마존에서 나는 열매로 만든 탄산 음료수. 브라질 식당에 가면 음료수를 사서 먹어야 하는데, 브라질 사람들은 주로 과라나 또는 콜라를 마신다)만 따라주었다. 비행기를 내리자마자 선교사님께 여쭈니, 물은 '아구아'(água)라고 하셨다. 게다가 가장 많이 들었던 단어, 그래서 저절로 암기되었던 말은 '헤끌라마'(reclama)였는데, 이 뜻을 물으니 '불평'이라고 했다. 브라질 사람들은 불만으로 차 있을 때가 많은 듯했지만 개선하려는 적극적인 태도는 없는 듯했다. 지금은 어디선가 포어가 들려오면 너무나 친근하게 느껴지고 반가움에 흥분이 되지만, 처음 들은 포어는 정말 낯설고 어려웠다.

상빠울루2)에는 7-8월에 주로 방문했었다. 한국은 한창 더운 때이지만 그곳은 겨울이었다. 첫 번째 방문 때는 주먹만 한 우박이 내렸다. 겨울이라고 해도 영상(평균 15도 정도)의 기온이지만, 모든 건물에 난방시

---

2) 상빠울루는 상빠울루 주의 수도이다. 브라질은 26개의 주(estados)와 1개의 연방구(distrito federal)로 이루어져 있는 연방국가이다.

설이 없으므로 한국에서 온 사람이 체감 온도는 더 낮았던 것 같다. 그 당시 내 숙소의 창문은 찬바람을 막아내기에는 너무 허술했는데, 어찌나 추웠던지 스웨터에 코트를 입고 양말을 신은 채 침대 안으로 들어가야만 했다. 반면에 1-2월은 더위가 맹렬하다. 낮에 멋모르고 길에 나갔다가 강한 햇볕 때문에 잠시 혼절한 적도 있다. 하지만 습도가 낮아서 아무리 더운 여름이라도 그늘에만 들어가면 시원하다.

해발 840m에 위치한 남미 최대의 도시 상빠울루는, 그 면적이 서울의 3배 정도로, 1200만 명 정도가 살고 있다. 상빠울루 주 인구의 거의 절반을 차지하고 있는 것이다. 이 도시는 1554년 포르투갈 예수회 선교사들에 의해 시작되었다. 작은 인디오 촌락이었지만, 1683년부터 는 그곳 주민을 빠울리스따(Paulista)로 부르게 될 정도로 성장했고, 커피 경작이 확대됨에 따라 외국인 이주가 증가하면서 세계적 규모의 도시로 나래를 펴기 시작했다. 게다가 1905년경에는 직물업, 구두공업, 기타 현지 원료를 사용하는 새로운 산업이 들어섰다. 19세기 말 상빠울 루는 히우데자네이루 인구의 1/10 정도에 불과했으나, 1970년 무렵에 는 브라질 최대의 도시이자 세계적인 대도시로 손꼽히게 되었다.

상빠울루는 변화가 느린 곳이다. 7년 만의 방문인데도 무엇이 변했다는 느낌은 별로 없었다. 봉혜찌로(Bom Retiro, 좋은 쉼터) 거리에서 더 자주, 더 많은 한국 사람들을 보았고, 아침식사를 하는 떡 카페와 빵집 등, 음식점들이 더 늘어난 것, 물가가 엄청 비싸졌다는 것, 한국 제품과 문화에 대한 반응이 뜨겁다는 것, 그리고 전 세계적 현상인 이상기온으로 11월인데도 날씨가 매우 추웠다는 것, 선교사들의 평균 연령이 높아졌다는 것, 나이 든 한인교회들의 한숨소리가 커졌다는

변화가 느린 브라질의 상빠울루에 한국의 동대문 시장 같은 곳이 등장, 새로운 바람을
일으키고 있다.

것, 그리고 가장 특이했던 것은 여기에도 새벽시장이 생겼다는 것이다.

　세계 경제가 어려운 가운데서도 브라질의 시장경제는 꾸준히
성장세를 이어갔는데, 2014년 월드컵과 2016년 올림픽 경기를 준비하
면서 일반경기는 오히려 크게 위축되었다. 하루아침에 치솟아버린
가게 임대료는 상인들에게 큰 부담을 안겨주고 있다. 게다가 부동산을
가지고 있는 자들이 자신들의 자산 가치를 높이기 위해서 정치적인
영향력을 이용, 한국의 동대문 시장 같은 아주 작은 가게들을 만들어
분양했고, 이것이 새벽시장이 되었다. 한인들도 경기하락과 수표거래
에 따른 부도 상황을 극복하고자 새벽시장으로 진출하고 있다.

　물건을 구매하기 위하여 지방에서 올라오는 상인들이 대개 새벽
2~4시 경에 상빠울루에 도착하는데, 그 시각에 맞추어 새벽시장이

열리는 것이다. 새벽시장은 판매가격이 저렴하고 물건도 다양해서 손님들에게 큰 호응을 얻고 있다. 판매하는 입장에서도 일단 임대료가 싸고 판매에 따른 세금부담이 적을 뿐만 아니라 100% 현찰 거래이기 때문에, 결코 바람직한 현실이라고 할 수는 없어도, 많은 사람들이 선호하고 있다.

나는 처음 방문 때 상빠울루에서 4개월 가량 머물렀었는데 문화적으로 너무나 생소한 느낌을 받았었다. 결코 동양적이지 않고, 그렇다고 유럽적이지도 않았다. 브라질 문화의 정체성이 무엇인지 딱 꼬집어 말하기가 힘들었다. 이 나라의 무엇이 나로 하여금 그토록 낯설고 이질적인 정취를 느끼게 하는 것인지 알고 싶었다. 그리고 몇 차례 브라질을 방문하면서 알게 된 것은, 브라질은 흑인성이 강한 나라라는 것이었다. 유럽과 인디오, 아프리카의 것이 혼합된 문화라는 것은 알고 있었지만, 그래도 인구의 절반 정도가 백인이고 흑인은 소수에 불과한데, 어찌하여 흑인성이 강하게 된 것일까? 그것이 궁금했다.

검은 것이 아름답다

브라질은 한때 민족의 백인화(Whitening)를 추진하면서 많은 백인 이민자들을 받아들였지만, 세월이 흐를수록 혼혈적인 특성만 강화되었을 뿐이었다. 그리하여 오늘날 브라질은 인종적·문화적으로 "물라뚜이즘"(Mulatoism, 물라뚜 문화)을 이루게 되었다. 물라뚜는 백인과 흑인 간의 혼혈인종으로서 강한 "흑인성"을 띠고 있다.[3] 흑인성이란 노예를

---

3) 김영철, "브라질 문화의 흑인성 연구: 형성 과정," 25.

16-17세기 브라질의 인구 분포

경험한 아프리카적인 잠재성과 아프리카인의 정신, 아프리카의 공동체
적인 일치감을 의미한다. 아프리카 대륙과 아프리카 디아스포라를
통해 형성된 각 지역 문화가 지니고 있는 가치를 곧 흑인성이라고
할 수 있다. 그리고 흑인성에 기초하고 있는 흑인문화의 특징은 다국적,
다종교적이다.

　　브라질 문화의 흑인성은 인구의 흑인성으로부터 비롯되었다. 브
라질의 인구의 흑인성의 요인은 첫째, 식민 브라질이 인종정책 없이
많은 흑인노예를 유입했기 때문이다. 미국은 법으로 한 사람이 소유할
수 있는 노예의 수를 25명으로 제한했지만, 브라질은 1,000명 이상도
소유할 수 있었다.[4] 둘째, 백인과 흑인의 결합으로 혼혈인구가 대폭
늘어났기 때문이다. 노예제 폐지가 이루어진 19세기 말에는 혼혈인과
흑인의 인구가 백인 인구보다 많았다.[5] 이것은 식민기간 동안 포르투갈
인 정착자의 수가 흑인노예의 수보다 적었고 백인여자들이 식민지로의

---

4) R. Schreiter, 『신학의 토착화』, 황애경 역 (가톨릭출판사, 1991), 304.
5) Carl N. Degler, *Neither Black Nor White*, 3

이주를 꺼려함에 따라 백인남자들이 인디오나 흑인과 결합하는 경우가 많았기 때문이었다.

역사학자 따우나이(Afonso de E. Taunay)에 따르면[6] 브라질의 인구 구성은 1818년 총 인구 3,805,000명 중 백인 1,040,000명, 원주민 250,000명, 자유인 흑인이 585,000명, 그리고 노예가 1,930,000명이 었다. 1830년 히우 인구의 과반수 이상이 노예였으며, 살바도르는 인구의 40% 이상이 노예였다.[7] 게다가 브라질이 독립한 이후에는 자유흑인들이 유입되었는데, 이들은 도시를 중심으로 정착하였고 물라 뚜와 결합하여 혼혈을 증가시켰다.[8] <표 1>[9]의 인구통계에 의하면, 노예폐지 후 흑인인구가 급격하게 감소한 반면, 혼혈인구는 급증했 다.[10] 1890년에서 1960년까지 백인의 인구가 급격하게 증가했는데, 이는 백인화 정책에 따라 1881년부터 1942년까지 420만 명이 넘는 백인이 브라질로 유입되었기 때문이다. 혼혈인구는 1940년 급격한 감소를 제외하고는 지속적으로 증가했다. 이러한 통계는 아프리카 흑인들이 브라질의 민족형성에 결정적인 역할을 했다는 것을 보여준

---

6) Helio Viana, *História do Brasil* (São Paulo: Ediçoes melhoramentus, 1975), 242: Roger Bastide, The African Religions of Brazil, 35-36.

7) 1660년 184,000명 가운데 백인 74,000명, 노예 110,000명이었고, 1798년 총 325만 명 인구 중 노예가 150만 명, 자유 흑인이 40만 명 등으로 아프리카 흑인들이 다수를 차지했다.

8) 김영철, "브라질 문화의 흑인성 연구: 형성 과정," 99.

9) Rodrigues, José Honório: *Brazil and Africa*, 73-79; Skidmore, Thomas E., Brazil: Five centuries of change, 78; 한국 국가정보원: http://www.nis.go.kr (2008. 5. 22); 미국 CIA: http://www.odci.gov/cia/publications (2008. 5. 22).

10) 이 시기까지는 백인을 제외한 유색인종은 모두 흑인으로 구분했다.

다. 2008년 7월, 브라질의 총인구 약 1억 9,600만 명 가운데 약 8,800만 명의 흑인들(혼혈을 포함)이 살고 있었다. 브라질에는 전 세계에서 나이지리아 다음으로 가장 많은 흑인이 살고 있는 것이다.[11]

<표 1> 브라질 인구 구성비 추이(%)

년도/인종	백인(Branco)	혼혈인(Pardo)	흑인(Preto)
1835	24.40	18.20	51.40
1872	38.14	42.18	19.68
1890	43.97	41.40	14.63
1940	63.47	21.20	14.63
1950	61.70	26.50	11.00
1960	61.00	29.50	8.70
1980	54.80	38.40	5.90
1991	52.00	42.00	5.00
2005	52.10	41.40	5.90

2009년도 브라질 국립통계원 IBGE (Instituto Brasileiro de Geografia e Estatistica)가 발표한 브라질인 인종별 구성비는 백인 47.51%, 혼혈인 43.42%, 흑인 7.52%, 황인 1.1%, 인디오는 0.44%이다. 확실히 브라질은 라틴아메리카에서 인구학적으로 다른 세계이다. 페루, 과테말라, 에콰도르, 니카라과처럼 인구의 약 40%가 원주민인 국가들은 원주민

---

11) 장세현, "브라질흑인의 종교운동에 관한 소고," 80.

문화가 지배적이어서 여러 부분에 있어 비 유럽적 특성을 지닌다. 또한 브라질은, 흑인들의 비중이 크지 않은 코스타리카, 아르헨티나, 우루과이와도 차별이 된다. 그리고 순수 흑인의 비율이 60% 이상인 아이티나 카리브의 영연방국가들인 자메이카, 바르바도스, 토바고 같은 국가들과도 확연히 구분된다.[12] 이러한 독특한 브라질 인구의 특성은 곧 문화의 특성으로 연결된다.

그렇다면, 아프리카 흑인들의 문화가 브라질 사회에 어떻게, 어떤 영향을 미쳤을까? 흑인노예들은 사탕수수 대농장의 대저택에서 유모를 비롯하여 몸종, 요리사, 봉제사 등의 역할을 감당해 왔다. 이들은 주인 식구들과 직간접으로 접촉하면서 그들에게 영향을 미쳤다. 여주인들은 흑인하녀들과 끊임없이 접촉하면서 아프리카의 신령 에슈 Exu와 마술을 알게 되었다.[13] 부유한 여주인들 일부는 악마로부터 보호받기 위하여 아프리카에서 수입한 보석들과 금고리, 금귀걸이, 부적들, 소라고둥 목걸이들, 음경숭배의 물건들을 지녔다.[14] 또한 흑인유모들은, 결혼 전까지는 격리되곤 했던 주인 딸들의 멘토였고 절친한 친구였다. 고해신부는 이 딸들의 영혼만을 알았고 의사는 육체에 대해서만 알았지만, 흑인유모는 그녀들의 영혼과 육체에 대해서 더 깊이, 더 많이 알고 있었다.[15]

---

12) José Honório Rodrigues, *Brazil and Africa*, 51.

13) Arthur Ramos, *A Culturação Negro no Brasil* (São Paulo: Cia Editora Nacional, 1942), 11-12.

14) Gilberto Freyre, *The Master and The Slaves: A Study in the Development of Brazilian Civilization*, trans., Samuel Prtnam (New York: Alfred A. Knopf, Inc, 1956), 274.

까뽀에이라(Kapoeira)를 하는 흑인들. 까뽀에이라는 브라질의 전통 무술로, 흑인노예들이 백인농장주들로부터 자신들을 보호하기 위해 만든 것이다. 이들은 농장주들의 눈을 피하기 위해서, 박수를 치면서 노래를 부르고 악기를 연주하면서 이 무술을 연마했는데, 농장주들은 아프리카 춤의 일종으로 이해했다.

백인아이들도 흑인유모의 젖을 먹고 그녀의 자장가를 들으면서 자랐다.16) 흑인유모들은 아이들에게 전통적인 아프리카의 신화를 들려주고 아프리카의 가치를 불어넣었다. 아이들이 아플 때는 마법사들이 사용하는 약초들로 치료했다. 아이들은 백인어머니가 준 성자들의 거룩한 목걸이와 함께 흑인유모가 준 부적들을 간직했다. 아이들을

---

15) Giberto Freyre, *Casa Grande e Senzala* (Rio de Janeiro: Liviaria José Olimpio, 1975) 341; José Honório Rodrigues, *Brazil and Africa*, 49: 흑인소녀들은 백인소년들의 신비로운 대상이었고 남자 주인들은 성적인 필요와 자녀양육을 위해 흑인하녀들을 취했다.

16) 대농장에 있는 흑인노예들은 아프리카의 영매술과 신비주의의 요소들로 자녀들을 양육했다.

악마와 질병으로부터 보호하기 위한 부적들은 동물들의 피를 흠뻑 적신 것이었다. 흑인유모의 영향을 받은 백인아이들이 성인이 되어감에 따라 흑인의 신령들은 브라질 사회를 장악해 갔다. 또한 백인어린이의 포르투갈어는 흑인유모와 흑인어린이들에게 많은 영향을 받았다. 그로 인해 포르투갈어의 딱딱한 발음들은 브라질에서 부드러워졌다.17) 오늘날 브라질에서 사용하는 일상용어 가운데는 아프리카 언어가 셀 수 없을 정도로 많다. 질베르또 프레이리는 "아프리카 말들은 브라질의 경험, 입맛, 의미, 그리고 감정을 나타내는 데 포르투갈어보다 더 잘 어울리는 낱말들이다"라고 말했다.18) 브라질에서 포르투갈어는 브라질 원주민 뚜삐(Ttupi) 족의 언어의 영향도 많이 받았지만 아프리카 언어의 영향을 훨씬 깊게 받았다.19)

브라질의 음식문화에도 흑인문화의 침투흔적이 눈에 띤다. 식민시대 노예들은 새로운 맛과 다양한 기술로 음식문화를 지배했다. 히우의 귀족들은 오랫동안 리스본에서 데려온 요리사를 썼지만 일반적인 사탕수수 농장의 대저택에는 흑인 전문요리사가 두세 명 정도는 있었다. 이에 브라질에서 포르투갈의 음식들과 원주민 음식들은 흑인들의 요리방법이나 양념법에 의해 변화되었다. 현재 브라질에서 가장 특성 있는 음식들은 아프리카의 요리 기술에 의한 것이다.20) 특히 바이아와

---

17) 이승덕, 『브라질 들여다보기』, 83.

18) Giberto Freyre, *Casa Grande e Senzala*, 333-34.

19) Gladstone Chaves Melo, *A Língua do Brasil* (Rio de Janeiro: Padras, 1981), 74. 뚜삐 언어는 포르투갈어에 훨씬 많고 주목할 만한 어휘들을 남겼다. 그러나 흑인들의 언어는 음성학적으로나 형태학적으로 더 쉽고 깊게 동화되었다.

20) Giberto Freyre, *Casa Grande e Senzala*, 453. 브라질 음식에 있어 아프리카의

뻬르남부꾸에서는 아프리카 음식을 상식할 수 있다.[21]

특히 흑인들의 유쾌한 음악과 춤의 영향이 크게 작용했다. 까뻬스 뜨라누 지 아브레우(Capistrano de Abreu)는 "흑인은 무뚝뚝한 포르투갈인과 음울한 인디오들에게 유쾌함을 알게 했고, 그들의 유혹적이고 도발적인인 춤과 주술, 그리고 신조는 노예막사를 넘어 브라질 사회의 관습이 되었다"라고 말했다.[22] 백인 주인들이 노동력의 증대와 효율성을 의식하여 관대하게 묵인했던 흑인노예들의 춤과 노래, 그리고 종교는 현대 브라질의 대중문화를 지배하게 되었다.[23] 흑인유모의 손에서 자란 백인아이들의 정신과 몸은 흑인노예들의 음악의 멜로디와 리듬, 가사에 젖어들었다.[24] 오늘날까지 브라질인들은 아프리카의 정서가 흠뻑 풍기는 음악과 춤인 삼바(Samba)를 사랑하며 즐기고 있다.

현대 브라질의 문화는 19세기에 흑인들과 유럽이민자들에 의해 형성된 특성을 그대로 유지하고 있다. 도시의 성장은 인종간의 혼혈을 증가시켰고, 혼혈은 브라질 사회에서 흑인의 종족정체성을 희석시켰지만, 범아프리카적인 정체성을 형성하게 했던 것이다. 즉, 아프리카의

영향은 주로 바이아음식의 특성인 야자기름과 마라께따 고추의 사용이다. 그 외 채소의 일종인 끼아부(quiabo)의 사용, 바나나의 광범위한 사용, 그리고 닭, 생선의 다양한 요리방법을 들 수 있다.

21) 이승덕, 『브라질 들여다보기』, 83.

22) Capistrano de Abreu, *Capítulos de História Colonial* (Rio de Janeiro: Domíuio Pública, 1954), 66; Rodrigues, José Honório, *Brazil and Africa*, 50.

23) Hubert Herring, *A History of Latin America* (New York: Knopf, 1961), 198. 민만식, "브라질과 아프리카와의 문화·경제협력 관계," 245. 마꿈바, 장가스(jangas), 바뚜끼(batuques)의 기원도 서아프리카와 콩고이다.

24) 시공사, 『흑인노예와 노예상인』, 101.

종교에서 향유하던 음악과 춤 등이 브라질 대중 안에서 삼바, 까뽀에이라 등 다양한 형태로 발전되었다. 뷔에이라(Antônio Vieira) 신부는 "브라질은 그 육신은 아메리카에 있지만 그의 영혼은 아프리카에 있다"고 말했다.[25] 오늘날 브라질 사람들의 몸과 영혼 속에는, 설령 금발의 백인이라 할지라도, 흑인의 흔적이 짙게 새겨져 있다.[26]

이와 같이 흑인의 종교, 언어, 관습, 음식, 의술, 예술은 브라질 문화에 지대한 영향을 미쳤고,[27] 이러한 흑인성은 아프리카와 계속적인 교류를 통해서 더욱 유지되어 왔다. 미국의 흑인들은 노예무역과 노예제 폐지 이후 아프리카와 분리된 문화를 형성하였지만, 브라질의 흑인들은 아프리카와 직접적이고 계속적인 접촉을 유지해 왔다. 아프리카 국가의 대사들은 아프로-브라질인들의 아프리카적 정체성을 일깨우고자 "Black is Beautiful"이라는 슬로건을 내걸기도 했다.[28]

브라질은 특정한 아프리카 부족들과 직접적으로 연결되어 있었으므로 아프리카 문화의 원형을 유지할 수 있었고 아프리카의 변화도 수용할 수 있었다. 이는 브라질이 아프리카와 지리적인 인접성과 두 대륙 모두 "포르투갈의 지배를 받았다"라는 역사적 연대성 때문에 가능했다. 특히 브라질은 앙골라와 깊은 유대관계를 형성하고 있다. 이는 식민기간 네덜란드가 앙골라를 점령했을 때, 브라질 식민 정부가

---

25) Ibid., 40.
26) 질베르또 프레이리는 "모든 브라질인 심지어는 절세의 금발에 파란 눈의 미인이라 할지라도 그녀의 영혼 속에는 검은 물감이 물들어 있다"라고 말했다.
27) 이승덕, "사탕수수 산업이 브라질에 미친 영향," 115; 최영수, "브라질의 문화코드와 의사소통 방식,"「중남미 연구」, 제23권, 2호 (한국외국어대학교, 2005), 137.
28) Joseph A. Page, *The Brazilians*, 75.

군대를 파견하여 앙골라를 회복하면서부터 시작된 것이다. 대서양 북부에서 노예무역이 금지된 이후 브라질의 무역 상인들은 앙골라 루안다(Luanda)에서 부르조아 계층을 형성하고 살았으며, 브라질에서 자유를 획득한 흑인들이 앙골라로 귀환하기도 하였다.[29] 이런 관계는 현재에 이르러 경제적인 이유로 더욱 긴밀하게 유지, 발전되고 있다. 이와 같이 흑인성의 연속성은 아프로-브라질종교의 아프리카적 신념들을 더욱 확고하게 하고 있다.

환하게 웃는 인디오 그림 속의 그 웃음이 현실에 다시 울려퍼질 그날은 언제일까.

아프로-브라질종교는 문화적 · 정신적 · 영적으로 브라질을 지배하고 있다. 이런 사실은 매년 12월 31일에 이 종교에서 가장 인기 있는 신령인 바다의 여신 이에만자(Yemanjá)를 숭배하기 위하여 브라질인들이 흰옷을 입는 습관에서도 찾아볼 수 있는데, 브라질인 3명 중 1명은 이 날 해변에 가서 이 여신에게 제물을 바치며 복을 기원하고 있다. 뿐만 아니라, 브라질의 어린이들은 학교 등지에서 이 종교의 신령들에 대해서 듣고 배우며 자라난다. 아울러 신령들을 기념하는 축제 또한

---

29) 김영철, "브라질 문화의 흑인성 연구: 아프로 브라질," 172.

전 사회의 공식적인 행사로 치러지고 있다. 심지어 브라질은 이 종교의 제의(Ritual)를 국가의 문화상품으로 소개하고 있으며, 자신들의 정체성을 이 종교에서 찾고 있다. 아프로-브라질종교의 신념들과 제의들은 브라질인들의 삶이고 사상이며 문화인 것이다.

당신도 모르는 사이에

상빠울루에는 한인타운이 있다. 봉혜찌로는 상빠울루 조례(법령 Lei No. 15110)에 의해 2010년 1월 12일 한인타운(Bairro Coreano em São Paulo)으로 지정되었으며, 현재까지 2회에 걸쳐 이를 기념하는 축제가 있었다. 브라질의 한인 인구는 5만 정도 되는데, 이 중 대다수가 상빠울루에 살고 있다. 주로 의류업에 종사하고 있는 이곳의 한인들은, 특히 봉혜찌로와 브라스(Bras, 브라질인)의 의류상가에 집중되어 있다.

일본의 브라질 이민은 1908년부터 시작되었고, 한국에서 브라질로의 이민은 1960년대부터 시작되었다. 뒤늦은 출발이지만, 한인디아스포라들은 특유의 부지런함과 성실함, 영리함으로 도매시장의 상권을 장악할 수 있었다. 그런데 한 가지 안타까운 점은, 수억 원대의 권리금이 붙어 있는 상점들의 원주인들은 유대인이나 중국인이라는 것이다. 한국 사람들은 돈을 벌어서 미국으로 가겠다는 미국지향주의자들이었기 때문에, 부동산에 투자할 생각을 하지 않았다. 한국보다 이민역사가 50년 빠른 일본은 초기에 농업을 바탕으로 브라질에 뿌리를 내렸고, 그 후손들이 정치, 경제, 사회의 각계각층에 자리잡고 활동을 하고 있다. 이를 기반으로 브라질과 일본은 돈독한 관계를 유지하면서,

현재 제일 큰 이민자 그룹을 이루고 있다. 브라질 내 일본인들이 소유한 부동산 규모가 일본 땅의 4배라고 한다. 나는 2006년 브라질에 갔을 당시에 일본인 그룹을 만났는데, 이들은 자신들이 브라질에 오는 것은 땅을 사들이기 위해서라고 말했었다.

다행인 것은 1.5세대들과 2세대들은 부모세대와는 다른 양상을 보이고 있다는 것이다. 즉, 미국지향주의가 방향을 틀고 있다. 2006년도에 만난 한 1.5세대 청년 변호사는 미국으로 향했던 아버지의 마음을 이곳에 정착시키고, 현지에 뿌리내리기를 시도했다. 그는 자신의 목표가 경찰서장이 되는 것이라고 말하면서, 젊은 한인청년들 사이에서는 브라질에서 돈을 벌었으니 브라질에 기여해야 한다는 목소리가 커지고 있다고 전했다. 브라질 사람들은 불평을 많이 하지만, 그것을 개선하고자 하는 노력은 하지 않는다면서, 경찰서장이라는 큰 권력을 가진다면 이 나라 치안문제를 바로잡고 싶다고도 피력했다.

그 청년 변호사의 비전 이야기는 아구아지성빼드로(Agua de São Pedro)로 자리를 옮겨서 계속되었다. 아구아지성빼드로는 상빠울루에서 자동차로 두 시간 가량 떨어진 곳인데, 한적한 시골마을로 범죄율 0%, 무취학 아동이 0%인 곳이었다. 한 사람의 노력과 지도력이 이 마을을 이렇게 일구었고, 지켜나가고 있다고 한다. 이 마을은 세계에서 두 번째로 좋은 물을 보유하고 있었다. 향긋한 나무냄새가 뱃속까지 들어오고 짙은 색깔의 꽃나무들이 이곳저곳 피어 있었다. 너무나도 고요하고 평화롭고 수수한 아름다움이 가득한 곳이었다. 브라질에도 이런 곳이 있었다니, 반갑고 놀라웠다. 청년 변호사처럼, 자신에게 삶의 터전을 제공한 땅을 사랑하고 백성으로서의 의무와 책임의식을 갖는 사람들이 많아지기를, 한인사회에 새로운 물결이 일어나기를 기대해 본다.

브라질 문화의 특성은 혼합주의를 넘어 "식인주의"(Mamifesto Antropófago)라고 말할 수 있다. 식인주의란 이질적인 것들이 혼합과 융화를 거쳐 새로운 문화를 형성한다는 개념이다. 이는 사람의 육신을 먹는 인디오들의 풍습에서 유래된 것인데, 외국인과 외국의 이질적인 것에 대한 저항으로서의 혼합을 강조할 뿐만 아니라 유럽문화의 테크닉과 아이디어를 통째로 집어삼키려는 전략이다.30) 브라질의 인종, 문화, 종교는 포르투갈인, 원주민 인디오, 식민시대 사탕수수 농업의 활성화와 더불어 유입된 아프리카 흑인, 그리고 커피 산업시기에 유입된 스페인, 이탈리아, 독일 등의 유럽인들로 인해 매우 다양하고 복잡한 성격을 띠고 있다. 브라질의 광활한 땅을 배경으로 펼쳐지는 이러한 다양성과 복잡성은 서로를 반목하게 하고 흩어지게 할 수도 있었다. 그러나 이들은 포르투갈어와 가톨릭이라는 공통분모 위에서 하나의 큰 모자이크 사회를 이루었다. 이러한 문화 식인주의의 대표적 산물이 단연코 아프로-브라질종교이다.

아프로-브라질종교를 리서치하기 위해서 상빠울루를 방문했을 때 만난 한인들은 이렇게 말했다. "우리는 그런 종교에 아무런 영향을 받지 않습니다. 관심이 없습니다. 왜 알려고 하지요?" 그러나 브라질 땅에서 브라질인들과 함께 살아야 하고, 특히 브라질 문화로 가득한

---

30) 이광윤, "브라질 문학에 나타난 식인풍습의 전통,"「이베로아메리카」제3집 (부산외국어대학교, 2001), 232.

텔레비전 프로그램을 즐겨 본다면, 누구도 브라질의 영적 상태와 무관하다고 말할 수가 없을 것이다. 브라질 연속극들의 주 배경은 아프로-브라질종교적인 것과 가톨리시즘Catholicism이다. 20대의 한 한인 청년은 "텔레비전에서는 기이한 초자연적 현상들이 아주 자연스럽게 방영되고 있습니다. 쇼 프로그램이나 오락 프로그램은 주로 밤 11시 이후에 방영되는 데, 여자들을 벗기기에 급급합니다"라고 증언했다. 또 다른 한인 가족은, 원주민 점원들이 기도를 많이 하고 예언을 한다면서 그들에게 예언받기를 즐겨한다고 했다. 그러나 자신에게 이로운 얘기를 하면 신령하다고 말하고 자신이 원치 않는 이야기를 하면 영적으로 잘못된 것이라고 이야기하는 등, 영분별에 대한 훈련과 지식이 없는 탓에 혼란에 빠져 있었다. 어떤 교회에서는 한 성도 부부가 갈라섰는데,

악귀가 집으로 들어오지 못하도록 부적을 창살에 달아놓았다. 사진은 살바도르의 주택 모습.

부인이 신비적인 것을 쫓아다니다가, "남편하고 이혼을 해야만 잘 된다"라는 예언을 받은 것이 원인이 되었다고 한다. 브라질 땅에 사는 한 브라질의 영적 흐름이 자신과는 무관하다고 생각하는 것은 위험한 자만일 것이다.

상빠울루 시의 중심가에는 세(Sé) 광장이 있다. 이 광장에서는 하얗고 풍성한 드레스들 입고 사람들에게 점을 쳐주는 영매들을 볼 수 있다. 한 선교사는, "이 사람들은 위험한 부류이니 근접하지 말라"고 말했다. 그러나 이들이 누구이며, 왜 위험한지에 대해서는 말을 회피했다. 금요일 밤에 이루어지는 마꿈바의 저주의식은 잔인하고 불법적인 것임에도 불구하고 경찰서 담벼락 밑에서도 행해진다. 그러나 누구 한 사람 그것을 통제하거나 막는 사람이 없었다. 과연 이러한 브라질의 문화 가운데 사는 한인들이 그 영적 영향을 받지 않을 수 있을까? 브라질 문화의 한복판에서 살고 있는 한인들이 이 종교와 전혀 무관하 며 영향을 받지 않는다는 것은 불가능한 일일 것이다.

브라질엔 약 50개의 한인교회가 있으며, 270여 명의 한국선교사 들이 사역하고 있다. 브라질에서의 사역은 브라질인들의 세계관을 탐구하고 그들의 세계관을 성경적 세계관으로 변혁시키는 것을 목적으 로 해야 한다. 그러므로 실질적으로 브라질인들의 삶의 방향을 조종하 고 있는 아프로-브라질종교에 대해 무관심해서는 세계관의 변혁이라 는 대과제를 수행하기가 어려울 것이다.

브라질의 어떤 문화들은, 정(情) 문화와 체면 문화를 가득 품은 동방예의지
국에서 온 한국 사람을 당황케 하고 뿔나게 한다. 브라질에 대한 좋은
기억들이 없었더라면 나는 브라질에 대한 관심을 이미 오래전에 접었을
것이다. 사진은 마나우스의 김완기 선교사님과 노점의 과일장수.

브라질을 사랑하십니까?

한국 사람은 뿔난다

브라질에 올 때마다 나는 공항에서 당황스러움을 맛보곤 한 것 같다. 마치 입구에 바리게이트를 치고 "이래도 브라질에 선교할래"라고 묻는 것 같았다. 2006년도에 갔을 당시, 브라질 공항은 나를 한 시간 동안이나 붙잡아 두었다. 백인, 흑인, 동양인 각각 한 명씩을 무작위로 택하여 가방을 열어젖힌 상태에서였다. 그들은 가방을 뒤지지도 않았고, 아무런 조취도 취하지 않았다. 시간이 흐르자 곱게 보내주긴 했지만 정말 기분이 언짢았다. 그뿐만이 아니었다. 귀국 길에는 봐리그(Varig)[1] 항공사의 부도로 인해 사흘간이나 공항을 왔다갔다하며 곤욕을 치러야 했다. 항공사들은 변명을 늘어놓을 뿐 해결하려는 노력은 전혀 하지 않았다. 그 당시 박지웅 선교사님[2]의 도움이 없었다면, 자료수집 때문에

---

1) 브라질 최초의 민간 항공사이자 남아메리카의 항공사 중에서 아시아 노선을 유일하게 취항한 항공사인데, 2007년3월에 브라질의 저가 항공사 GOL항공에 인수되었다.
2) 박지웅 선교사는 일찍이 선교사였던 부친을 따라 베트남과 독일, 브라질의 문화를

가야만 했던 미국행은 취소해야만 했을 것이고, 한국행도 어려움을 면치 못했을 것이다. 한국행 비행기는 좌석이 없어서 10일 이상이나 기다려야 했고, 편도요금이 거의 왕복요금 수준이었다.

2013년에는 상빠울루 공항직원들 중에 영어를 구사하는 사람들이 있었다. 그러나 공항을 나오면 여전히 언어 소통이 어려웠다. 택시를 타기 위해서는 헤알(R$,복수는 헤아이스[Reais])로 환전을 해야 했고, 또 불안한 치안으로 말미암은 스트레스도 매우 컸다. 작년에는 서울을 출발하기 전, 혹시나 하는 생각으로 브라질에 살고 있는 친구에게 공항택시에 대해 자세히 물어봤다. 공항에서 상빠울루의 선교관까지는 5만 원 정도가 든다고 했다.

브라질까지의 비행은 여전히 길고 지루하고 힘들었다. 수월하게 입국 수속을 밟고 입국장으로 나왔지만, 나를 기다리는 사람은 아무도 없었다. 너무 서둘러 여행채비를 하다 보니, 내가 연락을 취해야 할 선교사님의 전화번호와 주소를 가지고 오지 않은 터였다. 게다가 공항에서는 와이파이 (Wi-Fi)가 터지지도 않았다. 나중에 안 것이지만, 공항에서 만나기로 한 선교사님은 내가 아부다비에 도착했을 때쯤부터 계속 카톡으로 "마중

경험하고, 브라질과 미국(풀러신학대학)에서 신학을 공부한, 미국 참례교회 소속 선교 사이다. 현재 봉혜찌로에서 한인 2세들을 위한 문화사역과 현지인 목회자들을 위한 보수교육을 실시하고 있는데, 특히 브라질 현지인 교회가 "선교하는 교회"로 성장할 수 있도록 돕고 있다. 박선교사는 브라질 선교사협회 회장을 지냈으며, 씨드선교회 브라질 지부장, 남미 코스타 대표총무직을 맡고 있다. 박선교사가 대표로서 섬기는 문화센터, "쿰"(Qum, 일어나라)에는 젊은이들을 위한 북카페, 인터넷, 콘서트홀이 있고 어린이와 청소년들을 위한 '갓스 이미지' 힙합 찬양팀이 소속되어 있으며, 공부방, 세미나, 이벤트 등을 통해 제2세대 한국 디아스포라들의 꿈을 키우고 있다.

나오지 못함"을 알리고 있었다. 상황을 알지 못한 채 택시를 타려고 채비를 하다가, 한 젊은 한국인 사업가를 만났다. 그분의 도움으로 선교사님과 연락을 취하고서야 내가 어떤 상황에 처해 있는지를 알게 되었다. 그 젊은 사업가는 일행이 있었고 차편도 여의치 않았지만, 나를 목적지까지 태워다 주었다.

"브라질을 사랑하느냐?"라는 질문을 받으면 나는 "관심이 있을 뿐 사랑한다고 말할 수는 없다"라고 답한다. 난 브라질에 대한 의문과 질문들 때문에 브라질 안으로 들어갔다. 브라질은 나의 리서치 현장이다. 관심만 갖는다면, 문화인류학적인 다양한 샘플들을 마음껏 얻을 수 있는 곳이 브라질이다. 난 현지인들을 사랑하지 않는다. 애끓는 마음으로. 아직 나는 브라질 사람들과 삶을 공유하고 싶은 생각이 없다. 난 외부자로 그들을 바라보고 있다. 이 외부자적인 시각(etic, 분석적, 과학적 시각)을 잃고 싶지 않다. 그것이 내부자적 시각(emic, 현지인의 관점)을 가지게 된 현장 선교사들에게 도움이 될 수 있기 때문이다. 아직도 나는 브라질이 너무나 낯설고 브라질인들의 어떤 습관과 태도들 때문에는 불쾌감을 느끼곤 한다.

브라질 사람들이나 브라질 문화에 동화된 한국 사람들에게서 공통적으로 느끼는 것은, 쉽게 말하고 쉽게 말을 번복한다는 것이다. 나는 리서치 때문에 이단을 연구하는 현지인 목사님을 만나서 인터뷰를 하고 자료를 얻었다. 그리고 거기에 대한 답례로 브라질식 고기뷔페인 슈하스까리아(shurrascaria)로 초대, 식사를 대접하고 교통비 명목으로 100불을 드렸다. 그러자 그는 내게 스파게티를 좋아하느냐고 물었고 자기 부인이 스파게티를 아주 잘 만든다면서 점심식사에 초대했다. 그런데 약속시간이 거의 다

그물침대. 마나우스에서 강변마을과 인디오 마을로 가기 위해 떠나는 배에서 흔히 볼 수 있는 광경이다. 지혜와 여유가 엿보인다.

되어, 그 목사님으로부터 전갈이 왔다. 여행을 가게 되어 점심 약속을 지킬 수 없게 되었다는 것이다. 브라질 항공사에선 가끔 비행기표를 파격적으로 싼 가격에 파는 이벤트를 한다. 그는 내가 선물한 100불로 비행기표를 샀던 것이다. 어이가 없었지만, 그나마 약속 취소를 미리 알려준 데 대해 감사했다. 브라질에서 "식사 한번 같이 하시지요?"라는 말은 초대의 의미가 아니라 가벼운 인사 정도로 생각하면 된다.

　마나우스에서 규모가 큰 장로교회의 담임목사님을 만나기로 했을 때였다. 약속시간 전에 교회에 당도했는데, 시간 반이 지나도록 그 목사님이 나타나지 않는 것이었다. 전화를 해보니, 아직 잠자리에서 일어나지도 않은 듯했다. 한 시간 반을 더 기다려서야 그를 만났지만, 사과 한마디 듣지 못했다. 또 한 번은 마나우스에서 축귀사역으로 유명한 목사님을 만나기 위해 오전 8시에 그 목사님이 사역하는 교회로 갔다. 비가 부슬부슬 내리고 있었다. 그런데 그 목사님이 나타나지 않았다. 전화도 불통이었다. 교회를 지키던 여성도가 내일 아침 9시 정도에 오면 그를 만날 수 있을 것이라고 귀뜸했다. '교회가 부흥되고 유명해지니까, 약속도 어기는 것일까?' 저절로 그런 생각이 들었다. 그 교회는 2년 전에 성도가 450명 정도였는데, 그 당시에는 약 1,000명 정도로 확장된 상태였다. 한국적인 사고로는 이해할 수 없는 일이었다. 그러나 브라질의 '시간 개념 없는 문화'를 감안하니 조금은 마음이 진정되었다. 다시 오기로 하고 돌아섰다.

다음 날 오전 9시, 드디어 그 목사님을 만났다. 인터뷰를 끝내고 그에게 준비한 선물을 건넸다. 그러자 그 목사님은 두 번이나 약속 못 지킨 것을 사과하면서, 내 아들을 위해 브라질 축구단복을 만들어 선물하겠다고 했다. 나는 새끼손가락을 걸어 약속을 확인했다. 그러나 마나우스를 떠날 때까지, 아무 것도 받지 못했다.

브라질 사람들은 길을 묻는 사람에게 무척 친절하다. 상대방이 알아들었다는 표시를 할 때까지 쉬지 않고 설명하고 또 설명한다. 아주 열정적으로. 그러나 그들이 알려주는 대로 갔다가는 낭패를 당하는 일이 적지 않다. 나와 한 자매가 상빠울루의 한 동네에서 길을 헤매게 되었을 때였다. 지나가는 브라질 사람에게 주소를 내밀어 보았다. 그는 언어소통이 제대로 되지 않는 가운데서도 친절하게 한참 동안 설명을 해주었다. 그러나 도무지 이해할 수가 없었다. 그가 가리키는 방향은 일정하지 않았다. 그 역시 잘 모르는 것 같았다. 나는 그의 수고를 멈추게 하기 위해서 그냥 고개를 끄덕여야만 했다.

브라질 사람들의 친절과 다정함은 아침이슬과 같다. 그냥 나의 느낌뿐만이 아니다. 김완기 선교사님3)은 브라질인들의 이벤트 문화를 '일회용 문화'라고 지적하셨다. 왜냐하면 이들은 필요에 따라서 관계를 맺지만, 자신의 유익에 따라서 쉽게 관계를 저버리곤 하기 때문이다. 이벤트 문화는 브라질 교회 안에도 만연했는데, 이러한 브라질의 문화적 특성들의 공통분모는 열정적 감성주의다.

열정적 감성주의

브라질인들은 감성이 풍부하다. 이들의 열정적 감성은 강한 종교심, 명랑함과 호방함, 즐거움의 강력한 표현, 자만심 등으로 나타나지만, 때로는 우울함, 열등감으로도 나타난다. 이러한 열정적 감성주의가 일으킨 문화의 대표주자는 단연 카니발이다. 이 행사를 창시한 뜨린따(Joãozinho Trinta)는 "브라질은 지구의 심장이므로 브라질의 역할은 지구에 행복을 가져다주는 것"4)이라고 말했다. 이들의 열정적 감성주의는 폭죽문화에서도 그대로 나타난다. 축구경기의 시작 전이나 승리 후에 사방에서 터뜨리는 폭죽소리는 귀를 먹먹하게 할 정도이다. 새해에는 전국에서 동시에 폭죽을 터뜨리는데, 가히 압도적인 장면과 소리를 연출한다. 또한 이들의 열정과 감성은 강한 종교심으로 표출된다. "가톨릭은 브라질인이 있기에 존재한다"라는 말처럼 세계에서 가장 많은 가톨릭 신자를 보유한 브라질에서는, 세계의

---

3) 김완기 선교사는 브라질 이민 1.5세대로 브라질과 한국(총신대학교)에서 신학을 했다. 현재, 세계장로교회(Igreja Presbiteriana Global: 현지인 교회) 담임목사 및 복음학교 (Faculdag Boa Novas)의 교수로 사역 중이다.

4) Joseph A. Page, *The Brazilians*, 15-16.

화려한 브라질의 카니발 저변에는 영매술의 신념이 깔려 있다.

모든 종교는 물론 이단까지도 부흥하고 발전하고 있다. 이에 대하여 마나우스 아마존 연방대학 교수 에웰톤(Ewelton Helder)은 다음과 같이 밝혔다.[5]

전통적으로 세계에서 가장 가톨릭 신도가 많은 나라가 브라질이다. 그러나 다른 나라에서는 성장하지 못하는 이단들도 브라질에서는 성장한다. 예를 들어, 불교는 약 70년 전에 일본사람 공동체에서 믿었던 종교인데, 지금은 많은 불교사원이 생겼고 많은 사람들이 불교에 심취해 있다. 이제는 불교도 브라질의 종교가 되었다.

브라질사람들은 불확실한 미래에 대해서 위안을 받고자 초자연적 힘을 찾고 의지하는 경향이 매우 크다. 그러므로 신령과 교제하며 영적인 해답을 준다고 유혹하는 아프로-브라질종교가 브라질인들의 뜨거운 종교심을 사로잡을 수 있었던 것이다. 또한 과정을 무시하고 결과만을 중요시하는 브라질인들의 태도와 즉시 해답을 얻어야 직성이 풀리는 당장주의, 행사 위주의 삶, 시간개념의 부족, 관계지향적이지만 조직력이 약한 것 등의 밑바탕에도 열정적 감성주의가 자리하고 있다. 이에 대하여 문화인류학자인 호나우두(L. Ronaldo A.) 박사는 다음과 같이 말했다.[6]

---

5) 인터뷰, 2006. 7. 13(목), 마나우스, 에웰톤 교수. 그는 현재 마나우스 아마존 연방대학 교육학 교수이다. 그는 브라질 사람들은 외부사람들을 잘 영접하며, 만일 어떤 사람과 좋은 관계를 맺는다면 가족처럼 그 집에 마음대로 드나들 수 있다고 말했다.
6) 인터뷰, 2006. 6. 28(월), 마나우스, 호나우두 문화인류학 박사. 10년 동안 아프리카 가나선교사로 사역했고, 런던대학에서 종족학으로 박사학위(Ph. D)를 받았다.

브라질인들은 사이클 의식, 거인의식을 가지고 있으며, 시간보다 행사를 더 중시한다. 그리고 관계지향적이다. 구조보다 사람을 더 중요하게 생각한다. 부정적인 면은 당장주의이다. 문제는 오늘 당장 해결해야 한다. 겉으로는 문제가 해결된 것 같지만 그렇지 않다. 브라질은 실용주의를 추구한다. 그러나 조직력은 약하다.[7] 예를 들면, 유럽은 월드컵을 위해 몇 년 전부터 조직을 하고 연습을 하지만 브라질은 두 달 전 조직하고 연습한다. 그리고 어떤 식으로든 문제를 일으키는 것을 좋아하지 않는다.

또한 호나우드 박사는 "브라질인들은 과정을 무시하고 결과만을 중시한다"고 지적하면서, "이것은 윤리적인 것과 직결되어 있으며 부정부패를 일으키는 원인이 된다"라고 피력했다. 브라질 사회에서 블랙매직이 용인되고 있는 것도, "악한 과정이라도 결과만 좋으면 된다"라는 사상 때문이다.

브라질인들의 열정적 감성주의의 이면에는 열등감과 우울감이 자리한다. 시인 안드라지(Oswaldo de Andrade)는, 브라질인들은 무능력으로 고통을 받고 있고 이들의 과장과 허풍스러움의 이면에는 열등의식이 잠재해 있다고 말했다.[8] 브라질인들은 축구와 커피, 카니발과 같은 문화적인 면에 있어서는 크게 자만하지만, 부정부패, 가난의 문제, 적은 임금, 치안문제에 대해서는 열등감을 가지고 있다.[9] 특히 이들은 주기적으로 터지는 정치적, 경제적 소요에 대해, "브라질의 부가 몇몇 부패한 정치가와 공직자 때문에 사라지고

---

7) 용의주도한 계획이나 준비, 꾸준한 노력보다는 즉흥적 행동이나 자발적 행동에 훨씬 더 의존한다.

8) Ibid., 10.

9) 인터뷰, 2006. 7. 13(목), 마나우스, 끌라우디아(Claudia Guerra) 박사: 그녀는 현재 마나우스 아마존 연방대학의 커뮤니케이션 교수이다. 그녀에 따르면, 브라질 사람들은 자존감이 너무 약하며, 자존감이 올라갈 때는 월드컵 때문이라고 말했다.

있다"라며 분개한다.10) 유감스럽게도 브라질의 부패는 정치권, 경찰, 법관, 공무원 등 모든 분야, 모든 직종에 걸쳐 만연되어 있다.11)

브라질인은 즐거움도 강하게 표현하지만 우울함에도 깊이 빠진다. 카니발과 축구경기처럼 열광적인 행사에서 그들의 심리적 특징이 잘 나타난다. 1950년 히우의 마라까낭(Maracanã) 축구 경기장에서 열린 세계월드컵 경기에서 브라질 팀이 우루과이에 참패했을 때 17만 관람객은 슬픔에 잠겼고 수많은 국민들이 우울증에 빠지거나 자살하는 등, 거국적인 비극이 일어났었다.12)

브라질인들은 개인주의적 집단주의이다. 표면적으로는 개인주의주의자들처럼 보이지만, 실제로는 혈연집단적인 삶을 살고 있다. 중요한 의사 결정은 가장이나 리더의 뜻에 따른다. 이와 같은 집단문화는 식민시대 대농장의 가부장제도에서 유래된 것이다. 브라질인들은 가족의 전통적인 종교를 따른다. 가톨릭 신자들 대부분이 "유전적인 신자"인 것과 마찬가지로, 아프로-브라질종교의 신봉자들 중에도 부모나 조부모를 따라서 입교한 사람들이 많다. 아울러 가족 중 한 사람의 회심으로 전 가족이 기독교 교인이 되는 경우도 많다. 예를 들자면, 영매인 부모 밑에서 태어난 크리스찌

---

10) 브라질은 축구 때문에 열을 내다가도, 끝이 나면(지든지 우승컵을 받든지) 잠잠해지는데 걸리는 시간이 길지 않다. 이것은 축구뿐만 아니라, 사회문제들에 대한 반응도 마찬가지다. 부정부패한 정치인들도 그 "잊어먹기" 덕택에 버젓이 재선을 노린다. 불의에 대한 국민들의 반응은 거의 전무한 것 같다. 이것을 노예근성이라고 말하는 사람들이 있다.

11) 한국수출보험공단, http://www.keic.or.kr(2007. 6. 26). 브라질의 부패 순위는 163개 나라 중 70위이다. 브라질의 부패지수는 멕시코, 중국, 가나, 세네갈, 인도, 사우디아라비아, 이집트와 같은 수준이다.

12) Ibid., 16.

한여름에 맞이하는 크리스마스. 쇼핑센터에 근무하는 여성들이 반팔을 입고 산타복장을 하고 있다. 브라질에도 남녀 차별이 극심하다. 그들의 주장대로 하나님께서 남자를 여자보다 우월하게 창조하신 것일까? 브라질이 남성중심 국가라는 것은 브라질의 경제가 아직도 1차 산업에 의존하고 있음을 시사한다.

나[13]와 그녀의 일곱 명의 형제자매들은 부모를 좇아 모두 깐돔블레의 영매가 되었다. 그러나 그녀가 19세에 회심하여 기독교인이 되자 모든 가족이 함께 교회에 출석하게 되었다.

이와 같은 가족의 단결은 사업에서도 강력한 족벌주의를 형성하는 배경이 되었다. 족벌주의는 식민시대 가톨릭의 전통인 대부대자제도[14]와 깊은 연관을 갖는다. 이들은 능력에 상관없이 좋은 직위나 취업의 기회를

---

13) 인터뷰, 2004. 7. 17(토), 2006. 7. 13(목), 마나우스, 크리스찌나 아비우스.

14) Raine, Philip, *Brazil: Awakening Giant* (revised ed.: Washington: Public Affair Press, 2003), 32. 가톨릭에서 성세성사나 견진성사를 받을 때 후견인을 세운다. 일반적으로 대부는 남자 수례자에게, 대모는 여자 수례자에게 선다. 대부에게는 대자에 대한 정신상의 보호와 교도의 의무가 지워지고 대자는 존경과 공손을 대부에게 보이는 정신적 친자관계가 성립한다.

가족들에게 제공하고 있는데, 부유하고 덕망 있는 지도층에서 더욱 성행하고 있다. 족벌주의는 정치적인 면에서 정당이나 조직을 지지하고 후원하는 것이 아니라 개인을 지지하고 후원하는 패트론 제도(Patrão System)[15]와 기술적 기초 위에서 국가정책을 다루는 테크노크라트(Technocrat) 제도에서도 나타난다.[16]

여자 강도와 남자 의인

브라질은 가부장적이며 남성 중심의 나라이다. 브라질의 가정폭력은 아주 심각한 상태인데, 현재 5분마다 여성이 남성한테 육체적 폭력을 당하고 있다고 한다.[17] 가정폭력에 대한 처벌이 강화되었지만, 남편의 보복살인 등이 두려워서 남편을 고발하지 못한다고 하니, 폭력의 심각도를 짐작할 수 있다. 이는 남성우월주의 때문이다. 브라질 북부지역의 목회자들은 "하나님께서 남자를 여자보다 우월하게 창조했다"라고 성경을 해석하고, 또 그렇게 믿고 있다고 한다. 어떤 신학자는, 세상에서는 성경적으로 남녀가 동등하나 가정과 교회에서는 남자가 우월하다는 주장을 하기도 한다. 마나우스의 신학생들 대부분은, 특히 목사들은, 남녀동등 해석을 받아들이지 않는다. 똑같은 신과를 졸업했어도 남자는 목사가 되어 사례금을 받고 여성은 사례금을 받지 못하거나 받아도 얼마 안 된다고 한다. 교회에서부터 성차별이 이루어

---

15) 정치문화에 있어 어떤 정당이나 지역사회의 조직보다는 특정 개인의 자질인 인격을 추종하는 것이 특징이다.

16) 최영수, "브라질의 문화코드와 의사소통방식," 140-141.

17) http://www.metroseoul.co.kr/news/newsview?newscd=2013080600177

지고 있는 것이다.

나는 작년에 참석한 아르헨티나 선교사 모임에서 이렇게 나를 소개했다. "저는 한국독립교회 및 선교단체 연합회에서 목사안수를 받고 비거주선교사로 임명, 파송 받은 사람입니다. 제 사역지는 마나우스입니다. 제가 잘 하는 것은 분석입니다. 여러분이 물고기를 잡고 천막 만드는 사역을 하신다면, 저는 그물을 수선하는 사역을 한다고 말씀드릴 수 있습니다. 제 사역의 하나는 선교사 상담입니다."

여자이기보다는 사람이고 목사이며 선교사로 인지해 달라는 부탁이었다. 함께 참석했던 한 여선교사님은 브라질의 한인들은 자신을 사모라고 부르고 의사인 남편을 목사라고 부른다고 하면서, 한인사회에 일고 있는 여성사역자에 대한 편견을 토로했다. 이러한 '성차별'은 여목사가 쏟아져 나오는 한국도 마찬가지다.

한번은 100명이 모인 한국의 강의실에서 '현대선교신학'을 강의하게 되었다. 남학생이 97명, 여학생이 3명이었다. 석사과정이었는데 나이 든 학생들도 많았다. 원활한 수업을 위해서는 어떤 전략이 필요했다. 두 번째 시간이었다. "여러분은 군대를 몇 년 갔다 오셨나요? 길어야 2~3년이었겠지요? 하지만 저는 30년 동안 군대생활을 했습니다."

부산스럽고 집중이 안 되던 교실이 숙연해졌다. "제 아버님이 군인이셨지요. 저는 아버지 슬하에 있는 30년 동안 아버지로부터 군인정신을 배웠습니다. 여러분이 군대에서 받았던 훈련을 저는 가정에서 받았습니다."

그 학기가 끝날 때까지 나는 매우 즐겁고 편안하게 강의할 수 있었다. 그런데, 한 원로 교수님께서는 그 신학교에는 목사임을 밝히지 말라고 권유하셨다.

　여목사에 대한 편견은 브라질에서도 마찬가지이지만, 한국에서
사용했던 '군대 이야기'는 효과가 없을 것이 분명했다. 브라질에도
18세 이상이면 병역의무가 있지만, 면제신청을 하면 군대에 가지
않는다. 때문에 청년들은 군대에 대한 스트레스를 거의 받지 않는다.
게다가 브라질인들은 소속감이나 동료의식을 그다지 중요하게 생각하
지 않는다. 그런데, 김완기 선교사님은 가는 곳마다 나를 'Ph. D.'라고
힘주어 소개하셨다. 브라질 사람들은 박사가 아니라도 박사라고 불리
는 것을 매우 좋아했다. 부자에 대한 반감은 있지만, 학자에 대한
태도는 매우 긍정적인 것 같았다. 한국에서는 맥을 못 추던 나의
'Ph. D.' 학위가 브라질의 강의장에서는 힘을 발휘해 준 것 같았다.
열정적인 환영과 반응, 그리고 질문들… 강의장에도 이들의 열정적인
감성주의가 총출동한 것 같았다.

　브라질의 어떤 문화들은, 정(情) 문화와 체면 문화를 가득 품은
동방예의지국에서 온 한국 사람을 당황케 하고 뿔나게 한다. 만일,
브라질에 대한 좋은 기억들이 없었다면 나는 브라질에 대한 관심을
이미 오래전에 접었을 것이다. 너무나도 매혹적인 보사노바(Bossa
Noba)의 선율, 웅장하고 다양하며 아름다운 자연경관, 마나우스에서
만난 구릿빛 사람들의 방끗 웃는 얼굴, 강의실에서 마주했던 진지하고
열광적인 사람들, 그러나 가장 좋은 기억은 처음 브라질에 갔을 때
현지인이 강도를 붙잡아준 일이다.

　내가 처음 브라질을 방문했을 때의 일이다. 한인회관 근처에서

여자 강도를 만났다. 그 강도는 나를 휙 지나쳐 가더니, 내 뒤를 따라오던 한 자매에게 칼을 들이댔다. 걸음을 멈추고 뒤를 돌아보니, 강도에게 붙잡힌 자매는 두려움에 사시나무 떨듯 떨고 있었다. 나는 반사적으로 강도를 향해 걸어갔다. 다행히 강도는 겁을 집어먹은 것 같았다. 그러나 강도는 달아나지 않고 자매의 핸드백을 낚아채더니 긴 다리로 뛰기 시작했다. 우리도 구불구불한 언덕길을 오르락내리락하면서 그녀를 추적했다. 그 핸드백 속에는 얼마 후 출국할 때 필요한 여권과 항공권이 들어 있었다.

주변에는 한인들이 나와서 팔짱을 끼고 구경하고 있었다. 아무도 도와주지 않았다. 한참을 달리다 강도는 길 건너편에 정차해 있는 택시 안으로 들어갔다. "아, 놓치고 마는구나!"라고 생각했는데, 감사하게도 택시기사는 꿈쩍도 하지 않았다. 강도는 택시기사에게 고래고래 소리를 지르더니 또 달리기 시작했다. 다리가 후들거렸다. 숨이 턱까지 닿아 더 이상 달릴 수 없을 것 같았다. 그때, 우리와 같은 방향으로 달리던 차 한 대가 "끼익" 하면서 돌아서더니 그 강도 앞을 떡 하고 가로막아 섰다. 운전자는 현지인 남자였다. 그는 강도의 멱살을 움켜잡았고, 호통을 치면서 그녀의 손아귀에서 가방을 빼앗아 우리에게 건네주었다.

브라질엔 '여자 강도'도 있었지만, '착한 남자'도 있었다. 어려움을 당한 자를 도와주는 착한 사마리아인 같은 사람이었다. 열정적 감성주의의 잘못된 방향은, 갖고 싶은 것은 수단과 방법을 가리지 않고 취하는 범죄를 낳지만, 그 방향을 바꾸니 어려움 당한 사람을 팔짱끼고 구경만하지 않고 적극적으로 돕는 선행도 낳았던 것이다. 나는 그 브라질인의 선행이 하나님 의 사인이라고 생각했다. 복음을 들고 브라질로 가라는……

아마존 정글에 들어가려면 마나우스에서 출발하긴 하지만, 이곳은 국제적인 도시다. 150개 이상의 외국기업이 주재하고 있다. 도심이나 그 인근엔 벌거벗은 인디오는 살고 있지 않다. 게다가 소수의 원주민들이 사는 마을에 가려면 인디오 보호청의 허락을 받아야만 한다. 마나우스는 습기를 잔뜩 머금은 맹렬한 더위를 견딜 때, 비로소 매력적인 모습을 드러내어 보여준다. 사진은 마나우스 시내 전경.

신들의 어머니

벌거벗은 인디오는 없었다

상빠울루에서 마나우스까지의 항공권 가격은 상황에 따라 편차가 심하다. 봐리그가 부도나기 전에는 상빠울루가 아니라, 마나우스를 최종 목적지로 하면 더 저렴했고, 어떤 경우에는 티켓을 거저 얻을 수도 있었다. 작년 마나우스 행 티켓은 상빠울루의 선교사님께 부탁, 인터넷으로 구매했는데 한국에서보다 훨씬 저렴했다. 과룰류스 공항에서 마나우스의 에두아르두 고메스 국제공항(Aeroporto internacional Eduardo Gomes)까지는 4시간 정도가 걸린다. 브라질 국내선은 여러 번 타봤어도 매번 긴장이 된다. 출발시각을 어기는 것은 다반사이고 게이트도 자주 바뀌기 때문이다. 작년에도 지정된 게이트로 나아가 버스로 이동하여 비행기에 올랐는데, 느낌이 이상해서 승무원에게 확인하니, 엉뚱한 비행기였다. 공항직원의 친절한 안내로 금방 바꿔 타긴 했지만 아찔했다.

마나우스까지의 비행은 가뿐했다. 짐을 찾아 출구를 나오는데 고개를 쭉 빼고 나를 찾는 김완기, 권선희 선교사님의 반가운 모습이 보였다. 권선희 선교사님은 눈물을 글썽이셨다. 나는 새로 지은 세계장로교회(Igreja Presbiteriana Global)의 사택에 짐을 풀었다. 아직 손을 대야 할 곳이 많았지만, 2층 내 방 창문에는 예쁜 커튼이 드리워져 있었고, 새로 장만한 침대보와 수건이 깔끔하게 정돈되어 있었다. 작업하기 편리한 커다란 책상 위에는 김선교사님 부부의 마음이 담긴 들꽃이 한 아름 꽂혀 있었다.

7년이란 세월은 그냥 흘러가지 않은 모양이었다. 두 분의 마음은 더 깊어진 것 같았고, 김선교사님의 묵뚝뚝함은 웃음과 유머로 대치된 듯했다. 최근 사진으로 보았던 김선교사님의 백발은 어느새 검은 머리로 바뀌어 있었다. 김선교사님은 해가 지기 전까지는 매우 분주하게 움직이셨는데, 몸동작은 여전히 청년 같았다. 권선교사님은 오래전부터 척추에 문제가 있어서 오래 앉거나 걷는 것을 힘들어 하셨는데, 예전보다도 더 활달하고 표정도 밝아 보여서 마음이 놓였다. 새로운 가족도 늘었다. 메리, 요크셔테리어 1년생인데 권선교사님을 많이 웃게 했다. 2006년, 배신과 무례함으로 폭격당한 것 같았던 김선교사님 가족은 이제 많이 평화로워 보였다. 가장 큰 걱정거리가 아들의 결혼이라고 하셨다. 브라질에 살고 있는 한국 디아스포라들에게는 거의 공통적인 고민거리이다.

김완기, 권선희 선교사님을 처음 뵌 것은 2004년 7월이었던 것 같다. 선교학 박사과정 중 브라질에 관한 논문을 쓰기 위해서 현장선교사님들의 논문을 검색하다가 김완기 선교사님의 "브라질 선교를 위한

영매술에 관한 고찰"이
란 석사학위 논문을 발견
했다. 그 내용이 얼마나
끔찍했던지, 끝까지 보지
도 못한 채 일 년 이상을
책꽂이에 꽂아만 놓았던
것 같다. 나의 브라질에
대한 연구는, 1998년 처
음 브라질에 갔을 때 가졌
던 질문들

마나우스 세계장로교회 여성도님들과 함께.

때문에 시작되었다. Y교회의 선교국은 수많은 선교사들을 관리하고
지원하는 부서임에도 직원의 수도 부족했고 행정시스템도 매우 열악한
상태였다. 우리는 대륙별 책임자를 정하기로 했다. 그런데 남미에는
아무도 관심이 없었다. 남미가 선교지인가 아닌가란 논란이 심심치
않게 일고 있었고, 대부분의 남미 선교사들은 현지출신들이었으며,
보고서도 거의 없는 등, Y교회와의 커넥션이 별로 없었기 때문이었던
것 같다. 하는 수 없이 부서장인 내가 남미를 담당하기로 했었다.

    그 교회에서는 일 년에 한 번 선교대회를 열었는데, 그때 비로소
남미 선교사님들을 만날 수 있었다. 특히 중국이나 러시아, 중앙아시아
쪽은 비자문제로 선교사들이 자주 왕래를 했었고 사건사고도 많았
다. 그러나 남미 선교사들로부터는 보고서나 편지를 거의 받지 못했다.
1998년 9월, 나는 너무나도 궁금했던 남미, 브라질로 향했다. 그리고
4개월 간 브라질에 거주하면서 '영적 혼란'을 목격했다. 한국에서

사역할 때는 은사사역으로 성도들에게 인기가 있었던 목사부부가 방향을 잃은 예언사역 등으로 큰 혼선을 초래하는 것을 보고는 큰 충격을 받았다. "왜, 무엇이 그들을 그렇게 변질되게 한 것일까? 과연 그들이 주장하는 대로 그것이 성령의 능력인가?"에 대한 의문을 안고 한국으로 돌아왔다.

김완기 선교사님은 논문에서 브라질에는 사탄의 왕좌가 있다고 밝혔다. 몇 번 브라질을 방문하여 리서치하면서, 그리고 작년에 세미나를 열면서 나는 거듭 거듭 그 말에 동의하게 되었다. 김선교사님의 그 논문은 내게 길잡이가 되어 주었다. 김선교사님은 현장리서치에 있어서 절대적인 협력자였다. 내가 만나야 할 사람들을 나 자신보다 더 잘 알고 주선해 주셨고, 나의 입과 귀와 발이 되어서 짧은 시간에 필요한 것들을 알차게 얻어갈 수 있도록 모든 배려를 아끼지 않으셨다.

2004년 7월 경, 나는 김선교사님 부부와 몇 번의 전화와 이메일로 교신을 한 후 마나우스를 방문했다. 김선교사님의 인상착의에 대한 정보가 전혀 없었으므로 작은 공항에서 나는 한참을 서성거렸다. 동양인들은 거의 눈에 띄지 않았는데, 한 키 작은 남자가 내 옆에 다가와서 핸드폰을 입에 대고 연신 "모시 모시?" 하는 것이었다. 난 그를 힐끔 쳐다보고는 계속 딴 데로 시선을 돌렸다. 얼마 후, 이번에는 키 작은 아주머니 한 분이 내게 다가와서, "혹시 한국에서 오셨어요?"라며 웃음기 하나 없는 얼굴로 날 올려다보며 말을 건넸다. "네." 그 아주머니는 아까 "모시 모시?"를 외치던 남자분을 데리고 왔다. 김선교사님도 나에 대해서 아는 바가 없이 공항을 이리저리 찾아 헤매다가 동양여자를 발견하기는 했지만, 본인이 상상하던 인상착의와는 사뭇 달랐기에

일본말에 나의 반응을 살펴보기 위해서 그리하셨다고 했다. 우리의
첫 만남은 매우 코믹했다. 선교사님 부부는 나를 차에 태우고는 백미러
를 통해 연신 탐색하셨다. 궁금함을 못 참으시고 김선교사님은 "26살이
에요?"라고 물으셨다. 자신들은 나이가 많이 든 여자일 것이라고 생각했
었단다. 나는 웃으면서 "김 선교사님보다 세 살 어려요"라고 말하자,
두 분은 소리를 지르면서 놀라셨다. 마나우스에 있는 동안, 나는
내 나이 때문에 놀라는 사람들을 재미있게 구경해야만 했다. 비결이
무엇이냐고 묻는데, 딱히 할 말이 없었다. "아, 60이 넘으면 남미에
와서 제2의 인생을 살아야겠다"라는 말로 답변을 대신했다.

　김선교사님은 성질이 매우 급하셨는데, 일처리도 매우 빠르고
깔끔했다. 통역도 거의 동시통역 수준이었고, 내가 무엇을 질문할지를
너무 잘 알고 계셔서 난 편하고 신나게 리서치할 수 있었다. 마나우스는
더위에 숨통이 막힐 지경이었지만, 새로운 만남과 사귐 속에서 마나우
스에 정이 들기 시작했다. 마나우스를 떠나던 날, 권선희 선교사님은
"다음에 오면 동생같이 잘 해줄게요"라며 아쉬움을 감추지 못하셨다.

마나우스 세계장로교
회 찬양팀: 이 교회의
성도들은 스페인, 독
일, 이탈리아, 아랍, 인
디오, 흑인의 후손들
로 다양한 얼굴과 피부
색을 가지고 있었다.

짧은 시간이었지만, 두 분이 그간 마나우스 사역에서 겪었던 고통과 보람을 내 가슴에 고스란히 안겨주셨던 것 같았다. 작별하는 내 마음도 그분들이 눈물로 말씀하시던 그 배신과 억울함, 그럼에도 불구하고 자신들의 사역의 지경을 사랑하고 지키고자 애쓰는 열정과 성실, 그리고 그 충성스러움에 울컥거렸다.

김선교사님이 담임하시는 세계장로교회는 현지인 교회로, 도심에서 떨어져 있다. 머지않아 교회 주변에 대단지 아파트가 들어설 예정이라고 하니, 이젠 그렇게까지 변두리는 아니다. 그런데 내가 교회 주변 사진을 찍어서 카카오스토리에 올려놓으니, 서울사람들 반응이 재미있었다. 내가 아주 후미진 시골에 와 있다고 생각하는 것 같았다. 또한 아마존 강 이야기를 하니, 마나우스가 벌거벗은 인디오가 사는 곳이라고 생각하는 것 같았다. 2006년 방문했을 때, 권선희 선교사님이 재미있는 이야길 해주셨다. 한 번은 미국에 살고 있는 사람이 다급한 소리로, 벌거벗은 인디오들이 사는 마을에 들어갈 수 있도록 협조해 달라고 연락해 왔다. 권선교사님은, "일 년 전에 이곳 인디오 보호청에 신청해야만 가능하다"라고 답변을 보냈다. 또 한 번은 한국의 한 방송사에서 그곳 인디오 사진을 찍어서 보내달라고 부탁해서 "보지도 못하는 인디오를 어떻게 사진을 찍느냐고" 반문하셨단다. 얼른 들으면, 무엇이 그렇게 재미있고, 우습냐고 할 것이다. 그러나 이곳 마나우스에 와보면 그것이 얼마나 우습고 한심한 부탁인 줄 알게 된다.

사람들은 마나우스나 그 인근 지역에 벌거벗은 인디오들이 사는 마을이 있을 것이라고 생각하는 것 같다. 그러나 인디오 거주지역은 인디오 보호법에 따라 외부인들을 철저하게 규제하고 있고, 거리상으로도 몇 시간 정도 가면 되는 곳이 아니다. 강이라고 하지만, 아마존의 크기는 예사롭지 않다. 페루에서 발원하여 남미 여러 지역에 걸쳐 흐르는 강이다. 브라질 순수 원주민은 이제 20만 명 정도만 남아 있다. 그들은 면역성이 약하기 때문에 외부인들과 접촉하게 되면 쉽게 바이러스 감염을 일으킨다고 한다.

마나우스는 도시다. 아마존 정글에 가려면 마나우스에서 출발하긴 하지만, 배를 타고 장시간, 혹은 며칠을 가야 한다. 순수 원주민들이 사는 마을엔 인디오 보호청의 허락이 없이는 들어갈 수가 없다. 또 이미 외부인들을 많이 접한 원주민들은 옷을 벗은, 나체의 모습이 아니란다. 그들도 옷이 날개라는 것을 알아챘던 모양이다.

고무와 다이아몬드

마나우스는 브라질 최대의 도시인 상빠울루로부터 약 2,980km 떨어져 있으며, 아마조나스(Amazonas) 주의 경제와 문화의 중심 도시다. 마나우스는 아마존 강의 본류인 솔리모에스 강(Rio Solimões, 황강)과 지류인 네그로 강(Rio Negro, 흑강)이 합류하는 지점에 위치하고 있으며, 브라질 북쪽의 내륙항으로, 세계의 허파로 불리는 아마존 여행의 출발지이다. 이 도시는 1669년에 세워진 조그마한 요새였는데, 1809년에는 히우네그로 총사령관령의 수도가 되었고, 1850년에는 아마조나스 주의 수도가 되었다. 이때 강에 사는 인디언 부족의 이름을 따서 마나우스(Manáos : 1939년부터 Manaus라고 씀)로 부르게 되었는데, "마나우스"는 "신들의 어머니"란 뜻이다.

19세기 마나우스는 세계 최대의 부자도시였다. 아마존 상류에서 천연고무가 발견되자 일확천금을 꿈꾸는 사람들이 유럽으로부터 대거 몰려왔고, 고무 산업으로 거금을 손에 쥔 정복자들은 유럽의 사치스러움을 아마존에 가지고 왔다. 유럽에서 수입된 재료들을 이용하여 수많은 건물들이 이 도시에 세워졌고, 당대의 유명한 예술가들에 의해 화려하게 내부가 꾸며졌다. 그 중 대표적인 것이 바로 당대 최고의 건축가였던 도메니꼬 데 앙젤리스(Domenico de Amgelis)에 의해 1896년에 완공된 마나우스의 오페라 하우스인데, 현재까지도 세계적으로 가장 아름다운, 그리고 남미의 신고전주의 건축양식의 대표적인 건물로 인식되고 있다. 유럽에서 유입된 신흥 부자들이 유럽에서 살고 있는 사람들에게 뒤지지 않겠다는 일념으로 마나우스를 '아마존의 파리'로 만들기 위해 애써 왔다.

마나우스의 인디오들은 고무 붐으로 인해 서구 문명의 노예로 전락했다. 그러나 그들은 사탕수수 농장에서의 경우처럼 다시 한 번 육체노동에 부적합한 존재임이 확인되었다. 동북부에서 몰려든 고무 채취자 세링게이루(Seringueiro)들은 거추장스러운 원주민을 무자비하게 학살하였다. 고무사업가들은 더 심했다. 그들은 약 4만 명의 인디오를 대량 학살하여 1912년 국제 사회의 분노를 일으켰다. 한때 세계 고무의 80%를 공급하여 그 이름을 떨쳤던 마나우스이지만, 인조고무와 말레이시아에서 값싼 천연고무가 공급되자, 20세기 후반부터는 경기가 급격하게 쇠퇴하였다. 브라질 당국은 마나우스의 경제를 살리기 위해서 1967년 2월에 관세자유지역을 선포하였고 세계 각국의 기업들이 몰려오기 시작했다. 관세자유지역을 지정되기 이전보다 공단

이 200배나 넓어졌고, 현재 약 600개의 외국인 투자기업이 진출하여 브라질 북부 최대의 공업지대가 되었다. 이로 인해 고용증대가 이루어지자 브라질 내에서 인가증가율이 가장 높은 도시가 되었다. 10년 동안 매해 5만 명씩 늘어나고 있는데, 그 결과 2000년 1,405,835명에서 2010년 1,802,525명으로 늘어났고, 2014년 현재는 약 250만 명이 거주하는 것으로 추정된다. 면세 혜택이 크기 때문에 앞으로도 업체들이 계속 늘어날 전망이다.

마나우스 관광은 1박 2일 또는 2박 3일의 정글투어가 주를 이룬다. 밤에는 카누를 타고 나가는 악어사냥이 있는데, 악어는 잡기만 할 뿐 죽이지는 않는다. 육식성 민물고기인 삐라냐(Piranha) 낚시도 해볼 만하고, 여유가 있다면 정글 유람 비행을 해보는 것도 좋다. 경비행기를 타고 공중으로 날아오르면, 아마존의 구불구불한 모습과 끝없이 펼쳐져있는 녹색 정글을 볼 수 있다. 정글탐험에서 주의할 것은 진드기의 일종인 무꾸인(Mucuin)이다. 이것이 발에 달라붙으면 밤에 몸을 가렵게 하므로 바지를 장화 속에 넣고 해충방지용 스프레이를 충분히 뿌려야 한다.

마나우스 항 동쪽 도스 바레스 거리에는 중앙시장이 있다. 파리의 레알(Les Halles) 중앙시장을 본 따서 만든 것으로, 파리에서 건물을 만든 뒤 이를 다시 해체하여 마나우스로 운반, 재조립한 건물이다. 이 시장에서는 아마존 특유의 기괴하고 거대한 물고기와 다양한 열대 과일들을 볼 수 있다. 그중에서도 눈에 띄는 것은 삐라루꾸(Pirarucu)라는 생선인데, 크기가 어마어마하다. 큰 비늘로는 각종 장식품을 만든다. 또, 수루빙(Surubim)은 15kg 정도인데, 회색에 검은 점이 있고 메기와 비슷하게 생겼다. 달고 맛있는 생선이다.

마나우스에서는 쉽게 까보끌로들과 마주치게 된다. 그들은 낯선 이방인에게도 눈이 마주치면 방긋 웃어준다. 백인과 인디오의 혼혈인 까보끌로는, 인디오들이 외부인을 부족의 여인과 결혼시켜 부족의 구성원으로 받아들이는 '꾸냐디스무'(Cunhadismo)를 통해서 생긴 인종이다.

마나우스는 전체가 자유무역지대로, 중남미 지역 최대 산업지역이다. 이 도시에서는 주로 원자재를 수입하여 조립, 가공한 후 내수시장에서 판매하고 있는데, 교통사정이 좋지 않은 관계로 전자제품 등 수송에 별 영향을 받지 않는 품목들이 주로 생산되고 있다. 삼성, LG 등 한국기업들도 들어와 있는데, 브라질에서 판매되고 있는 전자제품의 60%가 삼성과 LG의 제품들이다. 자동차는 11년 전 일본의 도요타가 들어와 현재 판매 1위를 달리고 있는데, 현대에서 3년 전부터 생산공장을 건설하고 브라질 및 남미 시장을 공략하고 있다.

뭉게구름과 한숨 속에서

2004년도에 비해 마나우스는 엄청나게 발전한 것 같다. 기회를 찾아 사람들이 몰려들다 보니 반갑지 않은 손님들도 많아졌다. 극성스러운 강도들 말이다. 작년엔 기관총으로 무장한 강도들이 쇼핑센터에 자주 출몰하여 한층 위기감을 더했다. 다음은 김완기 선교사님이 보내온 선교편지의 내용이다.

아과스 끌라라스 지역에 있는 지교회에 아침 일찍 권총강도가 들어와 책임자인 주젤리뚜 형제 가족들의 머리에 총을 들이대고 돈이 될 만한 것은 다 훔쳐갔습니다. 두렵고 떨려서 호텔로 잠시 피신하였지만, 다음날 주렐리뚜 가정은 순교를 각오하고 다시 교회로 돌아갔습니다. 그들은 그 와중에도 성경책 속에 넣어 놓은 헌금은 가지고 가지 않았다며 "은혜"라고 기뻐하고 감사했습니다. 그 지역 사람들은 계속적인 권총강도 출현으로 두려움에 떨고 있습니다. 전도하고 교회에 나오라고 해도 듣지 않던 사람들이 이젠 교회에 나와서 이것저것을 의논하며 회의를 하고 기도하고 있습니다. 아직 지역적으로 교회가 바로 서기에는 문제가 많이 있습니다. 길도 온통 흙길과 숲으로 되어 있고, 가로등이 없어 어두우며, 가정 수도 많지 않습니다. 그러나 길이 정리되고 교통과 상하수도 시설 및 치안이 안정이 되면 빈 땅에 많은 집들이 들어설 것입니다. 현재는 시간이 나는 대로 모여서 서로의 안전과 동네의 발전을 위해서 기도하고 있고, 가끔은 주일에 동네사람들을 모아서 예배를 참석하고 있습니다.

작년, 내가 김완기 선교사님 댁에 머무는 동안에도 그 동네 어귀까지 무장괴한들이 나타났다고 조심하라는 연락을 받았다. 무장 강도뿐만 아니라, 벼락의 위험도 만만치 않았다. 내 방 창문에서 불과 2m 떨어진 곳에 서 있던 전봇대가 번개를 맞아 쓰러지는 모습을 생생하게 목격했다. 건축이 허술하다보니, 전봇대들이 언제 쓰러질지 위험한 모습으로 서 있다. 세계장로교회의 2층 증축공사도 1년을 넘게 끌었던 것 같다. 여기에는 한국에서는 짐작도 할 수 없는 일군들의 불성실함과 약속 불이행들이 한 몫을 단단히 했다. 근래에는 아이티(Haiti)에서 일군들이 몰려오고 있다고는 하지만, 일하는 방식을 제대로 모르고 있는 것 같았다. 일하기 싫으면, 공사가 끝나기도 전에 일을 접고

세계장로교회의 담장과 전기 공사 장면. 일꾼들의 기술과 책임감 부족이 안타깝다.

가버리기 일쑤였고, 한동안 연락도 없다가 돈이 필요해지면 다시 나타나곤 했다.

마나우스에서 세미나가 시작될 때부터 끝날 때까지 세계장로교회엔 전기가 들어오지 않았다. 따라서 에어컨, 전등, 마이크를 사용할 수 없었다. 교회와 사택의 전기배선공사   에 문제가 생겨 공사를 다시 해야만 했기 때문이다. 자그마치 10,000헤아이스(약 500만 원) 정도가 들었는데도 말이다. 전기공사를 하려면 먼저 계량기를 달 별도의 기둥을 만들어야 하는데, 그것도 하지 않은 채 엉터리로 공사를 했던 모양이다. 결국 며칠 동안 전기에 관한 모든 공사를 다시 해야 했다. 사택 공사도 어설프기 그지없었다. 선교사님 내외가 꼼꼼하게 관리를 했어도 거친 기술까지 증진시킬 순 없었나 보다. 월세 집을 전전하다가 18년 만에 안정된 보금자리로 이사하게 된 기쁨은 잠시, 불량공사로 인한 권선희 선교사님의 한숨은 길기만 했다.

"그들은 어떻게 살고 있나요?" 7년 전, 한국에서 이주한 지 얼마 안 되는 한 집사님의 결혼예물 심부름을 한 적이 있는데, 그들의 안부를 물어 보았다. 신부는 인디오와 백인의 혼혈같이 보였는데, 키가 크고 아주 예쁜 여인이었다. 김선교사님은, 그녀가 남편의 폭력으로 인해 이혼했다고 알려주셨다. 2006년 약혼상태에 있었던 그녀가 김선교사님 부부와 나를 점심식사에 초대한 적이 있었다. 그녀의 집은 단층이었는데, 여러 식구들이 함께 살고 있었다. 한창 더운 날씨였지만 집안에는 작은 선풍기 한 대만이 힘겹게 돌아가고 있었다. 게다가 부엌과 식당은 노천이었기에 더위를 피할 길이 없었다. 작은 정원에는 큰 앵무새와 작은 앵무새가 조잘거리고 있었고, 나뭇가지에는 예쁜 인조 꽃도 매달려 있었다. 그녀의 집은 작고, 덥고, 냄새가 나긴 했지만, 대식구들이 서로를 의지하면서 사는 정겨운 보금자리였다. 그녀는 한껏 음식솜씨를 발휘하여 식탁을 차렸는데, 생각했던 것보다 맛이 있었다.

아이스크림과 푸딩으로 식사를 마친 후 나는 그녀를 인터뷰 했다. 그녀는 큰돈이 생기면 제일 먼저 엄마의 집을 수리하고, 그다음 자신의 집을 사고 자동차를 사고 싶다고 했다. 그리고 선교사들을 후원하고 싶다고 말했다. 생일날 가장 받고 싶은 선물은 꽃이라고 했다. 한국 여성들과는 차이가 있었다. 돈이나 보석보다 꽃이 좋다고 하니 의외였다. "한국 사람들에 대해 어떻게 생각하나요?"라고 묻자, 이곳에서는 동양 사람들에 대한 인식이 좋지 않다고 말했다. 자신이 한국 사람과 결혼한다고 했더니 동네 가게 아줌마가 "큰일"이라고 걱정했단다. 그러나 담임목사님은 한국 사람은 동양의 인텔리라고 말했단다. 그녀는 한국 사람들은 여자를 종 부리듯이 하고, 권위적인 사람들이라고 들었지만, 자신의 약혼자는 자상하고, 자신을 신뢰해 준다고 말했었다.

메스뀌따 목사는 신학교 졸업장이 없다. 그러나 세미나 등을 통해서 신학을 공부하고, 선교사들과 협력사역을 잘 하는 목사다.

그러나 지금쯤은 역시 소문대로였다고 생각하고 있지 않을까 싶었다.

"메스뀌따(Mesquita) 목사님은 잘 계시나요?" 같은 해 7월 6일 나는 대통령보다도 만나기 어렵다는 장로교회 메스뀌따 목사님을 인터뷰 했었다. 그는 작은 키에 풍성한 백발, 조그마한 얼굴, 가는 입술을 가진, 강변 출신의 까보끌로였다. 까보끌로들은 아마존 강변에 삶의 둥지를 틀고 있는데, 시간개념이 없는 것이 특징이다. 메스뀌따 목사는 강변의 까보끌로들을 선교하고 있었다. 의료선을 띄우고, 교회를 세우고, 양봉과 농업기술을 가르치고 있었다. 그런데 강변의 까보끌로들에게는 새로운 걱정이 생겼단다. 자손들이 더 나은 삶을 살기를 원하지만, 도시에 나오기를 두려워한다는 것이었다. 폭력 때문이었다.

메스뀌따 목사에 따르면, 브라질의 개신교는 내가 생각했던 것보다 훨씬 심각했다. 목사들의 스캔들은 주로 돈과 관련된 것이었다. 그들은 황제같이 군림하고 싶어 했다. 또한 수박겉핥기 식의 복음, 희석된 진리들을 유포하는 영적 범죄자였다. 그들의 메시지에는 십자가, 회개, 재림, 심판에 대한 내용이 없다고 했다. "예수 믿으면 부자 된다"는 것뿐이었다. 그래서 부자 되길 간절히 바라는 성도들은 교회를 이리저리 옮겨다니곤 한단다. 또한 많은 사람들이 가톨릭에서 개신교로 왔고, 많은 사람들이 개신교회의 뒷문으로 나갔다. 그들은 어디로 갔을까? 브라질 사람들의 특성상 어떤 종교에든 심취해 있을 것인데, 스피리티즘이 더욱 극성을 부리는 이유가 이 때문은 아닌지 안타까웠다. 그와의 인터뷰를 통해서 나는 굉장히 중요한 정보들을 얻었다.

마나우스의 하늘은 참으로 변화무쌍하다. 흐렸다 개었다가 하루에도 몇 번씩 반복되었다. 그래서 늘 기대가 되기도 했다. 무더워서 숨을 헉헉 몰아쉬다가도 하늘에 회색 구름 한 조각이 보이면 시원한 소나기가 어김없이 내렸다. 김선교사님 댁에서 하늘을 쳐다보면, 청명한 하늘과 흰 뭉게구름이 심심치 않게 많은 그림들을 그려냈다.

"아, 이것이 열대로구나!"

열대기후의 변덕스러움과 천진함은 충분히 즐기고 누릴 만하다. 하지만 더위에 마음까지 무뎌진 듯한 마나우스의 삶들을 보고 있노라면 저절로 한숨이 새어나오곤 한다.

인디오들의 자유에 대한 사랑과 엄격한 조직 생활에 대한 혐오는 현대 브라질
인들의 영혼 속에 잠재해 있다. 한 작가가 표현하듯이 "거의 모든 브라질인은
적어도 한 개의 근질근질한 발을 가졌다"라는 말은 한 곳에 오래 머물지
못하는 인디오의 유목민적 습관의 계승을 의미한다. 사진은 "알에서 태어난
붉은 인디오".

붉은 인디오의 후예들

만남은 늘 설렌다

2013년 11월 29일(금), 아마존 강 투어를 위해서 마나우스 개혁신학교 이성로 선교사님[1]의 안내로 총 8명이 오전 8시에 숙소를 출발, 선착장으로 갔다. 근처에서는 수북하게 쌓아올린 노랑 바나나 더미 속에서 도매상인들이 부지런히 일하고 있었다. 북적거리는 시장을 지나 우리 일행은 이선교사님이 미리 예약해 놓은 작은 배에 올랐다. 예전에는 마이크를 잡은 안내원이 시끄럽게 떠들던 유람선을 타고 관광을 했었는데, 작은 배를 타는 것도 묘미가 있었다. 하지만 여기저기에서 동물들을 데리고 나타나던 아이들을 볼 수 없어서 아쉬웠다. 2004년도에 보았던, 나무늘보를 안고 미니 카누를 타고 다니던 남자 아이들은 이제 청년들이 되었으리라. 지금은 무엇을 하고 있을까?

---

1) 이성로 선교사는 브라질과 한국에서 신학을 하고 예장합동교단에서 목사안수를 받았으며, 현재는 아마존선교회의 소속으로 아마존 개혁신학교의 학장 및 마나우스 한인교회 담임을 맡아 사역하고 있다.

앵무새를 들고 포즈를 취하는 어린 소녀. 어두운 소녀의 얼굴이 내내 마음에
남았다.

어떻게 살고 있을까? 아, 그 소녀는 어찌 되었을까? 팬티 차림으로
어두운 표정을 지으며 사진앵글에 담겼던 그 앵무새 소녀…. 관광객들
의 극성을 못 이기고 토설하던 커다란 아나콘다는 작은 수상가옥에서
한 소녀의 목에 감겨져 있었지만, 예전 것만큼은 크지 않았다. 강변의
아이들은 어려서부터 돈벌이에 나섰지만, 결코 구걸하지는 않았다.

　나이 많고 등치가 산만한 선장은 말이 없었다. 그러나 우리가
보아야 할 것들, 보고 싶은 것들을 정확히 찾아내어 보여주었다. 그의

손끝을 좇아 악어도 보았고, 핑크고래도 보았다. 사진 찍을 만한 장소에서는 배를 천천히 몰아주었고, 그 주변을 빙글빙글 돌기도 했다. 아마존 강 투어에서 가장 인상 깊었던 것은 강 위에 집을 짓고 사는 사람들의 삶이었다. 내가 보기엔 불편하고 위험하며 비위생적인 것 같았지만, 이들은 자유자재로 강을 누비면서 건강하게 살고 있었다. 아마존 강은 자신의 품을 의지하는 사람들에게 많은 혜택을 제공하고 있었다.

"넓은 땅을 놓아두고 왜 강에서 사는 것일까?" 언뜻 보면 이런 의문이 들 것이다. 이선교사님은, 우기에는 물이 불어나 제법 높은 곳까지 차오르기 때문에 강변의 육지에 집을 짓고 사는 것이 오히려 불안하다고 설명해 주셨다.[2] 게다가 이 수상가옥은 물에 썩지 않는 나무로 만든 것인데, 이동이 자유롭다는 장점을 가지고 있다. 옆집

사람들이 미워지거나 다툼이라도 생기면 집채 이사를 가면 그만이라고 했다. 마침 한 집이 이사를 하고 있었다. 앞에서 작은 보트가 집채를 끌고 뒤에서 또 다른 보트가 밀면서 원하는 장소로 이동하고 있었다. 이 수상 마을에는 개들이 참 많았다. 누군가 "식용개들인가요?"라고 묻자, 이선교사님은 "이들에게 개는 가족입니다"라며 정색을 했다.

흑강과 황강이 만나는 지점에 이르자 선장은 손을 넣어 두 물의 온도 차이를 느껴 보라고 했다. 흑강이 좀 더 따뜻했다. 흑강은 콜롬비아

---

2) 아마존 유역은 브라질에서 가장 비가 많이 오는 지역이다. 연간 강우량이 2,500-6,000mm이다. 참고로 우리나라 강우량은 1,200mm이다. 아마존 강은 바다로 흐르는 전 세계 담수의 약 20%를 제공하고 있다. 아마존 강은 세계 최대 길이, 물량, 수량을 기록하고 있다.

흑강과 황강은 온도차이 때문에 16km를 합류하지 않은 채로 흘러간다. 마치 인디오와 흑인의 만남을 상징하는 것 같다.

고원에서 발원, 침엽수림을 거쳐 흐르면서 침전물로 인해 검은색을 띠고 있는 반면, 황강은 페루 안데스 산에서 발원한 강이다. 두 강은 만나서 16km를 합류하지 않고 나란히 흐르다가, 마침내 서로 섞여서 아마존 강이 되는 것이다. 어떻게 두 강은 합류하지 않고 흐를 수 있을까? 그것은 온도와 밀도의 차, 그리고 물이 흐르는 속도의 차이 때문이다. 황강은 시속 4-6km, 온도는 28도인데, 흑강은 시속 21km, 온도는 22도라고 한다.

아마존은 한반도의 30배가 넘는 면적(650만 km²)으로, 강과 울창한 정글로 이루어져 있다. 아마존 강은, 길이가 약 7,062km로 세계에서 가장 길고 큰 강이다. 이 강은 브라질, 베네수엘라, 콜롬비아, 에콰도르, 페루, 볼리비아 등에 걸쳐 있다. 정글은 세계 삼림의 25%라는 방대한 면적을 자랑한다. 육지 동식물의 15%, 8,000종의 곤충이 살고 있으며, 강에는 2,000여 종의 어류가 살고 있다. 이곳은 "지구의 허파"라고 불리는데, 이는 이곳 식물들이 광합성으로 내뿜는 산소의 양이 전 세계 산소의 25%에 달하기 때문이다. 거대함, 풍부함, 신비함으로

100

자리매김하고 있는 아마존은 경제적으로도 큰 가치를 지니고 있다. 이러한 이유 때문에 아마존은 1500년경부터 탐욕스런 정복자들에게 의해 파괴되어 왔고, 지금은 경제개발이라는 명목 하에서 몸살을 앓고 있다. 아마존의 파괴로 가장 많은 피해를 입는 것은 그곳을 터전으로 살고 있는 사람들, 인디오들일 것이다.

정글로 간 사람들

"아마존"은 그리스 신화에 나오는 여성 전사의 이름이라고 한다. 아마존을 처음 발견한 사람이 인디오 여성들을 보고 붙인 것이라고 전해진다. IBGE에 따르면, 브라질에는 약 896, 917명(브라질 인구의 0.4 %)의 인디오가 있는데, 57.7% (517,383명)는 마을(인디오 보호지역)에 살고, 42.3% (379,534명)는 도시 인근에 살고 있다. 그 중에 342,836명은 아마존 지역(Northern States — Amazonian territories: Acre, Amazonas, Amapa, Rondonia, Roraima, Para, Tocantins)에 거주하고 있다.[3]

포르투갈의 까브랄(Pedró Alvares Cabral)이 1500년 뽀르뚜쎄구르 (Porto Seguro)에 도착했을 당시, 원주민 인디오의 숫자는 대략 6백만 명 정도였다. 그런데 서구 문명에 점령당한 5세기 후, 브라질 전역의 원주민 수는 히우데자네이루에 있는 세계 최대 축구장 마라까낭(수용인 원 약 20만 명)을 채울 정도밖에 되지 않았다. 그럼에도 불구하고 많은 브라질인들의 특징인 높은 광대뼈와 구릿빛 피부는 그들 속에 인디오의

---

3) https://dl.dropboxusercontent.com/u/76049225/CONPLEI/CONPLEI%20LIV RO%20INGLES-final-6-9.pdf (2014.3.9.).

피가 흐르고 있음을 시사해 주고 있다. 뿐만 아니라, 인디오의 관습과 특징은 브라질인들의 행동에 깊이 침투해 들어갔고, 이들의 신화는 브라질인들의 잠재의식의 일부를 형성하고 있다.[4]

식민 브라질에서 하나의 사탕수수 대농장[5]을 운영하기 위해서는 기계설비와 숙련된 기술자뿐만 아니라 약 200여 명에 달하는 노동자가 필요했다.[6] 그러나 포르투갈 본토와 브라질에서는 노동력을 확보할 수 없었다. 그 당시 포르투갈은 정복전쟁과 페스트, 전염병들로 인해 인구부족을 겪고 있었다. 브라질에는 인디오들이 있었지만, 그 숫자가 멕시코나 안데스 지역보다 월등히 적었을 뿐만 아니라 방랑적인 사람들이었기 때문에 정착농업에는 적합하지 않았다. 브라질의 저명한 인류문화학자인 질베르또 프레이리(Gilberto Freyre)에 따르면, 인디오들은 용기와 창의력, 마음의 확고성과 조직적 능력이 부족했다.[7] 따라서 식민자들이 인디오들을 붙잡아 자신들의 농장에 가두어도 그들은 빈번히 병들어 죽거나 도망치기 일쑤였다. 게다가 예수회 회원들이 적극적으로 인디오들을 보호하였으므로,[8] 식민자들은 더욱이 인디오

---

4) Joseph A. Page, *The Brazilians* (N.Y: Da Capo Press,1995), 85.
5) 농장주인의 집인 대저택(Casa Grande), 성당(Capela), 노예의 집(Casa do escravo), 농장관리인의 집(Casa do Feitor), 수확한 사탕수수 저장 창고(Picadeiro), 제분소(Casa da Momenda), 가마솥집(Casa das Caldeiras), 정재소(Casa de Purgar), 벽돌 공장(Olaria), 우리와 마구간, 땔감을 얻기 위한 산림과 제재소, 목장, 광대한 사탕수수 밭 등으로 구성되어 있었고, 물을 필요로 했기 때문에 강이나 하천은 필수적으로 끼고 있었다.
6) 이승덕, "브라질에 있어서의 식민경제의 형성에 관한 고찰,"「한국외국어대학교 논문집」, 제16집 (한국외국어대학교 출판부, 1983), 690.
7) E. Brandforld Burns, *A History of Brazil*, 13; Roger Bastide, *The African Religions of Brasil*, 33.

가 아닌 다른 노동력을 물색해야만 했다.

인디오 노동력 확보에 실패한 식민자들은 아프리카의 노예시장에 의존할 수밖에 없었다. 아프리카 흑인의 유입으로 인해 브라질에는 흑백혼혈인 물라뚜의 숫자가 점차 늘어나게 된다. 이로써 브라질의 인종은 유럽인과 인디오, 흑인, 혼혈인으로 구성되기에 이르렀다. 아울러 브라질 사회에는 분명한 인종적 계급이 형성되었는데, 흑인들은 가장 낮은 품질인 검은 설탕에 비유되었고, 백인은 최상의 품질인 흰 설탕에, 황갈색의 혼합인종은 그보다 낮은 품질에 비유되었다.[9]

브라질의 원주민인 인디오는 몽고반점과 황색피부 등 몽고계 인종과 신체적 조건이 매우 유사하다. 그러므로 이들이 아시아, 특히 극동지역에서 건너왔을 것이라는 추론이 비교적 타당성 있게 받아들여지고 있다.[10] 인디오들은 나무와 나뭇잎으로 지어진 말로까(Maloca)라는 움막에서 보통 50~200명이 함께 거주하였고, 주로 유목생활을 하였다. 사냥, 채취와 더불어 약간의 농사도 지었는데, 만디오까(mandioca)[11]라는 구근식물과 땅콩, 옥수수를 경작하였다. 그리고 가끔씩은 그물침대, 그물, 바구니, 장식된 도기, 혹은 깃털 제품 같은 예술성을 지닌 물건들도

---

8) Ibid., 36: 예수회는 1759년 브라질에서 추방될 때까지 식민 착취자들로부터 인디오를 보호하는 데 노력했다.

9) Leslie Bethell, *Colonial Brazil*, 67.

10) 김용재 · 이광윤, 『포르투갈 브라질의 역사문화기행』, 387.

11) Cassava라고도 불린다. 길쭉한 고구마처럼 생긴 덩이뿌리 식물이다. 고구마와 함께 열대지방에서는 중요한 식량 공급원으로, 남미 원주민들이 먹던 것이 아프리카를 거쳐 동남아로 전파되었으며, 사하라 이남 아프리카에서는 주민들의 주식으로 정착했데, '얌'이라고 불리고, 중남미에선 '유까', 또는 '만디오까'라고 불린다.

생산했다.

인디오들은 열대기후에 나체로 생활하였으나 열대식물에서 추출한 화려한 색의 염료와 새의 깃털로 몸을 장식하기를 즐겼다. 문자는 없었지만 약용 식물과 뿌리를 사용함에 있어서 상당히 현명한 지식을 가지고 있었다. 주식은 옥수수였으며, 물고기와 사냥해서 잡은 고기, 야생 꿀과

평화를 상징하는 하얀 깃털을 온몸에 붙인 인디오들.

견과, 과일, 야자, 유충, 개미, 새, 굴, 거북의 알 등을 포함하여 바닷가와 숲으로부터 얻은 것들을 먹었고, 매운 고추를 넣은 음식을 즐겼으며, 알코올음료와 여송연 형태의 담배를 즐겼다.12)

결혼은 대체로 동족 간 결혼(endogamous)과 일부일처제를 유지하였으나, 추장의 경우에는 자신의 능력에 따라 여러 부인을 둘 수 있었다. 뚜삐 족 사회에는 삼촌과 조카간의 결혼, 사촌간의 결혼, 그리고 형이 사망하면 동생이 형수와 같이 사는 풍습이 있었다. 다른

---

12) John Hemming, Red Golg: *The Conquest of the Brazilian Indiasns* (Cambridge: Harvard Univ. Press, 1978), 28.

부족의 여인과 결혼하려면 여자의 집에서 일정기간 일을 해야 하는 등, 여러 가지 시험을 통과해야 했다.[13] 인디오 어머니들은 아이의 입에 음식을 깨물어 넣어주었고, 흑인들이 아기를 허리에 걸쳐 옆구리에 끼거나 안는 것과는 달리 아기나 짐을 등에 업는 습관이 있었다.[14] 또한 이들은 목욕을 즐겨하는 등 청결한 생활을 했다.

인디오들에게는 식인풍습이 있었다. 이들은 끊임없이 이어지는 호전적 전투에서 사로잡은 다른 부족원들을 식인축제에서 먹곤 했다. 식인풍습은 죽은 사람들의 힘으로 환생한다는 믿음과 적군의 육신을 먹으면 적군의 용맹성과 덕망을 얻게 된다는 믿음, 그리고 복수심에서 비롯되었다.[15] 식인풍습의 시초는 브라질 정복의 시기에 해안을 점령하고 있던 뚜삐 족이다. 이들은 브라질 원주민 중 가장 호전적인 종족으로 끊임없이 다른 종족들과 전쟁을 했을 뿐만 아니라 종족 내의 다른 분파들과도 전투를 했다. 전투의 목적은 물질을 소유하기 위한 것이 아니라 복수를 하기 위한 것이었다. 끝도 없고 의미도 없는 복수전이 이들의 삶을 점령하고 있었던 것이다.[16]

인디오 부족의 신앙은 정령숭배이다. 이들에게 중요한 것은 풍족한 삶, 건강, 질병의 예방과 치료, 미래 예견, 사냥과 낚시, 행운과 안전이었다. 그러므로 이들의 삶은, 초자연적인 세계로부터 필요한

---

13) 김용재 · 이광윤, 『포르투갈 브라질의 역사문화 기행』, 391.

14) 김철성, 『아마존 인디오를 향한 사랑: 브라질 원주민 선교현장 이야기』 (도서출판 경향문화사, 1998), 27-28.

15) 김용재·이광윤, 『포르투갈 브라질의 역사문화 기행』, 392. 그러나 여자들의 시신은 먹지 않았다. 여자의 특성을 소유하고 싶지 않았기 때문이었다.

16) John Hemming, Red Golg, 34.

힘을 얻기 위한 제의와 영들의 비위를 거스르지 않기 위한 노력으로 점철되어 있었다.[17] 인디오들은 영들이 나무 안, 물 밑, 바위 속, 그리고 절벽 등 도처에 머물고 있다고 믿었다. 아울러 달과 해에 대해 큰 존경심을 가졌는데, 달은 모든 마술적 변화를 관장하는 영혼이라고 믿었다.[18] 특히 아마존 지역의 인디오들은 우주가 마술의 힘과 우주의 영혼들, 그리고 식물과 동물의 신들에 의해 잉태되었다고 생각했다. 또한 모든 동물들이 본래는 지성과 도덕적인 관점에서 인간과 똑같은 혼을 소유하고 있다고 믿었다.[19]

이러한 정령숭배와 토테미즘은 초자연적 힘의 어두운 특성을 강하게 지니고 있다. 이에 이를 신봉하는 인디오들은 대체적으로 비관적이며 우울했다.[20] 인디오들은 수많은 영들이 일반적으로 심술궂다고 생각했고, 이러한 영들이 질병, 한발, 홍수, 그리고 좌절과 죽음을 유발하는 원인이라고 믿었다. 이에 이들은 신체부위를 통해 침범하는 악령들을 막기 위해 몸에 붉은색 염료를 칠했다.

인디오의 종교생활에서 가장 중요한 인물은 빠제(Paje)였다. 빠제

---

17) Kim Chel Ki, "A Strategy for Evangelization of Tribal Indians in the River Negro of Amazon" (Doctor of Ministry, Fuller Theological Seminary, 2005), 28.

18) Francis Huxley, *Affable Savages: An Antropologist Among The Urub Indians of Brazil* (New York: The Viking Press, 1957), 160-173; Henry, Jules, *Jungl People* (New York: Vintage Books, 1964), 71-73. 최정만, 『비교종교학 개론』 (서울: 이레서원, 2003), 143.

19) 이들의 토템신앙과 정령숭배 가운데 전해지는 이야기 중 하나는 인간들이 동물들과 결혼했다는 것이다.

20) Jules Henry, *Jungl People*, 91-92.

는 무당이었고 마법사였으며 의사[21]였다. 그들은 어떤 일도 할 수 있다고 믿어졌다. 즉, 불필요한 방문객들을 돌로 변화시키는가 하면 죽은 사람도 살리고, 동물들을 창조하며, 무로부터 물건들을 생산한다고 믿어졌다.[22] 복스(Robert A. Voeks)에 의하면, 식민 브라질 이전의 인구밀도는 평방킬로미터 당 0.3~0.4명에 불과하였기 때문에 전염병의 팽창을 막아주었다. 그러나 새로운 이주민은 새로운 바이러스를 퍼뜨렸고, 증가된 인구밀도는 질병을 더욱 빨리 퍼지게 하였다. 이러한 질병들과 전염병들이 빠제들의 개입을 불러일으켰다.[23]

인디오의 종교에서 중요한 도구는 담배였다. 이들은 담배 잎을 느슨하게 말아서 피웠다. 이들은 이 "거룩한 풀잎"을 위장의 무기력을 치료하는 소화제로 사용했으며, 아울러 담배 나무의 즙은 염증과 상처 치료, 사람과 동물의 기생충을 박멸하고 질병을 없애는 데 사용하였다. 또한 흡연은 배고픔과 갈증을 억누를 뿐만 아니라 천식을 가라앉히고 술 취함의 효과를 경감시키기 위해 행해졌다.[24] 게다가 빠제들은 황홀경으로 들어가기 위해서 담배연기를 사용했다. 이들은 담배 연기가 "영혼의 음식이며 병의 근원에 도달하는 특별한 능력을 가지고 있다"고 믿었다. 이에 빠제들은 건강 회복을 위해 환자의 살갗에 담배연

---

21) 빠제는 브라질 인디오의 무당(shaman)을 가리키는 말이다. 치유의식에서 빠제는 질병의 원인을 결정했는데, 사람이 아픈 것은 영혼이 도둑질 당했기 때문이거나, 남녀가 금기사항을 어겼거나, 혹은 월경한 피를 너무 가까이 했거나, 혹은 음식을 거절하거나, 혹은 백색 마술에 의해서라고 생각했다.

22) Francis Huxley, *Affable Savages*, 200.

23) Robert A. Voeks, *Sacred Leaves of Candomblé*, 33-34.

24) Rolle E. Poppino, *Brazil*, 127.

기를 불어댔다.25)

　　인디오의 문화는 백인식민자들에 대항한다는 공통의 목표를 가지
고 낄롬부(Quilombo)26)에서 흑인문화와 결합되었다.27) 이들의 문화
혼합은 인종혼혈로 더욱 심화되었다. 낄롬부에 있는 흑인노예들은
인디오 여인을 아내로 맞아 가정을 이루기도 했는데, 여기에서 새로운
인종인 '까푸소'(Cafuzo)가 태어났다. 낄롬부에서 혼혈은 자연스러운
현상이었다. 아프리카의 종교는 가톨릭과 혼합된 인디오의 종교인
까띰부(Catimbo)에 통합되기도 했다.28) 까띰부란 황홀경 속에 빠진
사람이 가지는 신비한 힘을 말하는데, 기독교 세례의식과 유사한 입문
식을 행했다. 또한 이들은 교회당 같은 건물에 모여서 돌로 만든
마리아를 숭배했고, 로자리오 묵주와 작은 십자가들을 사용했으며,
담배연기로 신비한 황홀경을 연출했다.29) 아울러 흑인노예들은 인디
오의, 인간과 동물 간의 초자연적 관계와 심령술과도 혼합하여 새로운
형태의 예배의식을 창출했다.30)

---

25) John Hemming, *Red Golg*, 62-65: 어떤 빠제는 치유효과를 높이기 위하여 담배연기를
　　흡입할 때 입속에 못이나 혹은 유사한 물건을 넣었다가 뱉는 속임수를 사용했다.
26) 도망한 흑인노예들이 세운 낄롬부에서는 식민 브라질 사회의 피지배 계급자의 문화로
　　제한받았던 흑인들의 문화가 주체성을 유지하면서 인디오, 백인 문화들과 혼합되는
　　공간이었다. 아울러 낄롬부에서는 요루바 부족을 중심으로 한 아프리카의 다양한
　　부족들의 문화가 융합되고 통합되는 공간이었다.
27) Mok A. Man Soo, "The Practies of Macumba," 60.
28) 마라냥(Maranhão) 지역을 제외한 북부 브라질은 인디오의 지역이었다. 그러므로
　　이곳에 유입된 흑인노예들은 까보끌로들이 실행했던 까띰부에 통합되었다.
29) Roger Bastide, *The African Religions of Brasil*, 173.
30) Joseph A. Page, *The Brazilians*, 90.

브라질은 여전히 인디오의 나라다. 인디오의 신념과 가치가 브라질의 문화에 그대로 녹아 있다. 외관상으로 인디오로 구분되는 자들은 소수이지만, 붉은 인디오의 피는 모든 브라질인들에게 면면히 흐르고 있다.

더 이상, 원치 않습니다

작년, 나는 마나우스에서 인디오 선교를 하고 있는 장현택 선교사님[31] 부부를 만났다. 장선교사님은 브라질 1.5세대였고, 미국 시민권자였다. 나의 주된 관심은 아마존 인디오에 대한 것이 아니었다. 그러나 장선교사님이 열정적으로 들려주는 이야기를 통해서 아마존 인디오 선교에 대한 한국 선교의 나아갈 방향에 대해 생각하게 되었다. 한국의 선교는 브라질 현지인들이나 선교단체와 협력하는 데 있어서 매우 소극적이다. 또한 한국 교단들끼리의 협력도 잘 이루어지지 않고 있다. 그러므로 단일화된 전략추진은 거의 없다. 오히려 경쟁적이면서 독자적으로 신학교들을 세웠고 배출된 현지인 사역자들의 소속과 목사안수를 위해 브라질 안에 새로운 교단을 만들었다.

나는 한국으로 돌아와서 장선교사님께 그동안 인디오 선교사역을 통해 얻은 교훈들을 글로 써줄 것을 부탁했다. 그는 원고의 서두에 다음과 같은 실화를 인용했다.

---

31) 장현택 선교사는 Central Presbyterian Church of New York(뉴욕 중부교회)와 PGM(Professionals for Global Mission) 선교회의 파송선교사다.

한 부족의 목사가 자신들의 언어로 완성된 성경책을 들고 있다. 브라질에는 186개의 종족 언어가 있는데 5개 언어로만 신구약 성경이 번역되어 있다.

1956년 5명의 남자 선교사들이 와오다니(Waodani) 인디오들에게 살해당했고, 그 후 그들의 아내들이 이어서 복음을 전하여 오늘날 와오라니 부족들은 거의 다 믿는 자들이 되었다. 그런데 얼마 후 스티브(Steve Saint는 5명 중 조종사였던 Nate Saint의 아들임)가 그 부족을 방문했을 때는 교회가 폐허가 되어 여러 곳에 수리가 필요했지만, 아무도 아무것도 하지 않고 있었다. 한 지도자에게 그 까닭을 물었더니 이렇게 대답했다. "우리가 짓지도 않았고, 누구의 것인지도 모르고, 높으신 하나님이 계신 곳인데 우리가 함부로 어떻게 손을 댑니까? 여러분들이 지었으니까 여러분들이 고치는 것이 당연하지요. 우리가 우리 손으로 지은 것이라면 당연히 우리가 수리하지요!" 이 말로 인해 스티브는 선교의 딜레마를 곰곰 생각하게 되었다.

장선교사님은, 선교사들이 피선교지의 사람들의 문화와 삶을 이해하지 못한 채, 거룩하고 사랑하는 마음으로 인디오에게 필요하다고 생각되는 것을 아낌없이 주는 것은 선교에 큰 장애를 주는 결과를 초래할 수도 있다고 지적하셨다.

브라질에서 제일 먼저 복음을 접하고 교회를 세운 인디오 부족은 떼레나(Terena) 부족이다. 떼레나 인디오들은 원래 파라과이에서 피난하여 브라질 남쪽에 거주하며 카디웨우(Kadiwéu)라는 부족에 흡수되어 거의 노예처럼 살아왔다. 하지만 1912년에 영국인 존 헤이(John Hay)라는 장사꾼이 파라과이에서 복음을 받아 선교사로 헌신하면서, 헨리 휘팅톤(Henry Whittington)과 함께 처음으로 떼레나 인디오에게 복음을 전했다. 이 부족은 어려움을 당하고 있던 상태라 쉽게 복음을 받아들였고, 마침내 1915년 4명이 세례를 받음으로써 12월 31일 브라질에 첫 인디오 교회가 떼레나 부족 가운데 탄생했다.

존 헤이와 헨리 휘팅톤이 세운 ISAMU (Inland South America Missionary Union) 선교회는 SAM (South America Mission)으로 바뀌어 지금까지 교육을 위해 성경학교와 지도자 양성을 계속해 오고 있다. 그 후 여러 선교 기관들이 선교사를 보내기 시작했다. UFM (Unevangelized Fields Mission 1931), NTM (New Tribes Mission 1946), WBT/SIL (Wycliffe Bible Translators/Summer Institute of Linguistics 1956) 등 인디오를 향한 선교의 문이 열리기 시작했다. 그러나 1970년대에 들어서서 외국인 선교사나 선교회들이 브라질 정부와 인문학자들에게 제한을 받게 되어, 브라질 현지인(백인들) 교회와 선교회들이 인디오들을 향해 많은 선교사역을 펼쳐 나갔다. 그 후 1980년 말부터 브라질 교회조차도 자유스럽게 인디오 사역을 하지 못하도록 제재를 받았고,

심지어 어느 지역에서는 추방을 당하기도 했다. 이런 상황에서 인디오들이 선교의 바턴을 받아 일어나기 시작했다.

이삭기 꼬스따(Isaac Costa)는 그의 저서 『모든 부족들』에서 브라질의 선교 역사를 3개의 파도로 비유하는데, 제1파도는 외국선교회, 제2파도는 현지선교회, 제3파도는 원주민 인디오들이라고 했다. 브라질 인디오 목사 및 지도자 연맹인 CONPLEI의 앤히께(Henrique)는 제3파도가 독립적으로 나아가는 것이 아니라, 이제는 3개의 파도가 함께 연합하자고 말했다. 아직 복음이 들어가지 않은 미전도 지역들의 흑암을 부수는 큰 쓰나미(Big Tsunami)처럼 행진하자는 것이다. 장선교사님의 글에서 나는 참으로 안타까우면서도 희망적인 이야기를 접했다.

인디오 지도자들이 두드러지게 말하는 것은, 외부의 도움으로 실행되는 선교는 멋은 있지만 외부사람들이 떠나거나 죽으면 그만한 일들을 감당할 수 있는 인디오들은 준비되어 있지 않다는 것이다. 한 예를 들면, 제일 먼저 복음을 받은 떼레나 부족 가운데 세워졌던 성경학교는 미국 선교사들이 떠난 후 10년을 견디지 못하고 건물 유지하기도 힘든 채 빚더미에 올라섰다. 인디오들이 부족해서인가? 몇몇 지도자들과 얘기한 결과, "우리는 함께하지 않았고 배우지도 못했다"면서 아쉬워했다.

2005년에 시작한 ALTECO (Amazon and Lowland Tribal Empowerment Coalition) 모임에 참석한 앤히께 총회장 목사는 각 선교기관 대표자들이 모인 곳에서 다음과 같이 말했다. "감사합니다. 여러분! 여러분들의 선교회에서 많은 선교사들을 보내어서 우리가 살고 있는 아마존에 와서 고생하고 피땀 흘리며 수고하셨습니다. 하지만 우리는 더 싫습니다!" 아주 긴 30초의 시간이 흘러갔다. 몇몇 사람들의 표정은 굳어지고, 팔짱을 끼고 의자를 뒤로 미룬 채 있었다. "우리는 더 이상 그런 선교는 원치 않습니다! 여러분들은 우리의 땅에 와서, 우리의 사람들을 상대로 모든 정성과 물질을 동원해 여러분들의 선교방식대로 사역을 해왔습니다! 이제는 함께 하기를 원합니다. 외국인과 현지인, 그리고 인디오가 나란히 서로 존중하며 자신들의 모든 것을 드려 하나님의 나라를 위해 달려가기를 원합니다!"

지극히 당연한 말을 했음에도 불구하고 몇 명은 마음이 굳어지고 말았다. 그러나 대부분의 사람들은 눈물을 흘리며 회개하는 역사가 일어났다. 그 후 지금까지 매년 ALTECO 모임에서는 아마존 인디오 대표자들이 참석한 가운데 선교회, 선교사, 교회 그리고 개인이 서로 얼굴을 보며 머리를 맞대고 기도하면서 전략을 세우고 있다. 새로운 패러다임의 시대가 열리고 있는 것이다. 즉 3개의 파도가 연합하여 나란히 나가는 패러다임이다. 누가 잘났고 많이 갖고 있는 것이 중요한 게 아니라, 우리가 서로 협력하여 예수 그리스도의 이름을 모든 종족들에게 전파할 수 있도록 하는 것이 중요한 것이다.

브라질 타문화선교 연합기관인 AMTB (Associação de Missões Transculturais Brasileiras)에 속한 인디오 연구부 DAI (Departamento de Asuntos Indígenas)가 2010년에 발표한 통계를 보면 341부족 중 120부족은 아직 복음을 접하지 못하고 있는 것으로 밝혀졌다. 아직도 많은 인디오 부족들이 복음을 듣지 못한 채 죽어가는 것을 인디오 자신들도 더 이상 방치할 수 없다는 것을 깨닫기 시작했다. 외국인이나 브라질 현지인, 특히 선교사나 기독교인이 자유롭게 들어가지 못하는 인디오 땅에 이제는 누가 갈 수 있을까? 정답은 이미 하나님께서 준비해두셨다. 바로 인디오 자신들이 들어가야 한다. 인디오가 인디오를 선교하는 새로운 패러다임이 열리기 시작한 것이다. 그러나 이들은 훈련이 필요하다. 이들도 다른 부족에 가는 것은 타문화권 속으로 가는 것이기 때문이다.

CONPLEI (Conselho Nacional de Pastores e Líderes Evangélicos Indígena)는 1992년 소수의 인디오 대학생들이 시작한 모임인데, 오늘날 브라질 인디오들을 대표하는 기관으로 1,400명의 목사 및 지도자들이 연합한 기관이 되었으며, 제3파도의 역할을 감당하고 있다. 브라질에는 이들과 연합하여 일하는 많은 기관들이 있다. 브라질 정규 대학교와 프로그램을 만들어 젊은 인디오들이 대학에 들어갈 수 있도록, 그리고 졸업 후 본 마을로 돌아가 꼭 목사나 선교사가 아니더라도 필요한 그리스도인으로 지도자 역할을 감당하도록 인도한다. 또한 CONPLEI JOVEM (젊은이들이 모이는 전국 행사)을 통해 새로운 인물들을 발굴하여 선교의 비전을 함께 나누고 있다. 장선교사는 브라질과 아마존의 미전도종족들을 선교하고 싶은 마음이 있다면 3가지를 꼭 명심해야 한다고 강조했다.

첫째, 우리 방식, 우리 방법이라는 개념을 지우는 연습해야 할 것이다. 교회건축에 앞서서, 선교지에 있는 사람들과 깊은 관계성을 이루어야 한다. 그러면 건물은 자연적으로 함께 지을 수 있을 것이다. 나의 생각이 나도 모르는 사이에 앞서나가서, 이들을 억누를 수도 있다. 파도를 탄다고 생각하지 말고 파도와 함께 해변을 향한다고 생각해 보라.

둘째, 나는 있고 그들은 없다는 생각을 버려야 한다. 예를 들면, 그들은 "입을 옷도 없어서"라는 불쌍한 마음으로는 감정 동원은 할 수 있을지 모르지만 큰 실수를 범할 수 있다. 물질의 가치관은 상대적이다. 우리가 아무리 비싼 기구와 최첨단 기술을 가지고 정글에 들어가도 고장이 나거나, 위험을 만나면, 그들이 가지고 있는 사냥 기구보다 오히려 더 쓸모가 없어지고 만다.

셋째, 함께 걷는 연습을 하라. 선교사는 당연히 파송교회나 선교회로부터 압력을 받는다. 교회는 세웠는지, 교인수가 늘었는지, 세례교인은 몇 명인지… 어떤 선교사들은 압력을 못 이겨 빠른 길을 택한다. 건물을 지으면 후원이 오고 단기선교팀도 오니 보고할 내용이 생긴다. 하지만 임시방편일 뿐이다. 이런 식으로는 진정한 지도자나 후계자를 양성할 수 없다. 시간이 걸리더라도 선교사는 인디오 지도자들과 함께 걸어가는 생활을 해야 한다. 예수님께서 제자들과 함께 다니신 것처럼, 그리고 그들에게 모든 능력과 모든 권세를 주신 것처럼, 우리도 함께 걸어가야 한다. 그렇게 함께 모든 것을 할 때에, 아름다운 선교패러다임을 열어갈 수 있을 것이다.

나는 브라질에 갈 때마다 현지인들로부터 한국선교사들에 대한 평가를 듣곤 했다. 그런데 "한국화하려고 하지 말라!"는 불만과 항의가 있었다. 일부 선교사들에 대한 막연한 거부감 때문에, 성경적 교훈을 한국화로 오해할 수도 있겠다는 생각이 들었다. 그러나 확실히 한국 사람은 자민족중심주의가 강하다. 특히 제3세계에서는. 몇몇 사람들이 심어준 부정적인 이미지가 한국 선교사 전체에 적용될 수도 있음을 간과해서는 안 된다. 브라질의 인디오 선교는 열정과 희생정신만을 가진다고 선한 열매를 맺을 수 있는 것이 아니다. 이제 한국의 브라질 인디오 선교는 브라질 선교기관에게서 듣고 배우며, 그들에게 협력하는 것을 우선으로 삼아야 한다. 독단적인 행보는 인디오 사회에 혼란만 가중시킬 수 있다는 것을 직시해야 한다. 회개와 용서와 화합과 창조적인 발전의 기회들이 브라질의 한국 선교사들에게 임하길 간절히 간구한다.

장기 선교사들은 누구나 탈진을 경험한다. 그들에겐 쉼과 방향전환을 위한 도움들이 필요하다. 하나님의 선교는 가시적이고 물질적인 어떤 결과들을 산출하는 것이 아닌, 선교사들이 영육 간에 더욱 성장하고 강건해지는 것을 먼저 생각하신다. 사진은 어린 나이에 생업에 나선 아마존 강변의 한 아이.

내 안에 빛이 있으면

변수에 대한 반응

작년에는 참으로 많은 일이 있었다. 11월의 브라질 선교여행은 많은 고민과 망설임 끝에 결정된 일이었다. 갑작스런 아버지의 소천으로 인한 충격과 아픔이 가시기도 전에, 모든 목회자들이 겪는 어려움들까지 인정사정없이 덤벼들었다. 그래서 어쩌면, 내 마음과 일상을 파고드는 우울함을 떨쳐내기 위해 브라질행을 단행한 것인지도 모른다. 그러나 더 중요한 것은, 방향과 시각의 교정이 절실히 필요했기 때문이었다. 한 단체의 리더는 때로 냉혹하리만큼 냉정하게 결단하지 않으면, 순식간에 와해됨을 겪는다. 와해, 실패, 소외, 부끄러움에 대한 두려움 때문일까? 그래서인지, 선교사와 목회자들은 무엇인가를 쉬지 않고 해야만 하나님의 오케이 사인을 받을 수 있다고 생각하는 것 같다.

한국을 벗어나니 생각들이 다시 움직이기 시작했다. 하나님께서는 이 선교여행을 통해서 14년간의 사역 내용을 정리하도록 도우셨고,

나와 우리 선교회가 가야 할 방향을 제시하셨다. 또한 작년 여행에서도 많은 변수가 생겼는데, 그때마다 하나님께서는 융통성 있는 대응을 원하셨고, 인내를 가지고 상대방의 반응을 지켜보면서 바른 관계정립에 힘쓸 것을 권유하셨다. 아울러 어떠한 상황 속에서도 유쾌함을 잃지 말라고 당부하셨다.

나와 코디아스(KODIAS: Korea Diakonos) 선교회의 일차적인 관심은, 현지인들이나 교회개척 또는 어떤 프로젝트가 아니라, 선교사 자체이다. 왜냐하면, 선교사가 건강해야만 복음을 온전하게 전할 수 있기 때문이다. 우리는 그들의 육적 건강뿐만 아니라, 정신적인 건강에 관심이 많다. 사역현장에서 방향을 잃고 어려움을 겪는 선교사들을 격려하고 돕는 것이 우리 선교회가 지향하는 사역이다.

선교사 상담을 한다고 하니, 선교사들은 자신들의 속마음을 이야기하기 전에 잡다한 것들을 묻곤 한다. 심지어, 아들이 왜 어머니를 닮느냐는 질문도 한다. 그러나 난 질문의 내용에 집중하는 것이 아니라, 그런 질문을 하는 선교사의 마음에 집중한다. 왜 내게 그런 질문들을 던지는 것일까? 그 질문에 대한 나의 반응이 어떠하길 기대하는 것일까? 그러면서 나는 그가 바라보는 방향을 함께 바라본다. 거의 모든 선교사들은, 선교지로 출발할 때는 분명했던 자아정체성의 혼란을 경험을 한다.

선교사는 누구이며, 선교는 무엇일까? 어떤 선교사는 뼈를 묻겠다며 선교지로 향했고, 파송교회는 죽기 전에는 돌아올 생각하지 말라며 선교사의 등을 떠밀기도 했다. 어떤 교회는 교회개척만이 진정한 선교의 열매라며 3개월의 시한을 주면서 선교사에게 슈퍼맨적인 능력을 강요했다. 선교사들은 현지의 언어를 배우고 지역 문화를 익히기도 전에 한국 교회의 성급함을 만족시키기 위해서 안간힘을 썼다.

　　오래 전에 한 선교사 가정이 네팔로 출발했다. 몇 개월 후 나는 그 선교사의 부인으로부터 한 통의 편지를 받았다. 그녀는 네팔의 오지에서 살아보니, 전임 선교사의 자살을 이해할 수 있었다고 밝혔다. 고요하고 정체된 곳이지만, 영적 도전들은 선교사의 심리를 교묘히 공격해 들어왔고, 한국으로 보내야 하는 사역의 열매들은 전무하다 보니, 엄청난 스트레스가 선교사의 삶을 짓눌렀던 것이다. 그 부인은, 자신의 남편은 그런 딜레마에 빠지지 않기 위해서, 방 두 개 중 하나에는 "집", 다른 한 방에는 "사무실"이라고 써 붙이고, 아침이 되면 양복을 차려 입고 사무실로 가서 오후 5시가 되어야 집으로 돌아온다고 전했다. 그 모습을 상상하니 입가에 웃음이 번졌다. 선교지에서 초임선교사들은 지리가 익숙하지 못하고 의사소통이 자유롭지 못하기 때문에 좁은 지경에서 생활해야만 한다. 개인별로 시간차는 있지만, 삶의 무료함이 계속되면 초초해지고, "빨리 사역을 시작해야 한다"라는 강박관념에 사로잡히게 된다. 이것이 선교사가 방향을 잃게 되는 첫 번째 단계인 것이다.

　　나는 탈진을 경험하는 선교사들에게 "쉼을 가지세요. 사역을 즐기세요. 하나님이 주신 만큼만 일하세요"라고 충고해 보지만, 번번이 그들의 초초함과 두려움이라는 장벽 앞에서 허무한 메아리가 되어버리곤 했다. 왜 그럴까? 선교사들은 경제적인 무능력자다. 한국 선교부는 선교사들이 경제활동을 하는 것을 철저하게 금지하고 있다. 그러니 선교사들은 전적으로 선교후원금에 의지할 수밖에 없다. 그런데 후원자들은 선교사의 개인적인 삶에는 관심이 없다. 프로젝트나 교회당 등과 같은 가시적인 것들에 집중한다. 자신들의 귀한 헌금이 가치있게 사용되기를 바라는 마음을 탓하는 것은 결코 아니다. "후원비", "귀함"에 대한 시각교정이 필요하다는 것이다. "후원비는 귀하게"라는 공식을 위해 선교사들은 결과를 얻을 수 있는 일을 해야만 한다. 자기 자신을 만족시킬 만큼, 그리고 사역의 열매로 인정받을 수 있는, 눈으로 측량할 수 있는 무엇인가를 만들어내기 위해서.

선교사와 돈

선교비는 소명과 기도와 함께 선교사역을 위해서 필요한 요소이다. 선교행정에 있어서 선교비의 종류는 크게, 사역비와 생활비, 교육비로 구분된다. 선교비는 선교현장에 대한 정확한 정보[1]를 반영하는 합리성과 선교사의 삶을 배려하는 구체성, 그리고 선교사 간의 형평성을 고려하여 책정되어야 한다.

브라질 선교사에 대한 사역비 책정은 먼저 지역별 물가지수(price index)를 고려해야 한다. 브라질과 같이 광대한 나라는 지역 간의 환경과 경제, 문화 차이가 크며, 아울러 물가지수도 다르다. 아마존 인디오 선교를 위한 관문도시인 마나우스[2]는 상빠울루보다 2배 이상

---

1) 브라질은 미개하고 가난한 나라가 아니다. 모든 분야에서 상하 격차가 심하다. 상류층의 사람들은 상상할 수 없는 부를 누리고 있다. 문맹률도 높지만 세계적으로 인정받는 학자들도 많다. 선교비는 국가에 대한 이미지, 느낌, 소문에 의한 것이 아닌, 정확한 정보와 분석에 의해 책정되어야 한다. 브라질은 식재료가 풍부하고 매우 값싼 나라지만, 주택임대료는 한국과 거의 비슷한 수준이고 공산품은 훨씬 비싸다.
2) 마나우스는 자유무역지역으로 150개 이상의 외국기업이 들어와 있다. 이런 영향으로

물가가 비싸다. 또한 브라질 선교사들은 교민, 현지인, 원주민, 빈민층, 중·상위층 사역자로 구분되는데, 선교대상에 따라 선교사들의 입장과 역할도 다르다. 합리적인 선교비 책정을 위해서는 선교대상과 사역내용도 반영해야 한다.

선교비에 포함된 생활비는 선교사와 그 가족들이 영적, 육체적, 정서적으로 건강하고 안전하게 살 수 있도록 책정되어야 한다. 선교사의 일중독이나 가정불화는 선교실패를 알리는 위험신호이다. 그러므로 선교사가 자신의 가정을 건강하고 행복하게 돌보고 가꾸는 것도 선교사역의 일환인 것이다. 파송 선교부는 선교사가 치안이 불안전한 사회에서 안전지대에 거주지를 마련하도록 지원해 주어야 한다. 또한 선교사와 그의 가족들의 정신건강을 위해서 취미생활은 물론 가족들과의 여가도 즐길 수 있도록 배려해야 한다. 구체적으로 삶의 내용들을 반영하여 생활비를 책정해야 하고, 선교사가 선교비를 효율적으로 사용할 수 있도록 재정관리 교육도 실시해야 한다.

선교사들의 재정상태는 파송 교단과 교회에 따라 차이가 나지만, 선교사 개인의 모금능력에 따라서도 많은 차이가 난다. 대개는 사역홍보에 적극적인 선교사에게 후원금이 집중되는 경향이 있다. 같은 지역에서도 주택임대에 어려움을 겪는 선교사가 있는가 하면, 개인소유의 건물을 몇 채씩 갖고 있는 선교사도 있다. 자녀를 교육환경이 열악한

빠르게 인구가 증가하고 있을 뿐만 아니라 도시발달도 빠른 속도로 진행되고 있다. 이곳에서는 다양한 인종들이 목격되는데, 특히 인디오의 문화를 간직한 까보끌로들의 삶을 관찰할 수 있는 지역이다. 소수의 순수 인디오들은 밀림 깊숙한 곳에서 살고 있기 때문에 접근하기가 어려울 뿐만 아니라 브라질 정부의 사전 허락을 받아야 한다.

공립학교에 보내는 선교사가 있는가 하면, 외국 유학을 보내는 선교사도 있다. 또한 영주권을 획득한 선교사와 외국인으로서 거주하는 선교사 간에는 교육, 의료 등 사회보장과 복지혜택 면에서 격차가 나게 된다. 그리고 한국 선교사에게는 특별한 경우이지만, 현지인 자녀 입양은 성육신적 선교사가 추구해야 할 사랑의 실천인데도 불구하고, 입양자녀에 대한 차별도 있을 수 있다.[3] 이러한 격차는 선교사 간의 화합을 저해하는 요인이 된다. 격차를 줄이기 위해서 선교사들이 자발적으로 "나눔"을 실천하는 것이 바람직스럽지만, 형평성을 위한 행정요원들의 적극적인 중재와 관리가 요망된다.

선교란 무엇인가?

나는 정신여고 시절에 처음으로 예수 그리스도를 만났고, 노래선교단원으로 활동했다. 잘 훈련된 합창단의 아름다운 하모니와 몸짓은 관중들을 감동시켰고, 그들이 보내는 갈채 속에서 환희를 느끼곤 했다. 그것이 나에게 있어서는 선교의 첫 이미지였다. 즉, 그 당시 나에게 있어서 선교란 선택받는 것, 인정받는 것, 그리고 열정적이고 낭만적인 무엇이었다.

청년기에 내가 알고 있던 선교는 위대한 모험이었다. 내가 소속해 있던 교회에서, 5월은 선교의 달이었다. 전 세계로 파송되었던 선교사들이 일시적으로 귀국, 이국적인 의상을 차려입고 대성전을 꽉 메운 성도들의 환호를 받으며 입장하던 모습은 너무나도 늠름했고 자랑스러

---

3) 한국의 B선교부는 입양자녀에 대해 자녀교육비를 지급하지 않았다.

아마존 열대우림의 사마우마 나무 (Samauma)는 50미터까지 자라난다. 인디오들은 이 나무의 거대한 뿌리를 통해 에코메시지를 주고받았다. 나무는 죽을 때까지 자라난다. 선교사도 자신의 계속적인 성장을 위해서 노력해야만 탈진과 침체라는 늪에 빠지지 않는다.

웠으며 멋졌다. 커다란 스크린을 통해서 목격한 선교사들의 활약상은, 특별하고도 위대했다. 그들은 나에게 있어서 참영웅이었다.

그 후 30대에 나는 그 교회에서 선교사들을 섬기게 되었다. 그때 깨달은 것은, 선교는 선택사항이 아니라 하나님의 준엄한 명령이며, 모든 사람에게 주어진 강력한 사명이라는 것이었다. 낭만과 환희, 갈채와 영광스러움보다는 고난과 희생이 따르는 사역이었다. 때로는 순교를 각오해야 하는, 타문화권에서의 거칠고 험난한 삶이었다. 또한 선교사님들을 가까이 접해 보니, 그들은 씩씩하고 화려한 영웅들이 아니었다. 때로는 가난함 때문에 처참해 보이기까지 할 정도였다. 하나님께서 함께 하시지 않는다면 쓰러질 수밖에 없는 의타적이고 연약한 존재들임을 실감하곤 했었다.

2000년, 뒤늦게 대학원에 진학하여 선교학을 공부하면서, 선교는 타종교와 타세계관과의 치열한 영적 전투임을 인식하게 되었다. 박사 논문을 쓰기 위해서 2004년과 2006년에 브라질, 페루, 남아프리카공화국을 방문, 리서치를 하면서, 선교는 하나님의 눈으로 현지인들을 바라보고 하나님의 마음으로 그들을 섬기는 것이어야 함을 깊이 깨달았다. 이론만으론, 경험만으론, 복음을 낯선 이들에게 전할 수 없음을 알았다. 선교는 하나님의 사역이다. 선교하는 사람들, "보내는 선교사"나 "가는 선교사" 모두는 하나님의 동역자로 철저하게 성령의 인도하심을 따라야만 한다.

결론적으로 선교란, 하나님의 사랑의 초청이다. 선교는 또한, 전지전능 무소부재하신 하나님과의 친밀한 동행이다. 나는 낯설고 거친 타문화권을 여행할 때마다, 하나님의 섬세하고 친절한 동행을 체험하곤 했다. 노상에서 칼을 든 강도를 만났을 때에도, 해발 4천 미터가 넘는 고지를 지나가야 할 때에도, 여행경비가 부족하여 노심초사할 때에도, 혼자서 열병과 싸울 때에도, 그리고 예기치 못한 난감한 문제들을 만났을 때에도, 그 현장에서 즉각적으로 도우시며 보호하시는 하나님의 손길을 분명하게 체험하곤 했다. "하나님과 친밀한 동행"의 체험은, 비록 그 과정이 힘들고 고단하다 할지라도, 이 세상의 어떤 것과도 견줄 수 없고 바꿀 수 없는 감격스럽고 영광스러운 것이다.

그러면 왜 하나님께서는 우리를 "하나님의 선교"에 초대하시는 것일까? 힘이 부족해서일까? 아니면, 너무 바쁘시거나 돈이 필요해서 우리에게 같이하자고 조르시는 것일까? 또는 새로운 경험을 해보라는 권유일까? 하나님께서 우리를 하나님의 선교에 초청하시는 이유는, 천국을 상속해 주시기 위함이다. 영생을 주시기 위함이다. 그런데, 천국을 상속하려면, 천국을 알아야 하고, 상속자로서의 훈련도 받아야하지 않겠는가? 바로 그래서, 선교는 하나님의 특별한 교육이고 훈련이기도 하다.

우리 모두는, 말로는 형용할 수 없는 이 신비롭고 영광스러운 선교에 이미 초청을 받았다. 이미 하나님의 초대에 기쁘게 응한 사람들도 있지만, 아직도 미루거나 주저하는 사람들, 외면하거나 거부하는 사람들도 많다. 선교는 구원받은 하나님의 백성들에게 주시는 하나님의 준엄한 명령이고 사명이며 의무이고 책임이지만, 그 이면에는 하나님께서 그리스도인에게 허락하시는 가장 위대한 축복과 특권, 한량없는 은혜가 자리한다. 더 이상 망설이거나 뒤로 물러서지 말고, 예수님이 오시는 날까지 이 거룩하고 영광스런 동행에 모두가 함께 하길 간구한다.

타문화에서 받게 되는 충격은 우리로 하여금 자신의 정체성을 생각하게
한다. 우물 안의 개구리처럼 좁은 시야로 세상을 다 알고 있다고 자만했거나
삶을 방관했거나 혹은 실패로 인해 좌절했던 굳어진 마음이 깨지고 부서지기
시작한다. 그러기에 선교는 곧 우리들 내면으로의 여행이기도 한 것이다.
이것이 우리를 타문화권으로 보내시는 하나님의 깊은 뜻이다. 히우에 있는
포르투갈인들의 마을(Urca)에 가면, 마치 갈 수 없는 고향을 그리워하는(사
우다지) 듯한 흑인과 인디오 소녀의 인형을 창문에 진열해 놓고 있다.

한국말 너무 어려워요

뭔 질 했소?

작년 아르헨티나에서 저녁식사를 함께 했던 한 여집사는 "목사님은 한국말만 잘 하지요?"라며 인사를 건넸다. 나는 웃으면서, "네, 전 한국말을 아주 잘 합니다"라고 응답했다. 함께 했던 볼리비아 선교사님과 브라질 선교사님은 최소 2개 국어를 불편없이 구사하셨다. 한인 1.5세대이고 한국말이 서투른 그녀가 그런 인사를 건넨 데에는, 내가 스페인어나 포어를 할 줄 모르니 남미에 와서 불편함이 많겠다는 안타까움이 담겨 있었다.

종종 외국에서 만나는 한인 디아스포라들에게서 당황스런 말을 듣곤 한다. 중앙아시아 우즈베키스탄의 수도 타쉬켄트에서 카자흐스탄의 옛 수도 알마티(Almaty: 1997년 이후론 북쪽의 아스타로 이전)로 이동하는 차 안이었다. 운전하시던 고려인 장로님은 심각한 표정을 지으시며 물으셨다.

"목사질 하기 전엔 뭘 질 했소?"

나는 대답 대신 새어나오는 웃음을 참을 수가 없었다. 육십이 넘어 보이는 장로님은 미간에 주름을 잡고 둥그레진 눈으로 나를 쳐다보셨다. 무슨 일을 했었냐는 질문이었지만 "질"이라는 단어가 낯선 억양과 함께 발음되니 매우 도전적이면서도 코믹하게 들렸다.

한국 Y교회의 남미 선교사들은 대부분 현지에서 신학을 공부하고 한국에서 선교사 인준을 받은 1.5세들로 구성되어 있었다. 그들 대부분은 한국말을 잘 구사했다. 어려운 단어들과 고사성어도 잘 이해하고 있는 듯했다. 그러나 한참을 이야기하다 보면, 이해도가 다르다는 것을 느낄 수 있다. 그 교회에서 선교대회를 기획한 적이 있었는데, 수백 명의 선교사들이 참석했다. 사흘간 세미나가 열렸는데, 브라질에서 온 선교사 한 분이 찬양도 하지 않고 행사 내내 화난 표정으로 앉아 있었다. 왜 저럴까? 어디가 불편한 것일까? 걱정도 되고 신경이 쓰여서 그 선교사에 대한 행정서류를 살펴보았다. 그런데 신상명세서를 제외하곤 주기적인 '선교보고'가 전무했다.

몇 년 후 브라질을 방문했을 때, 그 선교사가 사역하는 곳을 찾아가게 되었다. 한적한 농촌으로, 인디오 보호구역이었다. 나는 그제야 그가 한국말을 잘 이해하지 못한다는 것을 알아차렸다. 그 지역에 한국사람이라고는 그 선교사 한 사람뿐이었고, 그의 부인도 인디오 여인이었다. 그것이 그가 선교보고 양식을 작성하지 못하고 있었던 이유였다. 더군다나 현대문명의 이기들과는 동떨어진 곳이었기 때문에, 한국에서 요구하는 행정서류들을 신속하게 보내기란 거의 불가능

128

에 가까웠다. 나는 그 선교사가 미뤄놓은 숙제들을 해결해 주려고 했으나, 이러한 이유들 때문에 상빠울루로 돌아와서야 대행 서비스를 할 수 있었다.

흔적을 남겨야죠!

이 일을 경험한 후 나는 다음과 같이 한국선교부에 건의했다.

첫째, 모든 서류의 단순화: 한국이 "빨리빨리" 문화라면 브라질은 "만만디" 문화다. 한국에서 볼 때 "브라질 선교사들은 느리고 답답하다"고 느껴질 수 있다. 복잡한 양식, 각종 증명서의 중복 제출 요청 등은 선교사들에게 부담이 된다. 브라질 선교사들은 대부분 장거리를 이동하면서 사역하기 때문에 보고서 작성이나 홈페이지 관리, 인터넷 통신을 하는 것 등을 어려워한다. 그러니 신속한 행정을 위해서 선교사들을 채근하는 것은 효과적이지 못하다. 선교사들의 각종 선교보고 양식, 안식년, 의료비 등의 신청서류는 물론 기타 건의문서 등의 양식을 단순화하여 선교사들이 쉽게 응답할 수 있도록 조치하는 것이 바람직하다.

둘째, 한국선교부의 능동적 업무 추진: 브라질과 한국은 밤과 낮은 물론 계절이 정반대이다. 브라질의 크리스마스는 한여름이다. 한국의 무더운 8월이 브라질에서는 한겨울이다. 그러므로 한국의 선교부 사람들과 선교사들 간에는 시간적으로나 정서적, 감각적으로 소통이 어려울 때가 많다. 행정요원들은 선교사의 보고나 요청을 수동적으로 수신하기보다는, 미리미리 선교사들의 의무사항을 알려주고 그들의 근황과 건의사항을 먼저 묻고 조치하는 행정을 펼쳐야 한다. 또한 선교사들 중에는 안식년이나 의료지원 등 자신의 권리를 이행하는 데 소극적인 사람들이 적지 않다. 이에 행정요원들은 선교사들의 사역 주기(Working Cycle)를 살피고 안식년, 보수교육 등을 먼저 제안하고 친절하게 안내해 주어야 한다.

셋째, 친밀한 분위기 조성: 한국 선교부의 발신 문서들은 권위적이고 딱딱한 느낌을 주는 경향이 있다. 포스트모던 시대의 효과적인 행정은 친밀감을 주는 행정이다. 공문서를 작성할 때도 친밀감을 주는 인사말, 디자인, 단어 등을 선택하는 것이 필요하다. 또한 이민 1.5세 이상의 선교사들 중에는 한국어로 된 문서를 읽고 이해하는 데 어려움을 호소하는 사람들이 있다. 한자나 영어로 표기된 문서는 더욱 이해하기가 어렵다. 그러므로 공문서, 문서자료, 편지, 홈페이지 등은 누구나 쉽게 이해할 수 있는 단순하고 쉬운 단어와 문장으로 작성되어야 한다.

아울러 나는 선교사들에게도 선교행정에 적극적으로 동참해 줄 것을 부탁했다. 브라질과 같이 한국에서 멀리 떨어져 있는, 그래서 왕래가 어려운 지역의 선교사들은 자신의 소속감은 물론 자신에게 주어진 의무와 권리에 대해 정확하게 인지하지 못하는 경향이 있다. 그래서 한국선교부의 행정절차를 귀찮고 어렵게 느껴서 소극적으로 반응하거나 따르지 않는 경우가 적지 않다. 선교사들은 파송단체나 후원단체의 행정절차를 준수하도록 스스로 노력해야 한다. 왜냐하면, 조직에서의 일처리는 타당한 근거에 입각해서 이루어져야 하기 때문이다. 감정적으로나 주먹구구식으로 처리한다면 조직의 질서가 와해되고, 결국 그 불이익은 선교사 자신들에게 고스란히 전달될 것이기

히우의 한 빈민촌에 있는 셀란론의 계단(Escadaria Selaron)은, 칠레 출신 예술가가 215개의 계단에 전 세계의 국기와 풍습들이 담긴 타일들을 모자이크 식으로 뒤덮어 놓은 것이다. 멀리서 보았을 때는 빨강색만 강렬하게 보였는데, 가까이 가서 보니 오밀조밀 전 세계의 모습을 담고 있었다. 마치 브라질 안을 자세히 들여다보면 온 세상의 인종과 문화가 존재하듯이 말이다.

때문이다.

　문화가 다른 현장에서 일하는 사람들끼리는 상호간의 이해부족으로 빚어지는 불신과 오해로 말미암아 관계가 깨어지고 어려운 상황을 맞게 될 때가 적지 않다. 통신기술이 발달해서 전 세계의 선교사들과 거의 무료로 스마트폰과 인터넷 망을 통해서 실시간 소통할 수 있게 되었다지만, 진정한 소통은 여전히 힘든 일이다. 얼굴을 맞대고 하는 대화에서도 의사나 감정들이 정확하게 전달되지 않는데, 말이나 글로 정확한 뜻과 감정을 전달하고 또 파악하기란 결코 쉬운 일이 아니다. 그러므로 문명의 이기가 발달할수록, 관계정립과 유지 그리고 개선을 위해서는 더욱 더 상대방에 대한 예의를 지켜야만 할 것이다. 한국의 선교부나 선교현장의 선교사들은 서로에 대한 신뢰를 갖고 양식과 격식을 갖춘 품위 있는 언어와 글로 진심어린 소통을 추구해야 한다.

　선교사들은 자신들의 사역지 문화와 실정을 본국에 능동적이고 적극적으로 알려야 한다. 보고서 작성과 선교편지 등의 발신을 중요한 사역의 일부라고 생각해야 한다. 왜냐하면, 한국선교부에서 사역하는 사람들은 선교지의 상황을 그 보고서를 통해서 이해할 수밖에 없기 때문이다. 한국교회의 선교에 대한 동기부여와 선교동참을 위해서도 선교지 상황을 자주 보고하고 그 정보를 공유하는 것이 중요하다. 외국선교사들과는 달리, 한국선교사들은 자신들의 사역일지나 보고서 등 문서작업에 비중을 두지 않거나 그 중요성을 간과하는 것 같다. 선교사역이 자신들만의 사역이 아니라, 우주적 공동체가 함께 하는 것이며 하나님의 사역이라는 것을 인지한다면, 자신만의 경험으로 끝내서는 안 된다. 선교사의 삶과 사역, 선교지의 상황 등을 기록한 문서, 사진, 동영상 등은 공동체의 경험과 교훈, 그리고 자료로 남아서 '계속 선교'가 이루어지게 할 것이기 때문이다.

샌들과 엄지발가락

선교사들은 타문화권에 사는 한국인들과도 문화차이를 경험한다.

나의 첫 브라질 단기선교는 한 교회의 성가대 세미나로 시작되었다. 성가대 대원들의 대부분은 중년 여성들이었다. 그녀들은 저녁이 되면 서둘러 사업장의 문을 닫고 달려와 세미나에 참석했고, 낮에는 사업장 안에 악보를 붙여놓고 연습하는 등 열정적인 모습을 보여주었다. 그런데 어느 주일날 아침, 성가대가 연습을 하고 있는데 한 젊고 아름다운 자매가 들어와서는 거리낌 없이 맨 앞자리에 앉는 것이었다.

긴 생머리, 늘씬한 키, 뚜렷한 이목구비가 한국의 어느 미녀보다도 아름다웠다. 그런데 그녀의 배꼽티, 짧디짧은 미니스커트, 빨간 매니큐어를 칠한 큰 엄지발가락이 나의 신경을 자극했다. '저런 모습으로 성가대에 앉으려고 하는 것일까?' 그녀의 옷매무새가 몹시 마음에 안 들었던 나는, 샌들 앞으로 삐죽 빠져나온 그녀의 발가락들에 시선을 멈추고 생각했다. '다른 곳은 가운으로 가리면 되겠지만, 그런데 저 발은…?' 그녀는 나의 시선에도 아랑곳하지 않고 성가대 가운을 입고는 다소 높이 솟아있는 성가대석에, 그것도 맨 앞자리에 당당하게 앉는 것이었다. 그녀의 빨간 엄지발가락은 성도들의 눈높이에 떡하니 버티고 있었다.

예배 후 연습시간에 나는 성가대원들에게 최대한 단정한 몸가짐을 갖추라고 힘주어 당부했다.

"다음 주에는 모두 양말을 착용하고 절대 맨발에 샌들차림으로 오지 마십시오."

그러나 다음 주에도 그 아름다운 자매는 미끈하고 섹시한 발가락을 시위하듯 드러내고 성가대석에 올랐다. 나는 불쾌감을 느꼈지만, 다시금 정중하게, "샌들에 맨발 금지"를 부탁했다. 모두는 아무 말 없이 웃으면서 "네" 하고 대답만 했다.

하루는 저녁식사 초대를 받고, 한 집사님의 집을 방문했다. 식사를 마친 후에 주인 집사님은 웃으면서 내게 말을 건넸다.

"이곳 브라질 사람들은 샌들에 양말을 신지 않습니다. 그것이 투명 스타킹이라고 해도요. 샌들을 신을 때는 최소한 엄지발가락을 내놓는 것이 이들의 예의랍니다."

그러면서 그녀는 엄지발가락이 없는 스타킹을 보여주는 것이었다. 나는 깜짝 놀랐다. 무엇인가 둔탁한 것이 내 뒤통수를 후려치는 듯했다. 이곳의 문화와 생활 습관을 알지 못한 나의 오해와 경솔함이 지적되는 순간이었다.

브라질에서 태어나 그 당시 대학생이었던 그 자매. 그녀의 성가대 참여는 그녀로서는 매우 건설적인 변화였다. 그러나 나는 그녀의 발과 미니스커트, 배꼽티만을 트집 잡고 있었던 것이다. 나의 한국적인 보수주의와 봉건적인 사고방식이 브라질의 보편적인 문화와 충돌한 것이었다. 그 날 저녁 숙소로 돌아온 나는 잠을 이루지 못하고 내 자신을 돌아보며 깊은 생각에 빠졌다. 그리고 이렇게 결론을 내렸다.

"예배를 위한 단정한 몸가짐은 정숙하고 깨끗함과 정성 들인 가꿈이 있어야 한다. 내가 이들에게 가르쳐야 할 것은 바로 그 정신이지, 내 방식, 내 문화를 이식하려 해서는 안 된다. 그들의 방식대로 정숙하고 깨끗하고 단정한 것을 표현하도록 해야 한다."

타문화에서 겪는 생소하고 충격적인 체험들은 내게 큰 교훈을 주곤 했다. 하나님께서 우리를 선교사로 타문화권에 보내시는 데에는, 자기중심적이고 자문화중심적이며 배타적인 시각을 교정하시려는 목적, 그래서 결국에는 하나님의 눈과 마음을 갖게 하시려는 선한 목적이 내포되어 있다. 자문화권이나 유사문화권에서는 잘 드러나지 않던 자신의 정체성이, 완전히 다른 문화권에서는 확연히 드러나게 된다. 그때 사람들은 자신이 누구인지, 어디로부터 와서 어디로 가는 것이며, 무엇 때문에 사는 것인지에 대해 보다 깊이 생각하게 된다.

하나님은 "보내심"을 통해서 우리 자신의 건강한 정체성을 회복하도록 이끄신다. 건강한 삶을 위해서는 건강한 자아정체성이 우선적으로 확립되어야 하기 때문이다.

www.conplei.org.br

서로 사랑한다는 것은, 서로의 손을 마주 잡고 사랑을 속삭이라는 뜻도 아니고, 일방적으로 희생하라는 것도 아니다. 다름이 존재하는 사람들이 함께 모여, 서로의 필요를 채워주고 혼자가 아니라 함께 창조적이고 거룩한 일을 도모하라는 것이다. "함께"가 이루어지려면, 이해, 용서, 용납, 포용, 그리고 서로에 대한 "세움"이 있어야 할 것이다. 사진은 브라질 인디오 목회자 연맹(CONPLEI)의 회장과 부회장, 브라질 인디오 선교에 큰 영향을 끼치고 있다.

만년 총구만 닦는 이등병 신세

새로운 종족?

한국 선교학계는 온통 이슬람에 집중되어 있는 듯하다. 그만큼 이슬람의 도전이 심각하며, 이슬람에 대한 선교가 어려운 과제로 대두되고 있기 때문일 것이다. 상대적으로 나의 브라질에 관한 박사학위 논문은 인기가 없다. 남미에 대한 관심을 가지고 있는 소수의 사람들이 세미나에 초청한 정도이다. 그러나 나는 논문을 쓰면서 얼마나 많은 은혜를 받았는지 모른다. 너무나 소중한 교훈들을 얻었고, 성경이 제시하는 방향과 시각을 분별하는 지혜를 얻은 것은 무엇과도 바꿀 수 없는 소득이었다.

세계 기독교계는 20세기 초에 라틴아메리카를 가톨릭국가, 복음화된 지역으로 선포하고 선교대상 지역에서 제외한 바 있다. 브라질을 비롯한 라틴아메리카 국가들은 명목상의 가톨릭 국가일 뿐 선교가 절실하게 필요한 지역임에도 불구하고, 세계선교의 중심에 우뚝 서

있는 한국의 복음주의교회는 브라질에 대한 이해와 경험부족, 그리고 경제적 · 거리적 · 시간적 이유 등으로 브라질 선교에 여전히 미온적이다.

작년에 아르헨티나에서 열렸던 "중남미선교전략회의"는 그 표제부터 나의 마음을 사로잡았다. 세계복음주의교회들이 외면하고 있는 이 지역을 위해 누군가가 힘쓰고 있다는 생각을 하니 참으로 뿌듯하고 고마웠다. 그런데 흥분하고 감격했던 마음은 현장에서 부끄러움으로 내려앉고 말았다. 개최지가 아르헨티나였는데도 불구하고 브라질 선교사가 주를 이루고 있었다는 것은 어떤 요인들이 작용했기 때문일까?

큰 교민교회 목회자들의 당당함에 가려진 필드 선교사들. 그들의 순박함이 좋기도 했지만, 가진 자, 주는 자는 어른이 되고 받는 자들은 어린 자가 되어 있는 모습을 보면서, '이건 아닌데……'라는 생각이 마음 한편에서 복받쳐 올랐다. 지금도 마나우스에서 만난 한 아르헨티나의 선교사의 말이 귓가에 맴돈다.

"선교사들은 만년 이등병이다. 10년이 지나도 늘 총구만 닦고 있는 듯하다. 장군이 되고 지휘관이 되어야 할 시점에도 선교사들은 이등병이 하는 일만 여전히 하고 있으니 말이다."

그 전략회의에는 1.5세대 선교사들이 여러 명 참석했던 것 같다. 그런데 웬일인지 젊은 선교사는 보이지 않았다. 50대 후반의 한 신입 선교사가 브라질 선교사모임에 참석했을 때, 선임 선교사들이 그를 보고 "젊어서 좋다"고 했다니, 선교사들의 평균나이를 짐작할 수 있다. 이제 남미권 선교사는 한국에서 파송하는 것보다는 이민자들의 자녀들을 준비시켜 선교바턴을 이어받게 하는 것이 바람직하다는 목소리가 높아지고 있다. 하지만 그렇게 하기 위해서는 많은 과제가 있다. 1.5세대 이상의 사람들은 이중 문화, 이중 언어를 구사한다는 점과 현장에서의 문제 해결에 능하다는 점 등, 매우 유리한 조건들을 가지고 있지만, 부모 세대와의 갈등, 한인교회 후계자로서의 자질 부족들이 지적되고 있는 상황이다.

1.5세대들은 한국말을 잘하는 것 같은데, 어려운 단어, 은유법, 함축적인 이야기는 잘 이해하지 못하는 것 같다. 부모 세대는 타문화의 충격을 겪으면서 억척스럽게 삶을 개척해 왔지만, 브라질 사회의 변두리에서 삶을 꾸려 간다. 1.5세대는 거주지 문화로 깊이 들어가서 적응해야만 한다. 결국 이중문화를 형성하기는 하지만, 거주지 문화에 동화될 수밖에 없다. 따라서 부모와의 갈등, 현지인 사회와의 마찰이 야기된다. 그럼으로써 생활력은 강해질 수 있을지 모르지만 안정된 삶과는 거리가 있게 된다. 이러한 이유 때문에, "대부분의 1.5세대는 눈치를 많이 본다"라는 말이 있는 것이다.

이들은 또, 현장에서 신학을 하고 외국에서 학위를 받는 경우가 많기 때문에 한국과 커넥션이 잘 되어 있지 않다. 즉, 이들 대부분은 한국 교회로부터 인정과 후원을 못 받고 있는 것이다. 여기에는 한국 신학의 우월주의가 존재하는 것 같다. 그러니 1.5세대 목사나 선교사들이 한국 교회의 후원을 받기 위해서는 브라질에서 신학을 한 후 미국 내지 한국에 가서 학위를 받아야 하는 것이다.

현재 브라질에서는 1.5세대 선교사들이 14명 정도 사역하고 있다. 작년 전략회의에서 한 1.5세대 선교사가 했던 말이 가슴을 울린다.

"후원금 모금은 다른 사람이 해주어야 한다. 선교비를 이야기하며 다니는 것이 정말 싫다."

오래전 Y교회에서 한 지도급 목사님이 선교사들에게 '선교비 구걸하지 말라. 당당해져라. 비굴하지 말라'고 권면하시던 말씀이 떠오른다. 내가 믿기로는, 분명히 '총구만 닦는' 선교사들이 천국에서는 더 큰 자요 높은 자가 될 것이다(마 23:1-12).

이제 한인 교회와 한국 교회는 방향전환을 하여, 한인 디아스포라들을 선교인력으로 동원하기 위해 지혜를 발휘해야 한다.

독창보다는 듀엣을

선교의 중요한 자원은 선교사다. 선교인력 양성과 동원, 적재적소 배치, 그리고 총체적이고 지속적인 관리는 중요한 선교임무가 아닐 수 없다. 브라질 복음화를 위한 한인 선교인력은 한국과 브라질, 그리고 미국에서 확보할 수 있다. 각기 다른 문화를 소유한 한인 선교사들은 서로를 보완하고 지원하면서 선교지경을 넓혀나갈 수 있다.

한국 본토 인력은 브라질의 언어, 문화 등 현장 적응훈련을 받아야 하지만, 브라질의 복음화가 역동적으로 일어나기 위해서는 한국인 특유의 열정적이고 진취적이며 성실한 리더십이 필수적이다.[1] 한편

---

[1] 한국인 선교사들의 특징은 부지런하고 열심이며, 열정적으로 교회개척사역에 임한다는 것이다. 특히 한국인 선교사들은 서구적인 세계관을 가진 서구 선교사들보다 친밀하게 현지인들에게 접근한다. 게다가 성공적으로 경제부흥을 일으킨 한국과 가족에 대한 책임감이 강한 한국인은 그들에게 선망의 대상이 되고 있다.

브라질에서 배출한 1.5세대 이상의 선교사들은 체계적인 목회훈련[2]을 필요로 하지만, 언어와 문화적인 면에서 준비된 인력들이다. 이들은 지역에 구애받지 않고 현지인들과 인디오 사역에 매진할 수 있다. 또 다른 방향에서 기대되는 인력은, 미국의 한인 디아스포라들이다. 이들은 미국 한인교회들의 선교적 관심과 열정을 브라질에 유치시키는 가교역할을 할 것이다.[3]

이중 언어와 문화를 경험해 온 한인 디아스포라들은 전략적인 선교인력들이다. 한국인의 브라질 이민은 1962년에 시작되었다. 현재 브라질에는 5만여 명의 한인이 살고 있는데, 이들은 브라질 의류도매 시장의 상권을 장악하고 있다. 한인교회들도 꾸준하게 성장하여 이민 2세들을 교회 사역자들로 배출하고 있다. 브라질화 된 한인 2세들을 선교인력으로 동원하기 위해서는, 선교사 현장 인준 시스템이 구축되어야 한다.

한인 1.5세대 K선교사는 브라질에서 신학을 공부하고 여러 해 동안 Y한인교회에서 사역했지만 목사안수를 받기 위해서는 한국에서 신학교육을 받아야 했다. 현재 한국 선교부의 선교사 인준 시스템은 이민 선교인력들에게 경제적·시간적으로 큰 부담을 주고 있다. 더구나 브라질의 상황과 동떨어진 신학교육은 선교에 걸림돌이 되기도 한다.[4]

---

2) 1.5세대 이상의 이민 선교사들은 목회경험이 없거나 부족한 경우가 있다. 이에 신입 선교사는 단독 사역을 하기 전에 선임선교사의 교회에 배치되어 목회훈련을 받는 것이 바람직하다.

3) 예를 들자면, 미국의 한인 교회들은 전문인 단기 선교팀 등을 브라질에 파송하는 데 있어서 시간적으로나 경제적으로 한국 교회보다 더 용이하다.

4) 치열한 영적전투의 현장인 브라질에서 서구적인 신학은 선교장애 요소의 하나로

언어와 문화, 그리고 지역적인 제약을 받지 않는 이민 인력을 확보하기 위해서는 브라질 현지에서 신학교육과 선교사 훈련, 그리고 목사안수가 이루어질 수 있도록 해야 한다. 한국의 Y선교회는 몇 해 전에 남미에서 신학교를 졸업한 1.5세들에 대해 한국 유학과 방문 없이 목사 안수 및 선교사 인준을 단행했다. 이들은 남미 전역에서 현지인을 위한 사역자로 활약하고 있으며, 한국 본토 출신 선교사들과 차별없는 대우와 지원을 받고 있다. 현재 동 선교회는 남미선교에 관한 모든 것을 남미 현장에서 기획하고 결의하여 한국 선교부에 보고하는 시스템을 갖추고 있다.5)

대부분의 한국 선교사들은 브라질의 하류층을 대상으로 사역하고 있다. 이러한 현상은 브라질 한인 의류업계도 마찬가지다. 의류의 질적인 면과 언어구사력 부족 등으로 중상류층을 공략하지 못하고 있다.6) 브라질에서 한인이 도매시장을 벗어나 중상류층으로 도약하기 위해서나, 선교사들이 다양한 계층과 지역으로 접근하기 위해서는, 자신의 실력을 배양하고 "안주"에서 "도전"으로 의식을 전환해야 한다.

지목된다. 한 예로 K선교사는 브라질에서 신학을 공부하고 Y교회에서 은사중심의 사역을 하였지만, 한국에서 신학교육을 받은 후에는 교리중심 사역으로 방향을 전환하였다. 브라질 상황에서는 성령을 의지한 체험과 지식이 병행하는 역동적인 사역을 펼쳐야 한다.

5) Y선교회의 남미총회는 국가 별로 신학교를 운영하고 지원할 뿐만 아니라 모든 남미선교 정책은 현장에서 기획하도록 조치하고, 한국 선교부에서는 심의, 지원을 맡고 있다. 물론 남미선교사 인사관리도 남미총회에서 맡고 있으며, 현지에서 한인과 현지인, 원주민에 대한 목사안수도 실행하고 있다.

6) 돈을 최고의 가치로 생각하는 브라질 사회에서 이민 2세들 사이에는 "부모의 사업을 물려받아 쉽게 돈을 벌자"라는 사고가 팽배해 있다.

선교사가 브라질의 중상류층에 접근하기 위해서는 무엇보다도 중상류층 사람들과 대화가 통해야 한다. 이에 선교사는 언어 능력의 향상과 더불어 이들의 문화적 습관을 익혀야 하며, 인격적으로나 지식적으로도 인정을 받아야 한다. 중상류층 선교에 대한 전략의 일환으로, 한인사회의 사회적 신분 상승도 추진해야 한다.7) 또한 한인 선교사들의 사역 패러다임도 구제차원의 사역에서 인식변화를 위한 사역으로 전환되어야 한다.

한국이나 외국으로의 이동을 고려하지 않는 이민 선교사들은 장기간 한 지역에서 사역하는 경향이 있다. 그리고 대부분의 신입 선교사들은 한인들이 운집해 있는 브라질의 관문도시 상빠울루나 선배 선교사들이 터를 닦아놓은 지역으로 모이므로, 선교사 편중지역과 소외지역이 발생한다. 브라질의 유럽이라고 불리는 히우그란지두술 (Rio Grande du Sul, 남쪽의 큰 강) 주는 복음주의교회가 약화되고 있는 반면에 아프로-브라질종교가 브라질 전체에서도 가장 빠르게 성장하고 있는 곳이다. 그러나 한인 선교사들은 이 지역에 대한 정보부족, 백인사회에 대한 막연한 중압감, 실적 위주의 선교를 지향하는 선교정책 등에 대한 부담으로 이동을 고려하지 않고 있다.8) 이 지역은 풍부한 선교경험과 능통한 언어구사, 그리고 영적 은사가 충만하고 신학적

---

7) 브라질 한인들은 "나그네" 사상이 강하다. 돈을 벌면 미국으로 재 이민을 떠나려는 사람들이 많다. 영구적인 정착을 위해서 시민권을 획득한다는 지, 부동산을 구매한다든 지 등의 장기적인 대책마련에는 매우 소극적이다. 특히 자녀들의 교육과 결혼 등의 문제로 갈등한다.
8) 상빠울루 등 대도시 주변의 빈민이나 마나우스를 중심으로 한 북쪽 지역의 유색혼혈인들은 한국 선교사들이 접근하기가 쉬운 그룹이다.

· 인격적 소양을 갖춘 선교사들을 절실히 필요로 한다. 이에 선교사 편중지역의 고참 선교사들이 후배 선교사들에게 리더십을 이양하고 이 지역으로 이동하는 것이 바람직하다. 선교부는 적극적으로 이 지역을 탐색하고 연구하는 한편, 합당한 개척선교사의 양성을 서둘러야 할 것이다.

브라질 선교사와 사역을 효율적으로 관리하기 위해서는 선교비의 합동지원, 다민족적 협력, 그리고 한인교회의 우주적 베이스캠프(Universal Base Camp) 역할이 중요하다. 한국의 선교부는 대체적으로 듀얼 멤버십(Dual Membership)을 인정하지 않는다. 아울러 선교사 독점 의식이 매우 강하다. 그러나 만일 한국의 선교부가 급작스럽게 지원을 축소하거나 중단할 경우 선교사들은 비상대책이 없으므로 큰 위기를 맞게 된다. 이에 한국 선교부는 입체적인 관리 시스템을 구축할 필요가 있다. 즉, 독점적인 관리를 지양하고 합동관리 시스템을 가동해야 한다. 한국과 미국, 브라질의 한인교회들을 네트워크하고 선교정책, 선교비, 선교사 연장교육, 복지, 의료, 자녀교육 등 선교 전반의 사안들을 함께 의논하고 분담하는 것이 바람직하다.

브라질에는 현지인 교회들과 교단들이 존재한다. 또한 한국 선교사들보다 먼저 활동해 온 외국인 선교단체들도 존재한다. 이들과의 협력체계 구축이 필요하다. 특히 신학교 설립과 운영은 현지인 교회와 교단들과 협력하지 않으면 신학생 모집, 졸업자들의 거취, 목사 안수 등의 문제를 원활하게 해결할 수 없다. 선교사나 선교회는 독불장군식 사역을 지양하고 현지인 교회를 돕는 조력자로서의 사역을 지향해야 한다. 또한 서구선교사들과의 협력도 필요하다. 선경험자인 그들의

아마존 정글의 나무다리. 선교사는 든든한 복음의 다리가 되어야 한다.

자료들은 후발 주자인 한인 선교사에게는 유용한 정보들이다. 그러나 그들과의 협력은 쉽지 않다. 문화차이와 언어소통의 어려움 때문이다. 이에 한인 선교사들은 그들과의 문화차이를 인정하고 이해하며 적극적으로 다가가 그들의 장점을 받아들임으로써 그리스도 안에서 아름다운 협력이 일어날 수 있도록 노력해야 한다.[9]

브라질의 한인교회는 브라질 복음화를 위한 우주적 베이스 캠프다. 한인교회는 교파를 초월하여 선교사 양성, 지원, 치유, 교육, 안식처 역할을 감당해야 한다. 그러나 브라질 한인교회들은 교단주의, 개교회주의를 초월하지 못하고 있는 상황이다. 어떤 지역의 유일한 한인교회가 폐쇄적이고 배타적일 경우에는 유입선교사들의 정착과 활동에 어려움을 줄 수 있다. M지역에 유일한 한인교회는 그 지역 선교사들과 화합을 이루지 못하고 있었다. 그 이유는 선교사들을 경쟁자들로 인식하고 경계했기 때문이다. P지역에 있는 유일한 한인교회 역시 "작은 지역교회"라는 의식을 탈피하지 못하고 있었다. 한인교회가 선교를 위한 우주적 베이스캠프라는 것을 인식하고[10] 그 사명과 의무를 다할 때 브라질의 복음화를 위한 선교사들의 행보는 더욱 활기를 띠게 될 것이다.

선교 시스템은 한국과 브라질의 상이한 상황들을 이해하고 유연성, 효율성을 고려하여 구축되어야 한다. 특히 선교사 관리는 선교사가 안정적으로 사역에 집중할 수 있도록 배려하는 것이어야 하는데, 이를

---

9) 성남용, 『선교현장 리포트』 (서울: 생명의 말씀사, 2006), 32-38.
10) 손동신, "선교적 교회를 위한 목회자 선교계속교육," 『복음과 선교』, 제5호 (2005. 12), 131.

위해서는 다각도에서 총체적인 지원이 이루어지도록 한국ㅡ브라질ㅡ미국의 한인교회가 네트워크를 결성하고 협력할 필요가 있다. 브라질의 복음화를 위해서는 선교가 배제된 계층과 비어 있는 지역에 적절한 인력을 배치하기 위한 정책도 마련되어야 한다.

좋은 손님

작년, 아르헨티나에서 내가 만났던 선교사들은 장기 선교사이거나 비거주 선교사였다. 선교 현장에 거주하지 않는다고 해도, 하나님께서 누군가를 선교지에 보내실 때는 미션들을 주신다. 일시적이긴 해도 그들 역시 선교사인 것이다. 그러므로 현장에 거주하고 있는 장기 선교사들은 외부에서 오는 비거주 선교사들에게 귀 기울이고 그들의 사역을 도와주어야 한다. 반면, 비거주 선교사들은 비지팅(visiting) 리더십을 발휘해야 한다. 시간적·경제적으로 한국과 왕래가 어려운 브라질의 선교사들은 고립되기 쉽다. 한국의 파송본부와 의사소통에 문제가 생길 수도 있고, 빠른 속도로 변화하는 외부세계를 인식하지 못할 수도 있다. 이런 지역 선교사들을 위해 한국 선교부는 연장교육과 총체적 치유, 그리고 전문기술과 정보제공을 위해서 비거주 전문 선교사들을 파송할 필요가 있다. 이들은 선교사들에게 새로운 정보와 지식을 전달하고 그들을 깊이 위로하는 비지팅 리더십을 발휘해야 한다.

비거주 선교사들은 대부분 신학, 치유, 기술, 음악 등에 전문적인 사람들이다. 이들은 선교사들과 현지인들에게 "좋은 손님"이 되어야 한다. 배우는 자로서 선교사들과 현지인들에게 다가가야 하며, 현장선교사의 사역과 선교사 간의 질서를 통제하고 조정하려는 태도는 지양해야 한다. 특히 한국 선교부의 지도자들이 방문할 경우에는 한국적 위계질서에 따라 선교사 사회를 지휘하려는 경향이 있다. 만일 한국 선교부 지도자들이 한국적인 상황을 선교현장에 그대로 적용시키려고 한다면, 선교사들을 본의 아니게 현지인들에게 자문화우월주의자, 또는 독불장군으로 비춰질 것이다. 비거주 전문 선교사들은 현장선교사들의 선생이 되려는 태도보다는 배우는 자의 자세를 취해야 하며, 현장의 질서를 존중해야 한다.

비거주 선교사들은 전문적인 지식과 정보를 전달할 뿐만 아니라 현장선교사들을 깊이 위로하고 격려해야 한다. 장기간 선교현장에서 사역하는 선교사들과 가족들은 대부분 탈진을 경험한다. 이에 방문자들은 가급적 선교사들에게 충격적인 언어와 행동을 삼가야 한다. 한국 교회의 지도자들은 선교사들에게 반가운 존재이기도 하지만, 매우 어려운 존재이기도 하다. 그들의 표정, 언어, 행동은 선교사들에게 민감하게 작용한다. 충분한 대화와 교제가 부족할 경우에는 문화차이가 빚어내는 오해들이 생기기 쉽고, 불편한 감정이 지속될 때는 현장선교사들이 심리적인 압박감을 느끼게 된다. 그러므로 비거주 전문 선교사는 자신이 어떤 위치에 있든, 자신의 선교적 임무는 심판자가 아니라 위로자라는 것을 잊어서는 안 된다.

비거주 선교사는 선교지의 상황과 필요를 한국의 선교부에 전달하고 선교지원을 위해 중재해야 할 사명이 있다. 그리고 한국의 선교부는 이들을 통해서 선교현장을 배우고 이해하려고 노력해야 한다. 이러한 시스템은 비거주 선교사에게 적절한 자격을 요구하는데, 신앙은 물론

인격적 소양과 선교적 전문성을 갖추어야 한다. 만일 이들이 감정적이 되거나 이해관계에 휘말려 어느 한편으로 치우친다면 올바른 중재를 할 수 없을 것이다. 현장선교사들을 전문적으로 돕기 위해 파견되는 비거주 선교사들은 선교현장을 외부 세계에게 소개할 뿐만 아니라, 풍성한 선교가 일어나도록 촉매가 되어주어야 한다.

"땅 끝 선교"(행 1:8)는 많은 부담을 요구한다. 그러나 그것은 하나님의 명령이며, 브라질은 지구 반대편(대척점)에 위치한 한국의 "땅 끝"이다. 이제 한국교회들과 교인들은 먼 나라, 낯 선 나라 브라질에 임하시는 하나님의 선교에 뜨거운 관심을 갖고 기꺼이 동참해야 할 것이다.

www.CONPLEI.org.br

브라질 인디오 마을엔 포도주와 밀가루 빵이 없다. 이들은 서구식 빵 대신에 만디오까로 만든 떡과 포도주 대신 아싸이(Açai)로 성찬식을 한다. 형식도 중요하지만 형식이 담고 있는 의미가 더 중요하다. 사진은 CONPLEI 집회의 성찬식 장면.

상황화의 늪

늪에 빠진 청년

2013년 11월 26일 저녁, 목이 붓고 열이 나서 일찍 잠자리에 들었는데, 밤 10시경 김선교사님의 부르시는 소리에 눈을 떴다. 문화목회(Cultral Ministry)로 이름난 새침례교회(Nova Igreja Batista)의 전도사 브루노(Bruno Claudio Elesbão)가 상담하러 올 거라고 하셨다. 브루노는 김선교사님의 교회, 그러니까 세계장로교회에서 사역하다가 얼마 전에 새침례교회로 갔다고 한다. 큰 교회에 가면 더 많이 배우고 더 많이 사역할 수 있을 거라고 생각했단다. 그의 어머니는, 자녀들만 그 교회로 보내고 자신은 남았다. 세계장로교회에서 물질적인 축복을 많이 받았고 재혼한 남편까지 계속 김선교사님의 교회에서 봉사할 것을 강권했기 때문이라고 했다.

늦은 밤, 까만색 양복을 단정히 입은 젊고 잘생긴 청년이 문을 열고 들어섰다. 아랍계 사람처럼 보이기도 했다. 그는 예의를 갖추고 정중하게 내게 조언을 구했다.

"한국에 가서 신학석사를 공부하려면 어떻게 해야 할까요?"

그의 이야기를 들으면서 난 좀 의아한 생각이 들었다. 물론 선교지의 현지인들이 신학을 공부하기 위해서 한국에 오는 경우가 없는 것은 아니다. 그러나 브루노의 진짜 동기가 궁금했다. 김선교사님은 그가 한국여자와 결혼하고 싶어 한다고 귀띔해 주셨다. 나는 다음과 같이 답변했다.

첫째, 당신이 한국에서 신학석사를 하기 위해서는 영어나 한국어를 공부해야 한다. 그러나 영어로 수업을 하는 경우보다 한국어로 공부할 수 있다면 더 풍성한 한국 신학을 공부할 수 있을 것이다. 게다가 한국 문화를 배우고 싶고 한국에서 사역하고 싶다니 더욱 더 한국어를 공부하는 것이 바람직하겠다.

둘째, 한국으로 가고 싶다면, 먼저 한국선교사님들과 교제하면서 그들에게서 배워라. 그들은 대부분 한국교단과 연계되어 있고, 그들의 추천으로 한국에 갈 경우, 친절한 안내를 받을 수 있을 것이다. 정착하는 데 많은 도움이 될 것이다.

셋째, 만일 당신이 새침례교회의 예배양식을 한국에 이식하려는 의도를 가지고 있다면 그것은 위험한 일이다. 한국은 브라질의 상황과는 매우 다른 곳이다. 데이비드 헤쳐(David Hatcher: 새침례교회 담임) 목사의 목회철학은 브라질에서는 통한다. 그러나 만일 당신이 그의 철학과 신앙적 관습을 한국에서 실천할 경우, 당신은 정통에서 벗어난 사람으로 인식될 수 있으며, 한국의 보수 신학과 마찰을 빚을 것이다.

152

데이비드의 문화목회는 상황화의 한 단면일 뿐이지 그것이 상황화 (contexualization)의 결론은 아니다. 당신은 상황화의 이론과 방법을 배워야지 새침례교회에서 실행하는 문화목회가 교회성장의 해답이라고 여겨서는 안 된다.

넷째, 당신이 한국여자와 결혼하고 싶은 심정은 이해하지만, 여기서 만나는 한국인들과 한국에서 만나는 한국여자들은 사뭇 다르다. 한국여자와의 결혼은 굳이 한국에 가지 않더라도 브라질 내에서나 미국의 한인사회에서도 기대하고 또 추진할 수 있다. 브라질에 사는 한국여자들은 당신과 같은 문화를 공유하고 있지만, 한국의 여자들은 당신과는 맞지 않을 수도 있다.

다섯째, 당신은, 변호사 일과 교회 일이 많기 때문에 한국어를 배우거나 문화를 배우기 위해서 한국선교사들과의 교제할 시간을 만들기 어렵다고 답변했다. 그렇다면, 당신의 '한국 가기'는 매우 감상적인 것이 아니겠는가?

여섯째, 하나님께서는, 당신이 많은 일을 함으로써 당신의 마음이 깨어지고 육체가 병드는 것을 원치 않으신다. 쉼을 가지면서 자신을 가꾸고 다듬는 데도 힘을 써라. 일 욕심은 하나님을 위한 것이 아니다. 당신을 도구삼고 혹사시키는 하나님이 아니다. 하나님은 당신을 너무나 사랑하신다. 감상적이거나 저돌적으로 한국에 간다면 많은 어려운 일들을 만나게 될 것이다. 그러므로 좀 더 진지하게 생각하라. 돈이 문제가 아니라, 당신 안의 비전을 다시 한 번 잘 들여다보라. 신중하게 검토하고 결정해라.

그는 기도를 부탁했다. 그리고 눈물을 흘리면서 나를 포용하는 것을 허락해 달라고 했다. 작별인사를 나눈 후, 그는 날렵하고 멋진 자가용을 타고 떠났다. 그의 마음은 단순하고도 복잡한 것 같았다. 자신의 욕망을 좇아 데이비드 헤쳐 교회에 갔는데 이젠 한국에 가고 싶다는 이면에는 데이비드 목사를 능가해보고 싶다는 야망이 자리하고 있는 듯했다. 자신은 변호사이고 젊고 더 유능하지 않은가 말이다. 자신을 더욱 더 빛낼 수 있는 그 길은 브라질이나 미국에서가 아니라 한국에서 더 잘 실현될 수 있으리라고 생각하는 것 같았다. 그래서 한국여자와 결혼하는 것이 유익한 것이고.

왜 울타리를 넘어갈까?

나는 2006년 6월 28일 새침례교회를 방문했었다. 이 교회는 전통적이거나 혁신적인 침례교회가 아니라 독립교회였다. 1960년 데이비드 헤쳐 목사 (1954년생)의 아버지가 이 교회를 창립했다. 데이비드 목사는 아홉 살 때 선교사인 아버지를 따라 브라질에 왔고, 현재는 언어학 박사로 신학학위가 없이 목회를 하고 있다. 나는 그가 창시한 문화목회가 무엇인지 궁금하였다. 출타중인 데이비드 목사 대신 부목사인 레안드로(Leandro Lucio Caiado) 목사와 이야길 나누었다. 그는 서른다섯 살이었는데, 1998년부터 안수를 받지 않은 상태에서 목사로 사역해 왔다. 브라질에서는 평신도도 목회사역을 할 수 있다. 그는 최근 4년 동안 이 교회에서 담임목사의 지도로 신학을 했고, 목사안수를 받았다. 목사 안수증만 있으면 브라질 어느 곳에서도 사역을 할 수 있다. 그는 서류가 중요한 것이 아니라고 힘주어 말했다.

이 교회의 특징은 무형식주의와 문화목회라고 할 수 있다. 예배순서가 일정한 것이 아니라 수시로 바뀌는데 예배 직전에 순서를 정한다고 한다. 교적부도 없고 신상명부만 있다. 전도는 그물식 전도를 한다. 그리고 주일 날 세 번 예배를 드리는 데 약 1,400명이 참석한다. 목사의 복장은 자유롭다. 반바지 입고 성경공부를 인도하기도 한다. 그는 이어서 문화목회를 다음과 같이 설명했다.

두 주 전에 월드컵 예배를 드렸다. 초청장을 만들고 멤버들이 사람들을 교회로 데려온다. 그들은 녹색과 노란색 옷을 입고 국기도 구입한다. 그리고 클랙슨 등 응원기구도 준비한다. 쉬운 단어로 된 찬양을 부르고 세상음악도 사용한다. 월드컵 밤에는 강대상에서 목사가 공을 던지면 성도들이 헤딩을 한다. 이것을 위해 20명이 사전 준비와 연습을 거쳐 정확성, 안정성을 체크한다. 항상 예배에는 재미있는 레크리에이션이 포함된다.

브라질 현지인 목회자들은 한목소리로 말한다. 지금의 브라질 상황에서 서구적인 신학교는 부정적인 사람들을 만들어내기 때문에 목사는 교회에서 만들어내야 한다는 것이다. 신학교에서 배우는 것들은 목회 상황과는 동떨어진 경우가 적지 않다.

이 교회에서는 목회할 20명의 젊은이들을 훈련시키고 있었다. 설교하고, 조직하고, 사역을 리드하고, 실질적인 카운슬링을 할 수 있도록 훈련시킨다. 목사로 인정된 사람(안수 받지 않은 사람)이 지교회를 관리하고 있다. 훈련할 때는 경험 쪽에 비중을 더 많이 두고 가르친다.

그리고 성도들의 필요를 채워주는 것, 비전을 제시하는 것, 그리고 재미있게 장난을 치는 방법 등을 가르친다. 신학적인 것은 주로 주일 아침에만 가르친다.

작년 말에 마나우스를 방문했을 때, 새침례교회가 더 큰 부지로 이전했으며 젊은이들이 대거 이 교회로 몰려가고 있다는 이야기를 들었다. 브루노도, 한인선교사들의 자녀들도, 그 교회의 매력에 푹 빠진 듯했다. 무엇이 사람들을 그토록 열광하게 하는 것일까? 무형식, 놀이예배, 무신학. 한마디로 과감하게 기존의 틀을 깨뜨리고 사람들에게 '자유'를 선사하고 있기 때문일까? 이들이 주장하는 '신학교의 문제'에 대해서 일부는 나도 긍정할 수밖에 없었다.

브라질에는 자유주의 신학의 물결이 거세게 일고 있다. 브라질 신학대학의 교수들이 학위를 받기 위해서 집중교육을 받으러 가는 EST (Escola Superior de Teologia)라는 신학교가 뽀르뚜알레그리와 상레오뽈도(São Leopoldo)라는 도시에 있다. 그런데 이 신학교는 자유주의 신학의 온실이다. 교수 중에는 게이라고 밝힌 사람이 두 명이나 있다. 서구적 세계관에 입각한 학문화된 신학이 가진 문제점들은 이미 한국에서도 거론되고 있는 바다. 그러나 새침례교회의 지나친 상황화와 전통교회의 틀 부수기는 복음을 변질시킬 우려가 있다.

그들이 하게 하라!

그렇다면 상황화란 무엇인가? 브라질은 모든 나라를 향해 대문을 활짝 열어놓고 있다. 유럽과 아프리카뿐만 아니라, 미국과 동양, 중동의

156

인종, 문화, 종교를 유입하여 더욱 확장되고 복잡해진 다문화사회를 이루고 있다.[1] 오늘날 브라질의 종교혼합주의는 선교의 비상황화 (Non-Contexualization)와 과도한 상황화(Over Contexualization)에 따른 결과물이다. 그렇다면 적합하지 못한 극단적인 상황화들은 무엇이며, 이에 대한 해결책으로 폴 히버트(Paul G. Hiebert)가 제시한 비판적 상황화(Critical Contexualization)는 무엇인가?

먼저, 비상황화와 과도한 상황화(곧 극단적인 상황화들)의 결과는 어떠한가? 초기 브라질의 가톨릭은 회심과 신앙교육 없이 흑인노예들 이나 인디오를 강압적으로 개종시켰다. 그 결과 정복자의 종교였던 가톨릭은 흑인노예들이나 인디오들의 세계관을 성경적 세계관으로 변혁시키지 못하였을 뿐만 아니라, 브라질을 혼합주의의 장으로 만들 었다. 이와 같이 자문화중심주의(Ethnocentrism)에 입각한 강압적 개종, 그리고 문화인류학적인 이해를 배제한 비상황화는, 복음을 낯선 외국 의 것으로 인식하게 하거나 자신들의 이교적인 신념들을 십자가 뒤에 숨겨 놓게 만들었다. 다시 말하자면, 기독교적인 형태 안에 이교적인 옛 신념을 채워 넣는 식의 종교혼합주의를 빚어낸 것이다.[2]

현재 브라질의 문화는 겉으로는 가톨릭에 근거하고 있지만, 내면 적인 문화는 아프로-브라질종교의 산물이다. 현재 이 두 종교는 모두

---

1) 김영철, "브라질 문화의 흑인성 연구: 형성 과정과 측성을 중심으로," 130: 브라질 지리통계 연구소(IBGE)의 1976년 피부색깔에 의한 인종 조사에 따르면, 약 134개의 인종이 존재했다.

2) 폴 G. 히버트, 『선교와 문화인류학』, 김동화 외 3인 공역 (서울: 죠이선교회출판부, 2000), 261-262.

서로에 대해서 무비판적(uncritical)이며, 과도한 상황화를 실행하고 있다. 이에 브라질 사회는 이중종교체제 등, 복잡하고 위험한 종교혼합주의의 부산물들로 뒤덮여 있다. 더욱이 혼합주의 양상들은 복음주의 교회들을 위협하고 있다. 종교적 형태는 기독교이지만, 내용은 윤리와 도덕이 배제되었거나 여전히 변혁되지 않은 목표와 방향을 추구하는 교회들을 브라질에서는 쉽게 목격할 수 있다.

그렇다면 비판적 상황화는 어떻게 하는 것인가? 비상황화나 과도한 상황화 모두 선교를 저해하기 때문에 폴 히버트는 비판적 상황화라는 대책을 제공한다. 비판적 상황화의 핵심은 상황화의 주체가 선교사가 아닌 현지인이 되어야 한다는 것이다. 선교사는 현지인들이 진리의 분별 능력을 가질 수 있도록 도와야 한다. 현지인들이 다음 그림3)과 같이 스스로 자신들의 문화를 성경적으로 평가하여 비성경적인 것은 거부하고 건전한 것은 수용하여 새로운 기독교 문화를 창출해 가도록 도와야 한다. 이에 선교사는 단계적으로 문제가 있다고 생각하는 사안과 관련하여 성경공부를 하도록 지도하고, 현지인들이 능동적으로 성경을 연구하고 해석하는 일에 참여하도록 해야 한다. 그들이 성경적 가르침을 분명히 이해하고 받아들여야만 어둠의 문화들에 대해 대응할 수 있다.

예를 들어보자. 브라질인들의 전통적 신념에 의하면, 촛불은 영혼을 안내한다. 브라질은 전 세계에서 양초를 가장 많이 소비하는 나라다. 특히, 가톨릭과 아프로-브라질종교의 제의 등에서는 죽은 사람들의

---

3) Ibid., 265.

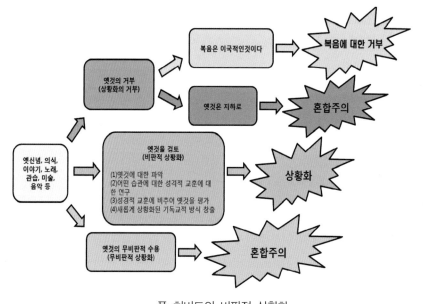

폴 히버트의 비판적 상황화

영혼들을 부르기 위해 수많은 촛불을 켜고 있다. 그러므로 이들은 선교사들이 크리스마스를 축하하기 위해 양초를 사용하는 것도 같은 맥락에서 이해할 수 있다는 것이다. 그러므로 브라질의 선교사들과 복음주의교회들은 촛불 사용에 대해 심사숙고해야 한다. 바람직한 것은 무조건 촛불 문화를 거부할 것이 아니라, 현지인들로 하여금 성경적으로 촛불의 의미를 재해석하도록 이끌어주는 것이다.

브라질의 복음주의교회들은 교회 안이나 밖에 십자가를 두지 않는다. 십자가를 우상으로 여기는 사람들이 있기 때문이다. 이에 대해서도 선교사는 십자가의 의미를 브라질인들 스스로 성경에서 찾도록 안내하고 십자가에 대해 바른 의미를 가질 수 있도록 이끌어주어야 한다.

브라질 기독교계는 성경신학의 문제점을 안고 있다. 폴 히버트는 비판적 상황화의 근거를 성경에 두어야 함을 강조하였다.[4] 데이비드 보쉬도 복음이 문화를 판단하는 규범이 되어야 함을 지적했다.[5] 찰스 크래프트는 성령의 인도하심과 모든 판단의 척도가 되는 성경의 권위를 존중해야 한다고 말했다.[6] 그러나 브라질 복음주의교회들은 성경의 역사적 · 문화적 배경에 대한 이해를 바탕으로 신구약복음을 통전적으로 연결하고 적용하는 것이 아니라, 자신들이 원하는 목적을 합리화하기 위해서 말씀의 일부분만을 적용하거나 확대해석하는 경향이 있다. 그 결과 부활복음은 크게 증거하지만, 예수님의 십자가의 죽으심과 고난, 심판은 외면하고 있으며, 새로운 기독교 문화의 창출보다는 대중에게 익숙한 이교적인 관습들을 흡수하여 재생하는 형태를 취하곤 한다.

이러한 브라질 교회들에 대해서 상황화된 교회라고 생각하는 선교사들이 있는가 하면, 이단시하고 외면하는 선교사들도 있다. 선교사들은 혼합주의적인 이런 교회들을 성경에 입각하여 비판할 수 있어야 하지만, 결코 정죄하고 외면해서는 안 된다. 예수 그리스도의 구속적 사랑으로 그들을 바라보아야 한다. 이것이야말로 브라질에서 바른

---

4) Paul G. Hiebert, *Anthropological Insight for Mission* (Grand Rapids: Baker Book House, 1985), 191-192.

5) David Bosch, *Transforming Mission: Paradigm Shifts in Theology of Mission* (New .York: Orbis Books, 1991), 430.

6) Charles H. Kraft, *Christianity in Culture: A Study in Dynamic Biblical Theologizing in Cross-cultural Perspective* (New York: Orbis Books, 2000), 300-305.

상황화가 이루어질 수 있는 출발점이다. 브라질 교회들은 선교사들이 젖을 먹이고 보호하며 양육해야 하는 "어린 교회"인 것이다.

브라질과 같이 다문화주의, 종교혼합주의, 종교다원주의로 혼잡한 상황에서는 복음의 비판적 상황화가 필수적이다. 비판적 상황화는 현지문화에 대한 성경적 통찰과 반성을 요구하며, 복음과 문화의 갈등에서 성령의 지혜를 간청한다. 그리고 변화하는 상황 속에서 끊임없는 연구와 개발의 자세를 촉구한다. 선교사들은 현지인들에 의한 새로운 기독교 문화의 창출이 이루어지도록 마음을 쏟아야 할 것이다.

이제 그만 건져내자

브라질의 상황에서는 탈상황화(decontexualization)도 필요하다. 빠울루 호메이루(Paulo Romeiro)는 브라질 선교에서는 모든 문화를 다 끌어안으려고 해서는 안 된다고 충고하면서, 순수한 복음만을 전해야 한다고 강조했다. 그에 따르면, 선교사가 복음의 상황화에서 자유롭지 못하면 브라질의 토양에서는 혼합주의로 흘러가기 쉽다.[7] 바로 이 점에서 탈상황화의 필요가 대두된다. 헤셀그레이브(Hesselgrave))는 탈상황화를 "복음을 전하는 과정에서 발생하는 변질된 요소들을 환원시켜서 복음의 순전성을 회복하는 일"이라고 했다.[8] 예수님의 성육신

---

7) 인터뷰, 2006. 8. 2(수), 상빠울루, 빠울루 호메이루(54세): 전 이단연구소 소장.

8) David J. Hesselgrave, Communicating Chris Cross-Culturally (Grand Rapids: Zondervan, 1981), 86: 최정만, 『월드뷰와 문화이론』(서울: 이레서원, 2006), 391에서 재인용: 최정만 박사는 Decontexualization을 역상황화라고 번역하고 있지만, 필자는 탈 상황화라고 번역하는 것이 더 적합하다고 생각한다.

사건은 세상 문화에 대해 하나님이 역사하신 최절정의 상황화 사역이다. 그러나 성육신하신 예수님은 세상의 관습적 종교문화에 대해서 엄중하게 꾸짖으셨고 주변문화의 성격이나 그 문화적 성격을 비판하셨다. 특히 율법과 인간의 규례를 혼합한 바리새파적 율법주의에 대해 탈상황화를 강조하셨다. 다시 말해, 왜곡된 율법의 참뜻을 밝히시면서 바리새인들의 종교적 허위성을 날카롭게 폭로하셨다(막 7:1-13).

복음이 타문화권에 전해지기 위해서는 복음의 의미가 상대편 문화의 표현형식에 담겨 전달된다. 그러나 진리를 회복하기 위해서는 이러한 문화적 포장을 걷어 내야할 때가 있다. 브라질에서 탈상황화의 구체적인 실천은 아프로-브라질종교의 실체를 밝힘으로써 시작되어야 한다. 그런데 존슨(Johnson)은 복음주의교회들이 아프로-브라질종교에 대해 얼마나 무지한가를 밝힌다.[9]

영매술을 이해하려는 복음주의자들은 카르덱시즘에 집중하고 있었다. 발행된 책들과 논문들은 거의 예외 없이 고등영매술(카르덱시즘)에 대해서 말하였으며, 하등영매술(아프로-브라질종교)에 대해서는 무지했고 아프리카 미신들로 가볍게 생각했으며 무시했다.

존슨이 지적한 대로, 대부분의 브라질 기독교 교회들이나 선교사들은 아프로-브라질종교의 도전을 적절하게 다루지 못하고 있다. 여전히 이 종교에 대한 정보와 지식이 부족할 뿐만 아니라 알고자 하는

---

9) A. Harmon Johnson, "Authority over the Spirits" (M.A. thesis, Fuller Theological Seminary, 1969), 91-92.

태도도 미온적이다. 이에 까히커(Carriker)는 복음주의교회들이 능동적으로 마귀의 산물인 영매술의 실체를 교회 교인들에게 알려야 한다고 호소한다.[10]

대부분의 브라질인들은 그들의 일상적인 삶 속에서 아프로-브라질종교에 대해서 듣고 있다. 그러나 그들은 이 종교의 실체를 잘 알지 못한다. 떼헤이루(집회소)의 참석자들은 이 종교의 신령들과 영적 관행들을 성경적인 것으로 간주하기도 한다. 그러므로 복음주의교회들은 오리샤를 비롯한 신령들의 정체를 밝혀야 한다. 이 종교의 신념과 관행들은 성경에서 금지하는 것이며, 사탄의 거짓과 속임수라는 것을 폭로해야 한다. 또한 하나님께서 받아들이는 유일한 희생제물은 인류의 모든 죄를 단번에 속량하신 예수 그리스도뿐이라는 것을 선포해야 한다. 이 종교에서 요구하는 희생제물들은 아무런 가치가 없는 것이며, 그저 모방하는 것뿐이라는 것을 알려야 한다.

브라질에서 영매들이 많이 증가하는 원인에 대해서, 자바띠에루(Zabatiero)는 아프로-브라질종교가 브라질 사람들 가운데서 잘 상황화되었기 때문이라고 말한다. 이 종교는 브라질의 문화적 형태에 자신들의 의미를 불어넣었다. 모든 떼헤이루는 일상적인 브라질 사람들의 춤과 물건들수탉, 약초, 붉은 콩, 그리고 아프리카에서 온 음악까지를 흡수했고, 그것들에 자신들의 신념을 덧입혔다. 그러므로 이 종교의 본질이 어떠하든 브라질인들은 친밀감을 느끼며 의존하려는 경향이

---

10) C. Timothy Carriker and Antonio Carlos Barro, "As Religiões Afro-Brasileiras," *Ultimato* vol. xxx, no. 245, March (São Paulo, 1997), 31, 34.

있다. 이에 브라질의 문화 형태와 영매술의 신념을 분별할 수 있도록 지도할 필요가 있다.

가장 시급하게 실행되어야 할 분리작업은 "데우스"(Deus)[11]에서 요루바의 최고신 "올로룸"(Ololum)과 "여호와"(또는 "야훼", 출 6:2-3)를 분리하는 작업이다. 브라질인들은 아프로-브라질종교의 최고신과 성경의 하나님을 총칭하여 "데우스"라고 부른다. 오늘날까지 나이지리아에서는 기독교인이든 아니든 최고의 신으로서 "올로룸"의 이름을 사용하고 있다. 그리고 이 종교는 올로룸을 여호와 하나님과 동일한 존재라고 소개해 왔다. 이러한 여호와 하나님에 대한 왜곡은 브라질인들의 구원관과 물질관, 가치관, 그리고 세계관을 진리로부터 이탈시켰다.[12] 그러므로 복음주의 선교사들은 여호와 하나님과 올로룸의 분리, 예수 그리스도와 오샬라(Oxalá)의 분리, 성령과 오리샤들의 분리, 환생과 중생을 분리해내야 한다.[13] 복음주의교회들은 호세아의 "우리가 여호와를 알자 힘써 여호와를 알자 그의 나타나심은 새벽 빛 같이 어김없나니 비와 같이, 땅을 적시는 늦은 비와 같이 우리에게 임하시리라"(호 6:3)라는 간절한 외침이 브라질 땅에 울려 퍼지고 있음을 귀 기울여 듣고 힘써 응답해야 한다.

브라질에서 비판적 상황화가 이루어지기 위해서는 문화가 복음을

---

11) 하나님은 포르투갈어로 Deus(God)로 번역한다. 또한 이들의 최고신과 신령들도 Deus, deus라고 표기한다. 문자상으로는 대문자와 소문자로 구분할 수 있겠지만, 발음은 똑같다. 그러므로 아프로-브라질종교는 하나님도 신들 가운데 하나라고 소개한다.

12) 이들의 최고신은 창조주이지만, 현재는 인간의 삶에서 멀리 떠나있는 존재이며 인간은 최고신과 소통할 수 없다. 인간의 삶은 오리샤들과 신령들에게 맡겨진 상태이다.

13) 오리샤들의 이름과 성격에 대한 것은 본 고 제4장 제2절 참조.

전달하는 효과적인 매체임을 인정하되, 복음은 문화를 판단하는 잣대의 역할을 해야 한다는 것을 반드시 주지해야 한다. 그리고 복음의 의미를 더욱 분명하게 전하여 건강한 토착교회들이 세워지도록 힘써야 한다. 또한 브라질에서는 탈상황화의 필요도 절실하다. 아프로-브라질 종교는 삼위일체 하나님과 성경을 자신들의 신령들과 교리와 혼합하여 브라질 사람들의 진리 인식을 훼방하고 있기 때문이다. 이에 복음주의 교회들은 복음에 대항하거나 왜곡하는 문화들을 비판하고 그 정체를 밝혀야 한다. 그리고 성경의 진리를 가르치고(Didache) 선포(Kerygma)하는 데 힘씀으로써 훼손된 복음의 의미를 회복해야 한다.

마나우스 장로교회의 담임 메스꿰따(Mesquita) 목사는 "브라질에는 복음주의
교회가 늘고 있지만, 신자들은 성경을 모른다. 그리고 크리스천들의 정신이
본질에서 이탈되고 있다"고 말한다. 사진은 아마존 흑강의 전경.

덩치 큰 어린 교회들

돈이 최고야!

마나우스의 흑강은 정말 까만 색깔이다. 저녁에 운동도 하고 바람도 쐴 겸해서 흑강을 찾았다. 낮에는 태양의 빛과 열기를 감당해 낼 수 없어서 백사장을 도망치듯 빠져 나왔었는데, 밤이 되니 선선한 바람이 불었다. 어디선가 쏟아져 나온 사람들이 먹고 마시고 춤추고 노래하며, 또 다른 빛과 열기로 흑강을 달구고 있었다. 주차할 공간이 없어서 우리 차도 몇 번이나 주변을 빙빙 돌아야만 했다. 한쪽 모래사장 에는 높다란 무대가 설치되어 있었고, 그 위에서 젊은이들이 춤을 추며 복음성가를 부르고 있었다. 볼륨을 얼마나 높여 놓았는지 스피커 가 터질 듯했다. 계단에 앉은 관객들도 몸을 흔들면서 열렬하게 호응하 고 있었다. 우리 일행은 한참 동안 그 광경을 지켜보다가, 모래사장으로 들어가서 맨발을 벗고 산책을 즐겼다.

흑강 주변에는 고급 아파트와 호화판 호텔들이 있는데, 방값이

남아공의 마징가니 마을은 지도에도 없는 아주 가난한 흑인 마을이다. 이들은 하루 두 끼 옥수수죽을 먹고 산다. 그 마을을 지나는 대로는 '썬시티'를 향해 뻗어 있다.

4,500불이나 하는 곳도 있다. 한국에서 방문하는 목사님들 중에는 이곳에 여장을 푸는 분도 있다고 한다. 남아공을 방문했을 때 썬시티 (Sun City)에 가본 적이 있다. 유럽에서 공수해온 호화판 자재들로 건축한 호텔이 유명하다. 그런데 거기에도 한국 목사님들의 흔적이 있었다. 썬시티로 가는 길에는 하루에 두 끼 옥수수죽을 먹고 사는 흑인 마을이 있는데, 거기에 한국 선교사가 세운 교회가 있다. 우리 선교회(KODIAS)는 몇 년간 그 교회의 한 청년을 목회자로 키우기 위해 신학교 학비를 후원했었다. 마지막 학비로는 500달러를 보냈었다. 선교지에 가서 꼭 그렇게 비싼 방에 투숙을 해야만 하는 이유가 무엇일까?

마나우스 알리안싸 복음교회(Igreja Aliança Evangélica)의 프란시스코(Francisco Aribaus, 62세) 목사에 의하면, 브라질 사람들은 목사를 존중한다. 그런데 목사들 중에도 돈 때문에 부패한 사람들이 적지 않다. 그는 목사들이 사례비를 많이 받아야 한다고 생각한단다. 생활비 걱정을 하면 메시지 준비를 제대로 할 수가 없기 때문이라고 한다. 브라질에서는 목사가 싸구려차를 타고 다니면 저주받아서 그렇다고 비판한단다. 그러므로 자신은 비싼 차를 타고 다닌다고 밝힌다. 교회가 성장하고 부유해지면 목사도 부유해지는데, 그것은 정당한 대가라고 생각한단다.

브라질 사람들의 최고 가치는 돈이다. 이런 가치관이 복음주의교회에도 깊숙이 자리 잡아, "돈을 많이 갖는 것은 하나님의 축복"이라는 공식을 세우고 있다. 게다가 돈을 많이 갖기 위한 방법이 선하든 악하든 지에 대해선 개의치 않는 듯하다. 이들에게는 과정보다는 결과가 중요하다. 그래서 갖고 싶은 것은 수단과 방법을 가리지 않고 가지려고 한다. 이제 이러한 가치관은 브라질에서만 성행하는 것이 아닌 듯싶다. "돈이 최고야!"란 외침은 세계 곳곳에서 들려오고 있다.

익지 않은 열매

포르투갈이 브라질에 세운 가톨릭의 장벽은 복음주의교회의 브라질 상륙을 막아왔다. 19세기에 이르러서야 영국의 압력을 받은 브라질은 복음주의교회에 작은 문을 열어주었다. 그러나 가톨릭교회는 브라질에 발을 내디딘 복음주의교회를 반대하였고, 핍박하였으며, 성경반입도

오르 목사는 한 사람이 중요하다고 강조했다. 많은 사람을 가르치려 하지 말고 한 사람을 제대로 훈련하고 가르치라고 당부했다.

철저하게 통제하였다. 정치가들도 브라질 인구의 대다수를 차지하는 가톨릭 유권자들을 확보하기 위해 간접적으로 복음주의교회를 탄압하였다. 이에 19세기 독일에서 대거 이주한 루터교 신자들은 자신들의 신앙을 지키는 것 외에는 별다른 선교적 활동을 펼치지 못하였다.[1] 이런 상황은 1990년 말까지 계속되었다.[2]

선교목적으로 브라질에 온 최초의 복음주의교회의 선교사는 스코틀랜드의 로버트 카키(Robert Kakkey)[3]였다. 미국으로부터는 1835년 감리교, 1859년 장로교,[4] 1881년 침례교의 선교사들이 도착하였다.

---

1) 1822-1830년까지 5,000여 명이 독일인들이 이주해 왔고, 그 중 절반 가량이 루터교인이 었다. 1845년 이민이 재개 되면서 19세기에 약 3만 명의 독일인이 이주해 왔다. 그들은 주로 브라질 남쪽 지방에 정착하였다. 에밀리오 A. 누네스 · 윌리엄 D. 테일러, 『라틴아메리카의 위기와 희망』, 226-243 참조.

2) 인터뷰, 2006. 7. 14(화), 마나우스, 프레드릭 오르(Fredrick Orr, 84세) 목사. 그는 북아일랜드의 작은 선교단체로부터 파송을 받고 1914년 브라질에 왔다. 아마존 강에서 그의 부인은 식중독으로 소천하였다. 그 당시 가톨릭교회는 기독교 선교사들의 입국을 방해하였을 뿐만 아니라 쫓아내었다. 그가 상륙하려 하자, 가톨릭 신부들이 앞을 가로막았다. 그러나 그들은 부인의 시신매장을 막을 수 없었다. 이를 계기로 오르 선교사는 브라질에 정착할 수 있었다.

3) 1855년 이 부부는 히우에 조합교회(Congregation Church)를 설립했다.

4) 미국 장로교회는 상빠울루에 맥켄지(Mackenzie Univ.) 대학을 세웠다.

그런데 브라질에서 사역했던 대부분의 미국선교사들은[5] 새로운 신앙뿐만 아니라, 매우 다른 정치적·사회적 관념과 새로운 문화를 전했다. 이들의 영향을 받은 교인들은 미국적 행동양식을 따랐고, 브라질의 음악과 춤, 그리고 카니발과 같은 문화를 배척하였다. 데이비드 마틴(David Martin)은 브라질의 초기 기독교 교인들에 대하여, "술, 남녀의 난교, 춤 등을 싫어하는 반면에 일에 대해서는 애착을 갖고 사회적 기동성을 지닌 특이한 사람들"이라고 평가하였다.[6] 이러한 복음주의 교회들은 브라질의 중류층 사람들은 끌어들였지만, 사회저변의 대중들과는 분리되어 있는 상태였으므로 브라질의 문화에는 영향을 미치지 못했다.

현재 브라질 기독교의 폭발적인 성장은 오순절교파에 의한 것이다. 오순절교파는 세 시기에 걸쳐 유입, 발전하였다. 첫 번째 시기에 유입된 것은 전통적인 오순절교파였다. 두 번째 시기인 1950-1960년대는 재오순절(Deutero-Pentecostal) 교파, 그리고 세 번째 시기에는 신오순절(Neo-Pentecostal) 교파가 등장하였다. 전통적인 오순절교파에는 1910년 상빠울루에 세워진 "브라질 크리스천 회중 교회"(Igreja Congragação do Crista no Brasil)[7]와 1911년 벨렝(Belem)에 세워진 "하나

---

5) P. Johnstone, 『세계기도 정보』 (서울: 죠이선교회, 2002), 370. 현재 브라질에서 사역하고 있는 선교사는 41개국 205개 단체에서 파송된 3,100명이다. 그중 미국 선교사가 2,060명이다.

6) Joseph A. Page, *The Brazilians*, 373-374.

7) 창설자 프란시스콘(Luis Francescon)은 자기 교회만이 진정한 교회이고 다른 교회는 구원이 없음을 강조했다. 그리고 그는 매스미디어를 이용한 선교나 공공장소의 집회를 지양했고 목사, 노회, 총회 같은 조직을 세우지 않았다. 이 교파에는 강한 장로교적 특징과 칼빈주의적 경향이 두드러지게 나타났다.

님의 성회 교회"(Igreja Assembléia de Deus)가 해당된다. "하나님의 성회"
는 오늘날 브라질에서 가장 큰 교단으로 성장했다.[8] 이들은 성령의
은사와 신유, 축사를 중시하며, 성령세례의 증거로 방언을 강조한다.
성경을 충실히 해석하려고 노력하고, 신자들에게 엄격한 도덕률을
강조한다.[9] 1930년 10명의 기독교인 중 한 명, 1964년에는 8명 중
7명이 오순절교파의 신자였다.[10] 이 교파가 수십 년 동안 브라질
가장자리에서 급속한 성장을 거듭할 수 있었던 주요한 요인은, 새로운
문화 이식을 강요하지 않는 태도, 민족음악의 사용과 감성적이고 자유
분방한 예배 스타일, 그리고 대다수의 저소득층 교인들의 일상사와
그들의 관심사를 토대로 설교하면서 기적과 생활의 변화를 강조했기
때문이었다.[11]

재오순절파에는 1951년 세워진 "사중복음 교회"(Igreja do
Evangelho Quadangular), 1955년의 "브라질을 그리스도에게로 오순절
교회"(Igreja Pentecostal O Brasil para Cristo), 그리고 1961년의 "하나님의
사랑 오순절교회"(Igreja Pentecostal Deus é Amor)가 해당된다. "사중복음
교회"는 미국에서 들어온 것이지만, 다른 두 교회는 브라질사람들에

---

8) 이남섭, "라틴아메리카 오순절 교회운동의 사회학적 연구를 위한 서론: 칠레와 브라질의
   경우를 중심으로," 「신학과 사회」, 제11집 (1997), 254: 1910년 스위스 선교사에
   의해 설립, 도시에서 소외된 사람들에게 사회적 필요를 제공했다. 목회자들은 한
   번도 정규 신학교육을 받아본 적이 없는 안수받은 평신도들이었다.
9) Joseph A, Page, *The Brazilians*, 374-375.
10) 에밀리오 A. 누네스 · 윌리엄 D. 테일러, 『라틴아메리카의 위기와 희망』, 80: 라틴아메리
    카의 복음주의교회의 교인의 약 75%는 어떤 종류의 오순절 또는 은사주의적 교회에
    소속되어 있다.
11) Joseph A, Page, *The Brazilians*, 375.

172

의해 세워진 토착교회이다. "사중복음 교회"는 신학교를 설립하여 지도자들에게 신학과 성경을 가르쳤다. 그리고 1960년대에 가장 번성하였던 교단인 "브라질을 그리스도에게로 오순절교회"의 창립자인 마노엘 멜루 Manoel Mello는 브라질의 잘못된 문화, 정치를 비판하다가 27번이나 감옥에 갇혔고, 마꿈바를 신랄하게 비판하다가 그들에게 기습을 당하기도 하였다.[12] 또한 "하나님의 사랑 오순절교회"의 창립자인 다비드 미란다(David Miranda)는 치유설교가로 인정을 받았다. 이들은 브라질 사회에 역동적인 교회로 자리매김했다.[13] 재오순절파 교회의 특징은 전통교회보다 자율적이며 규율에 얽매이지 않는 것, 교세 확장을 위해 매스미디어를 이용하는 것, 적극적인 모금사업을 벌이고 일부 교회는 엄청난 규모의 기금을 확보하였다는 것, 그리고 질병의 원인을 사탄이라고 규정하고 축귀에 의한 치유를 강조하는 것 등이다. 이들은 의료혜택을 받지 못하는 사람들에게 치유의 희망을 주었으며, 저축생활을 권장, 교회의 조직망을 통한 고용정보를 제공, 알코올 억제, 그리고 여가활동으로 춤추는 것을 자제하도록 가르침으로써 사회변혁에 앞장섰다.[14]

신오순절파로는 1977년 마쎄두(Edir Macedo)[15]에 의해 창립된

---

12) 메요는 언제나 기타 연주자들을 동반하였으며, 새벽 라디오 프로그램에 출연하였다. 2000년에 60만 명의 교인과 2,000여 명의 목회자가 소속해 있으며, 아르헨티나, 볼리비아, 포르투갈, 스페인, 덴마크 일본에까지 교단을 확장하였다.

13) 1990년 초 이 교단은 브라질 전역에 5,000개가 넘는 교회, 약 16,000명의 목회자가 소속되어 있었으며, 파라과이, 우루과이 및 아르헨티나에도 약 160개의 교회가 있었다.

14) Ibid., 378-379.

15) 마쎄두는 1945년 히우의 다스 플로레스(Rio das Flores)에서 태어났다. 그의 야망은 보다 높은 위치에 오르는 것이었고, 오순절교회의 목사가 되기 전에 움반다에도 많은

"하나님 나라의 보편교회"(Igreja Universal do Reino de Deus, 이후로는 IURD로 표기함)와 마쎄두의 동서가 세운 "하나님의 은혜 국제교회"(Igreja Internacional da Graca de Deus)가 있다. 마쎄두의 IURD는 지금 세계에서 가장 빠른 속도로 성장하고 있다. 현재 IURD는 브라질에서 두 번째로 큰 텔레비전 방송사를 소유하고 있으며, 수많은 라디오 방송국과 신문사, 은행, 신용회사, 레코드 회사 등을 운영하고 있으며, 현재 상빠울루 시 브라스에 솔로몬성전을 짓고 있다.16) 이 교회는 "물질축복운동"(Campanha de Prosperidade)을 전개하면서 헌금을 굉장히 강요하는 것으로 알려졌다.

그런데 IURD는 많은 이단적인 요소들로 인해 비판받고 있다. 즉, 병을 고치는 "안수한 물"(Agua Ungida, 마꿈바에서도 사용함),17) 악령의 저주를 정화하는 "굵은 소금"(Sal Grosso, 아프로-브라질종교에서도 사용함), 매년 한 번씩 수백 명의 목사들이 이스라엘의 시내산에 올라가 소원을 비는 "거룩한 모닥불"(Fogueira santa) 행사, 죄와 소원 등을 적은 종이를 병 속에 넣고 기도하는 "예언적 행위"(Atos profeticos), 헌금을 내면 문제해결 열쇠를 주는 "열쇠 캠페인"(Campanha de Chave), 그리고 골리앗을 쓰러뜨린 "이스라엘의 조약돌"(Pedrinha de Israel) 판매 등은18)

관심을 가졌었다.

16) 마쎄두는 1991년 10월 히우, 상빠울루, 살바도르 등지에서 교황 바오로 2세가 브라질리아 시에서 모은 군중 10만을 훨씬 능가하는 40만 청중을 동원했다. 또한 1989년에는 4500만 불짜리, 브라질에서 5번째 규모의 TV방송국을 구입하였다.

17) 박승호, "가우샤 선교를 위한 방안"(신학석사학위 논문, 장로교신학대학원 2004), 56. 매일 저녁 냉수 한 그릇을 TV 방송을 통해 감독의 기도를 받고 마시면 건강하게 오래 산다고 믿는다.

18) 인터뷰, 2008 7. 15(화), 마나우스, 프란시스코 목사: 김완기 선교사가 프란시스코

결코 성경적인 내용들이 아니다. 또한 이들은 신자들에게 흡연과 춤, 음주를 포기하도록 요구하지 않으며, 아프로-브라질종교의 오리샤스는 악마이고 성령이 오리샤보다 더 강하다고 설교하면서도, 깐돔블레와 움반다에서 실행하는 엑소시즘 사용을 옹호하고 있다. 게다가 아프로-브라질종교와 가톨릭, 그리고 민속에서 사용하는 관습과 형상물들이 이들의 예배의식과 상징체계를 구성하고 있다.[19] 이상과 같은 문제점들로 IURD은 다른 복음주의교회들로부터 비판을 받고 있지만, 신비적이고 초자연적인 것을 흠모하는 브라질의 대중들에게는 열렬하게 환영받고 있다.[20]

아프로-브라질종교에 대한 브라질 복음주의교회의 입장은 두 부류로 명확하게 구분된다. 가장 활발하게 전투적인 전도를 펼치는 교회는 단연 오순절교파의 교회들이다. 2004년과 2006년에 실시한 인터뷰 결과, 아프로-브라질종교에서 복음주의교회로 이동한 사람의 대부분은 오순절교회의 전도를 받았으며 현재도 오순절교회에 출석하고 있었다. 그러나 대부분의 보수적인 복음주의교회들은 이 종교에 대해 무관심으로 대응하고 있다. 다음은 침례교회의 부목사인 레안드로의 주장이다.[21]

목사를 인터뷰하여 메일로 보낸 내용임.

19) 김영철, "브라질 오순절 운동의 토착화: 성장과정을 중심으로," 「이베로 아메리카」 제15권 (2004), 59: 이 종파는 움반다를 수용하고 있을 뿐만 아니라, 일본의 신, 구 종교와 1966년 미국에서 새롭게 탄생한 하레 크리슈나(Hare Krishna), 동양종교의 내용도 일부 수용하고 있다.

20) 2005년 무려 646%의 성장률을 기록하며 교인이 200만 명이 넘는다.

21) 인터뷰, 2006. 6. 27(토), 마나우스, 레안드로(Leandro Lucio Caiado, 35세) 목사.

귀신은 실제로 존재한다. 예수님이 재림하시기까지 사탄은 존재한다. 그러나 자꾸 귀신 귀신하면 그런 사건이 더 많이 일어난다. 이 교회에서는 그런 일이 한 번도 일어나지 않았다. 축귀를 하면, 그 사람에게서 나온 귀신은 다른 사람에게 들어가고, 또 나오고 들어가고 한다. 귀신을 무서워하면 안 된다.

현재 히우그란지두술 주는 브라질 전역에서 아프로-브라질종교의 제단이 가장 많다. 이 주의 수도인 뽀르뚜알레그리에서 사역하고 있는 의사이며 목사인 빠울루 에리유는[22] 그 이유를 이렇게 밝힌다. "이곳은 브라질의 전역에서 가장 먼저 복음주의교회가 정착한 곳이지만, 이곳 교회들은 보수적이고 차갑다. 더군다나 영적전투를 할 만한 교회가 없다."

그런데, 오순절 교파들이 아프로-브라질종교에 대하여 적극적인 전도활동을 펼치고 있다고 할지라도, 개종한 신자들에 대한 양육은 거의 전무하다. 그 예로, 깐돔블레의 빠이데산뚜(Pai de Snatu, 거룩한 아버지, 남자 무당)였다가 회심하여 현재 오순절파의 목사가 된 모세는 한 번도 성경을 공부하거나 훈련을 받은 적이 없었다. 2006년 그는 자신의 깐돔블레 집회소였던 곳에 교회 간판을 걸고 예배를 드리고 있었는데, 마치 깐돔블레의 제의를 보는 듯했다.[23] 이 교회에는 5~6명

22) 인터뷰, 2006. 7. 20(월), 빠울루 에리유(Paulo Eril, 53) 목사: 그는 심장전문의이며 목회자이다. 전에는 개혁루터파에서 사역했으나 현재는 독립적인 교회에서 사역하고 있다.

23) 방문, 2006. 7. 9(목), "선교의 오순절 교회"(Igreja Pentecostal e Missionario): 100명 가량의 성도들이 거의 매일 모여서 집회를 한다. 모세 목사는 자신의 간증 cd를 발매하고 있다. 예배 중에 성령에 의해 점령된 성도들은 정신없이 빙빙 돌며

모세 목사가 지도하는 한 교회의 예배에서 성도들이 빙글빙글 돌기 시작했다. 이런 장면을 깐돔블레 제의에서도 볼 수 있다. 과연, 성령의 역사일까?

의 리더들이 있는데, 모두 전에 아프로-브라질종교에 관련되었던 사람들이다. 이들 중 마꿈바의 신봉자였고 동성연애자였던 실바 알메이다(Claudia Maria da Silva Almeida, 28세)는 자유케 하는 사역을 통해서 회심했으나 아무도 그에게 성경을 가르쳐 준 사람이 없었다. 그리고 실바(Willimes Luiz Lemos da Silva, 40세)는 움반다의 신봉자였고 현재 오순절교회에 다니지만 아직 세례도 받지 않았다. 그는 자신이 회심한 이유를 "하나님께서 떠난 애인을 다시 돌아오게 해주신다고 약속했기

춤을 추었고, 리더들은 열광적인 춤과 동작을 보이며 고래고래 소리를 질러댔다. 그러나 교인들은 감격도 기쁨도 없었다.

때문이다"라고 밝혔다.24) 이와 같이 브라질인들은 개인적인 욕망에 따라 아프로-브라질종교를 찾기도 하고, 복음주의교회에 앉아서 예수의 이름을 부르기도 한다.

현재 브라질의 복음주의자들이 활발하게 움직이고 있는 것은 사실이지만, 다수의 교회가 교리적 오류, 불충분한 성경적 가르침, 지나친 감정주의로 흐르고 있다.25) 마나우스 장로교회의 담임목사 메스꿰따에 따르면, 브라질 기독교 교인의 수는 현재 약 3천만 명이지만, 교회를 떠난 신도는 약 4천 만 명에 이른다. 이에 메스꿰따는 복음주의교회들의 문제점을 다음과 같이 지적했다.26)

브라질 사회변동의 주요원인은 복음주의교회이다. 그러나 브라질 크리스천은 대중종교로 흘러가고 있다. 다른 면에서는 수박 겉핥기식이고 피상적으로 되어가고 있다. 내 생각으로는 지금 현재 복음주의교회가 늘고 있지만, 신자들은 성경을 모른다. 그리고 크리스천들의 정신이 본질에서 이탈되고 있다. 교회들은 대중들의 삶의 문제해결을 강조하고 있다. 고심하는 것은 브라질 교회가 어떻게 될 것인가 하는 것이다. 세속화되고 있다. 미디어에 출연하는 것에 집중한다. 반면, 윤리교육은 하지 않는다. 그래서 그런 교회들의 장래가 걱정된다. 불행하게도 브라질 사회가 5년 전에는 43%, 그리고

---

24) 인터뷰, 2006. 7. 11(토), 마나우스, 모세(Mosse) 목사 외 3명.

25) 에밀리오 A. 누네스, 『라틴 아메리카의 위기와 희망』, 238.

26) 인터뷰, 2006. 7. 6(월), 마나우스, 메스꿰따 목사. 그는 현재 마나우스 장로교회의 담임 목사이며, 이 교회는 약 350개의 셀그룹이 있으며, 도시에 약 28개, 외곽에 53개의 지교회를 갖고 있다. 주요 사역은 신학교사역과 강변선교다. 그는 현재 교회세우기, 의료선교, 농업, 양봉, 공예기술 가르치기, 그리고 예방교육을 활발하게 실시하고 있다.

매스뀌따 목사가 담임하고 있는 마나우스 장로교회는 건강하게 성장하는 교회다. 메스뀌 따 목사는 외국선교사들의 리더십 이양과 협력사역에 대해서 아쉬움을 표현했다.

현재는 60%가 복음주의교회를 거부한다. 이는 금전적 스트레스 때문이다. 큰 교회 목사들은 왕처럼 살고 정치에 참여하고 사회의 부정부패에 대해서 는 무책임하다. 아울러 신자들은 자질이 부족하다. 제자훈련이 부족하기 때문이다.

브라질 복음주의교회들은 예수의 부활, 축복, 치유, 축귀는 크게 전하면서 예수의 고난과 죽음, 심판, 회개, 재림에 대한 메시지는 전하지 않는다. 회심했다고 하지만 목적에 따라 이리저리 이동하며, 당장 해답을 원하는 "당장주의자"[27]들을 양육할 준비가 되어 있지

---

27) 빠울루 에리유 목사도 "전통적인 교회들은 기도, 성경공부, 회개를 권하지만, 주술사들은

않다. 그러므로 물질축복, 치유, 삶의 문제 해결을 위해 복음주의교회를 찾았던 많은 사람들은 더 능력있는 교회[28]를 찾아 옮겨 다니든지, 명목적인 교인으로 남든지, 아니면 실망하여 교회를 떠나기 일쑤이다. 다음은 브라질 오순절 교회에 다니는 한 성도의 이야기이다.[29]

내가 다니는 교회는 전통적인 오순절교회이다. 사도와 예언자, 그리고 선지자가 있다. 현재 교인은 2,000여 명이다. 교회에 갈 때는 옷을 잘

입어야 하는데, 여자는 바지를 입지 못하고 머리카락도 자르면 안 된다. 나는 최근에 계시를 받았다. 하나님께서 많은 축복을 해주시겠다고 하셨다. 축복은 물질적인 것이다. 어떤 사람은 계시 받은 지 12년이 되어도 축복이 오지 않아서 다른 교회로 옮기려고 이적증명서를 신청했는데, 목사님이 다시 "2년 후에 축복"을 예언하셔서 교회를 옮기지 않았다.

브라질 대부분의 오순절교회들은 성숙함과 거룩함이 결여된 채 대중의 인기를 좇거나 지나친 경쟁심을 갖고 질주하는 미숙한 교회들이다. 그러므로 이들이 비록 전투적인 자세로 아프로-브라질종교에 대응

금방 귀신하고 문제를 타협한다. 그러므로 교회 교인들도 신속한 문제해결을 위해서는 주술사들을 찾아간다"라고 밝혔다.

28) 2006. 6. 16(금) 상빠울루 목회자 세미나에 참석한 목회자들과, 2006. 6. 27(화) 마나우스의 복음대학교 신학부 학생들과의 인터뷰 결과 이들이 가장 원하는 것은 문제해결을 할 수 있는 능력을 받는 것이었다.

29) 인터뷰, 2006. 6. 23(수), 마나우스, 시우바 고미스(Mite da Silva Gomes, 36세): 그녀의 남편은 하나님께서 다이아몬드 광산을 주시겠다고 말씀하셨다고 했다. 현재 그녀는 가정부로 일하고 있고, 남편은 일종의 포장마차를 하고 있다. 이들은 장로교회에서 오순절교회로 이적했다.

하고 있다고 할지라도 결국은 세속화되거나 혼합주의에 빠지기 쉽다.[30] 또한 전통적인 복음주의 교파들은 영혼구원에 대한 비전이 부족하며, 아프로-브라질종교에 대해서는 무관심이나 소극적인 대응으로 일관하고 있다.

산으로 가는 배

2006년 6월 23일 금요일. 이 나라는 가히 춤의 나라라 할 만하다. 금요일 밤엔 댄스장이 일제히 문을 연다. 사람들은 일주일간 모은 돈으로 드레스를 사 입고, 액세서리를 달고, 이 춤판에 뛰어든다. 나는 그때 한 선교센터(New Tribe Mission Center)에 묵고 있었는데, 바로 앞에도 댄스장이 있었다. 김선교사님 부부와 나는 소란스러운 댄스장을 지나쳐 한참을 달려서 미츠 다 시우바 고메스(Mite da Silva Gomes: 1962년생)라는 여성도의 집에 도착했다. 2년 전 그대로였다. 시멘트로 지은 직사각형 구도의 단층집, 닫으나 마나한 문을 열고 들어가자마자 보이는 허름한 살라(sala, 거실), 낡을 대로 낡은 소파…. 그녀와 가족들은 우릴 반갑게 맞아주었다.

그녀는 피부색이 아주 까만 흑인이었다. 그러나 한참을 들여다보니 인디오의 피가 섞인 것도 같았다. 아이들은 백인이었고, 나이 많은

---

30) 현재 브라질 및 남미에 영적전투에 대한 이론과 실행을 주도하고 있는 이찌오까의 비서는 마귀가 제일 무서워하는 것은 감람유이고, 예수님의 죽으심은 과거이고 부활은 현재라면서 "십자가의 정신"을 회피했다. 이찌오까가 운영하는 아가페 센터는 마치 영매술과 경쟁하듯이 영적 그림들을 전시하고 있었고, 십자가 대신 독수리, 사자 등의 그림을 걸어놓고 있었다.

남편은 스페인 사람이었다. 그녀의 직업은 가정부였다. 남편은 노점에서 샌드위치 같은 것을 파는데, 하루 수입이 50R$ (약 23,450원) 정도라고 했다. 남편은 의자를 끌어와 앉더니 쉼 없이 경험담, 무용담, 체험담을 꺼내놓았다.

그들은 김목사님 교회의 교인이었으나, 몇 년 전 다른 교회로 이적했다고 한다. 아마도 다시 순복음교회에 둥지를 튼 것 같았다. 그들은 8년 전에 아주 보수적인 순복음교회에서 침례를 받았다고 한다. 여자는 머리카락을 잘라서도 안 되고, 바지를 입어서도 안 되며, 푹 파진 옷을 입어서도 안 된다. 여성 목사는 인정하지 않지만, 여성 선교사는 인정한다. 선교사는 바지를 입고, 재킷을 입어야 한다. 목사의 아내를 빠스또르(Pastor, 목사)라 부르는 교회도 있지만, 이 교단에서는 안 된다.

그들은 초자연적인 현상을 많이 체험했다고 말했다. 특히 최근에는 하나님으로부터 직통계시를 받았는데, 다이아몬드 광산을 주시겠다고 했으며, 그래서 인내하며 기다린다고 했다. 다이아몬드 광산이 주어지면 신학교를 짓고, 많은 선교사들을 배출하여 아프리카와 중국으로 파송하겠단다. 남편은 현재 교회에서 어떤 봉사도 하지 않는다. 그러나 그녀는 십일조 생활을 철저히 하고 있음을 강조했다. 또 선교사들을 돕는 일에 최선을 다한다고 말했다. 십일조 생활은 어떻게 하냐고 묻자, 주일날 집에서 음식을 해가지고 교회에 가서 판돈을 헌금한다고 말했다.

그녀는 자신에게 특별한 은사가 있는데, 그것은 잘못된 목사를 야단쳐서 바르게 인도하는 것이라고 했다. 실제로 그런 사건이 발생했는데, 자신이 단호하게 목사와 사모를 훈계한 후 그 교회를 떠났다고 했다. 나는 그녀의 이야기 속에서 교회의 목사와 자신의 아들 간에 어떤 갈등이 있었음을 간파할 수 있었다. 그 가족은 가난함에도 늘 춤 파티를 즐기는 것 같았다. 파티와 초자연적인 체험들만이 그들의 자존감을 높여주는 방편들이었다. 예언을 들이대면, 주인도, 목사도 머리를 조아리고 들었다고 했다. 하나님께서 틀림없이 다이아몬드 광산을 주실 것이라는 것을 자신들은 조금도 의심없이 믿고 있다고 강조했다. 그러나 그들을 만난 지 여러 해가 지난 2013년에도 마나우스에서 다이아몬드 광산이 발견되었다는 이야기를 들을 수 없었다.

브라질의 개신교 교인 수는 2000년도에 2천 6백만 명으로 총인구의 15.4%였다. 그리고 2010년도의 개신교 교인 수는 3천 2백만 명으로 총인구의 16%였다(현재 브라질의 인구는 약 2억 명이다). 반면 가톨릭 교인 수는 2000년도에 총인구의 73.6%, 2010년도에 총인구의 64.6%였다. 이런 추세라면, 약 30년 후에는 개신교 교인 수가 가톨릭을 능가하게 될 전망이라고 한다. 현재 브라질 대부분의 개신교 교회들은 나름대로 잘 성장하고 있는 것으로 보인다. 선교사도 3만 4천 명 가량을 파송하고 있다. 하지만 많은 교회들이 신학적 정립이 안 돼 있는 상태에서 숫자적인 성장을 하고 있다고 평가된다. 이에 브라질에서의 무엇보다 시급한 사역은 바른 복음 선포와 건전한 신학 정립이다.

히우의 해변은, 넓게 자리한 고운 모래밭, 바다 속에서 우뚝 솟아 나 있는
언덕들, 아름다운 해안선, 에메랄드빛의 바다와 힘차게 달려와서 하얗게
부서지는 파도들, 작열하는 태양과 어둠을 붉게 물들이는 짙은 노을, 그리고
해변 가까이에 세워진 고층 건물들이 어우러져 보기 드문 장관을 이루고
있다. 사진은 빵데아수까르(Pão de Acucar)에서 본 히우데자네이루(Rio
de Janeiro)의 전경.

'1월의 강'에서 본 빛과 어두움

빛을 향해 가다

이번 브라질 여행의 마지막 스케줄은 2박 3일 동안 히우데자네이루에서 관광과 종교현상들을 살펴보는 것이었다. 상빠울루에서 히우까지는 비행기로 30분 정도, 새벽 버스로는 다섯 시간 정도가 소요된다. 나와 칠레에서 온 하선교사님 가족은 박선교사님의 차로 이동하기로 결정했다. 아침 8시에 출발하려고 했으나 사정이 생겨서 11시에야 히우로 향할 수 있었다. 여행의 고수들로부터 우등고속버스로 새벽시간 동안 이동, 아침에 히우에 도착하는 것이 좋다는 이야길 들었지만, 중간에 들러서 볼 곳도 있고, 또한 히우에서의 편의를 생각하여 박선교사님이 운전대를 잡으셨다.

늦은 출발이라 '브라질의 스위스'라 불리는 깜뽀스두조르덩(Campos do Jordão)은 들르지 못했다. 브라질에 올 때마다 추천받는 관광지 중의 하나였던 이 도시는 상빠울루에서 약 190km 떨어져 있다. 그러니까 서울에서 대전 가는 것보다 좀 더 먼 거리라고 생각하면 될 것이다. 해발 1,700m에 위치한 곳인데 공기가 맑고 일조량이 풍부하여 요양환자들과 겨울의 차가운 바람과 눈을 체험하고픈 사람들이 몰려든다고 한다.

박선교사님의 배려로, 상빠울루를 벗어나 약 168km 지점에 있는 아빠레시다(Aparecida) 성모사원에 들렀다. 이곳은 가톨릭 신자들에게는 성지인데 관광지로도 꽤 유명한 곳이다. 이곳의 역사는 다음과 같다. 300여 년 전 빠라이바(Paraíba) 근처 강에서 어부들이 던진 그물에 검은 성모상(terra-cotta)이 걸렸고, 그 성모상을 모셔놓고 기도하자 놀라운 기적들을 체험하게 되었다. 고기가 많이 잡히고 아픈 사람이 낫는 등의 이적이 일어났다. 이로 인해 과라찡게따(Guaratinguetá) 시에 소속되어 있던 작은 마을은 아빠레씨다라는 이름을 갖게 되었으며, 1734년 히우의 주교로부터 허락을 받아 모호도스꼬께이로스(Morro dos Coqueiros) 사원이 건축되었다.

이 사원은 1745년 6월 26일 일반인이 방문할 수 있도록 개장되었으며, 이곳을 방문하는 신도들의 수가 늘어나자 더 큰 예배당 바실리까 메노르(Basílica Menor)가 세워졌다. 이곳은, 고풍스러운 로마의 '성 베드로 성전'보다 규모는 작지만, 초현대식 조형물이라는 점에서 눈여겨볼 만하다. 여유 있게 둘러볼 순 없었지만, 이 성전에 사용된 색깔들이 눈을 사로잡았다. 브라질 사람들의 성모 마리아 숭배사상과 신비주의적 기질을 확인할 수 있는 곳이기도 했다. 나는 너무나 고운 파란빛의 스테인드글라스를 카메라에 담았다.

히우로 가는 내내 하늘은 청명했다. 차창으로 지나가는 광경들이 눈과 마음을 지루할 틈이 없게 해주었다. 목축지대와 광산지대가 연이어 펼쳐졌고, 하얀 뭉게구름의 쇼가 시선을 뗄 수 없게 했다. 그러나 히우에 근접해서는 심각한 교통체증에 시달렸다. 거의 아홉 시간을 달렸던 같았다. 아침부터 컨디션 난조로 여행이 불가하지 않을까 걱정했었는데, 아무 탈없이 도착한 것만으로도 감사한 마음이 들었다. 그래도 긴장이 풀리니 온 몸에서 힘이 몽땅 빠져나가는 듯 했다.

히우에서의 시간이 그리 넉넉지 않았으므로, 짐을 푼 우리 일행은 밤길을 타고 이빠네마(Ipanema) 해변 북쪽에 있는 호드리고데푸레이타스(Rodrigo de Freitas) 호수로 갔다. 기네스북에 의해서 "세계에서 가장 큰, 떠 있는 크리스마스 트리"로 공인된 바 있는, 휘황찬란한 트리가 저 멀리에서 작은 모습으로 눈에 들어왔다. 이 트리는 11월 30일에 요란한 점등식을 가졌지만, 여전히 호수 주변에는 수많은 인파가 운집해 있었다.

우리 일행은 작은 보트를 타고 높이 약 85m에 300만 개 이상의 전구가 달린 거대한 트리 가까이로 다가갔다. 더위에 시원한 바람이 힘차게 불어와 지친 살갗의 땀을 훔치고 갔다. 찌푸려졌던 마음도 상쾌해지는 것 같았다. 트리는 변신에 변신을 거듭하면서 쉴 새 없이 자신의 아름다움과 매력을 발산하고 있었다. 스틸사진으론 그 광경을 담기도, 설명하기도 어려울 것 같아서 동영상을 찍었다.

히우의 늦은 밤은 찌는 듯이 더웠다. 낡고 음침한 숙소엔 에어컨도 선풍기도 없었다. 작고 부서질 듯한 창문을 열고 밖을 내다보았다.

히우의 치안을 염려하는 마음도 있었지만, 바람의 결을 느끼고 싶어서 였는데, 눅눅한 습기만이 방안으로 들어오는 것 같았다. 긴 여행에 마음도 몸도 피곤하고 지쳤다. 내일을 위해서 잠을 자야 하는데 잠이 올 것 같지 않았다.

가난의 그림자

나폴리, 시드니와 더불어 세계 3대 미항으로 손꼽히는 히우는 브라질에서 가장 인기 있는 관광지이다. 해변에 넓게 자리한 고운 모래밭, 바다 속에서 우뚝 솟아 나 있는 언덕들, 아름다운 해안선, 에메랄드빛의 바다와 힘차게 달려와서 하얗게 부서지는 파도들, 작열하는 태양과 어둠을 붉게 물들이는 짙은 노을, 그리고 해변 가까이에 세워진 고층 건물들이 어우러져 보기 드문 장관을 이루고 있다. 또한 거주지에는 아담하고 예쁜 유럽식 건물들과 고층빌딩들이 공존하고 있어서 관광객들은 도시가 제공하는 편의와 함께 이국적인 풍취를 즐길 수 있다.

그런데 히우의 낭만과 아름다움에 먹칠을 하는 것이 있다. 바로 범죄다. 이곳은 살인 사건 발생률이 높은데, 그 배후엔 마약상들이 있다. 전 세계는 매스미디어를 통해서 전쟁을 방불케 하는 브라질 경찰과 마약상들 간의 전투를 보아왔다. 그런데 이런 범죄는 '불균형과 차별'이 심하기 때문에 발생한다고 볼 수 있다. 히우 주민의 20%가 파벨라(favela: 빈민촌)라 불리는 도시빈민공동체에서 살고 있는데 반해, "브라질의 재산 중 80%를 소유한 사람들은 단 하나의 방에 다 모을

히우는 극치의 아름다움과 극악한 범죄가 공존하는 곳이다. 무엇으로 히우의 상처를
치유할 수 있을까? 그것은 복음의 빛뿐일 것이다.

수 있다"라는 말이 있을 정도로 소수의 백인들이 브라질의 부를 장악하
고 있다. 이러한 소유의 불균형과 인종차별은 마약과 강도 등의 범죄를
낳을 뿐만 아니라 종교적으로도 사단숭배 종교인 아프로-브라질종교
의 성장을 부추겨 왔다.

식민 브라질의 사회구조는 소유, 교육, 의료, 기회의 불균형, 인종
과 계층의 차별을 초래했고, 이는 오늘날까지 이어지고 있다. 모든
불균형은 소유의 불균형에서 비롯되었다고 할 수 있는데, 소유의 불균
형은 초기 브라질의 토지제도와 식민경제에서 시작되었다. 브라질은
아래의 <표 1>[1]과 같이 빈부의 격차가 매우 극심한 나라이다.[2]

---

1) Roger Bastide, *The African Religions of Brasil*, 286.

<표 1> 1940년도의 토지소유 현황

구분	소유자 비율	면적율
대규모 재산별		
거대 토지 (2,471 Acres이상)	1.46%	48.31%
대토지소유자들 (500-2,500 Acres)	6.34%	24.79%
중소규모 재산별		
중규모(125-500 Acres)	17.21%	15.90%
소규모(12-125 Acres)	53.07%	10.45%
극소규모(10 Acres이하)	21.76%	0.55%

초기 아프로-브라질종교는 대도시 주변의 빈민촌에서 극빈한 삶을 살았던 흑인들 사이에서 성행했다. 그러나 1981년부터 시작된 브라질의 경제위기는 흑인들뿐만 아니라 많은 주민들을 거리로 내몰았다. 1990년 통계에 의하면, 총인구 1억 4,800만 명 가운데 6천만 명이 무주택자였다. 이들은 삶에 대한 대책이 전혀 없는 상태에서, 육교와 다리 밑에 두꺼운 종이와 부서진 널빤지 등으로 집을 짓고 살거나 아예 아무것도 없이 시멘트 바닥에서 밤잠을 청해야만 했다.[3] 또한 같은 해 10월 조사에 의하면, 히우에는 떠돌이 극빈자가 약

---

2) C. F. D'arauj Filho, "A Evagelização do Brasil," *Uma Vma Tarefa Incabada* (revised ed: São Paulo: ABU, 1985), 17: 김완기, "브라질 선교를 위한 영매술에 관한 고찰," 64. 약 20%의 상류층 사람들은 자가용 비행기를 가지고 호화로운 주택에 살고 있다. 그리고 브라질의 경제는 7%의 소수가 움직이고 있다.

3) Veja (São Paulo: Abril, 1990. 12. 19), 33.

4만 9천 명이나 있었고, 상빠울루에는 10만 명, 헤시피에는 12만 명이나 있었다. 그뿐만 아니라, 동북 지방에서는 아기가 태어나 두 살이 되기도 전에 80% 정도가 영양실조와 병에 걸려 죽었다.[4] 이러한 극심한 가난은 1984년에 하루 평균 120대의 자동차 도난사건이 일어나는 등 각종 강도사건과 살인사건을 일으키는 원인이 되었다.[5]

현재도 브라질의 빈부차이는 극복되지 않고 있고,[6] 가난한 사람들의 낮은 자아존중감은 폭력과 마약중독으로 이어지고 있다.[7] 브라질 사회는 날로 늘어가는 마약거래와 폭력, 살인 등으로 신음하고 있다.[8] 이런 상황 속에서 대다수의 브라질인들은 희망을 찾아 헤매고 있는데, 아프로-브라질종교는 그들에게 위로와 문제해결을 약속하면서 접근하고 있다. 빠울루 호메이루는 다음과 같이 이 종교의 성장요인을 밝혔다.[9]

---

4) Veja (São Paulo: Abril, 1993. 4. 21), 28: 1985년 상빠울루에는 버려진 어린이 수가 2천만이나 되었다.

5) 김완기, "브라질 선교를 위한 영매술에 관한 고찰," 65; 윤택동, "브라질의 불평등 현상에 대한 제도경제학적 분석,"『오늘날의 라틴아메리카: 혼돈과 발전』(중남미연구소 국제학술세미나, 2003), 27: 브라질 내 심각한 불평등이 사회적 갈등을 잉태하게 만들고, 오랫동안 억눌렸던 이 갈등이 마침내 폭발하면서 사회적 불안으로 나타나고 있다.

6) 윤택동, "브라질의 불평등현상에 대한 제도경제학적 분석," 31: 1970년 브라질의 총가구수의 44%가 절대빈곤층에 속해 있다. 2002년 브라질의 최저임금은 R$ 200(약 6만 원)이었다. 특히 상빠울루와 하우에 빈곤층이 모여 사는 대규모 빈곤지역이 존재하며 여기가 온갖 범죄의 온상 역할을 하고 있다.

7) 인터뷰, 2006. 6. 23(화), 마나우스, 아델손 페르난도(Adelson Fernando): 그는 현재 마나우 스 복음대학(Faculdade Bom Nova)에서 사회학을 가르치고 있다.

8) 2006년 6-8월 실행한 리서치에서 브라질 사람들은, "가장 무서운 것은"이라는 질문에 "강도"라고 대답했다.

9) 인터뷰, 2006. 8. 1(토), 상빠울루, 빠울루 호메이루(54세): 현재 맥켄지(Mackenzie)

브라질 사람들이 초월적인 것을 좋아하는 이유는 사회적 · 경제적 어려움 때문이다. 더욱이 부정부패 등으로 정치적 기대감을 잃어버린 사람들은 건강대책 등 자신을 보호할 수 있는 방편이 필요했다. 나아가 자아정체성의 혼란과 무너진 자아존중감을 회복하는 길은 초월적인 존재를 경험하는 것뿐이다.

흑인 마우루 바띠스따(Mauro Batista) 신부는 한 인터뷰에서 흑인들의 상황을 "가지지 않음(경제적 빈곤), 할 수 없음(사회에서나 교회에서 활동적인 사람으로 참여 불가), 알지 못함(열악한 교육조건으로 인한 무지), 인격이 아님(인간으로서의 품위를 인정받지 못함)"이라고 표현했다.10) 브라질은 1946년 헌법을 수정하여 모든 유색인종에게 동등한 권리를 부여했고, 1951년 반反차별법을 통과시켰다. 그러나 많은 흑인들이 여전히 인종차별을 경험하고 있다. 경찰관에게 범법자 취급을 당하거나 폭행당하는 일은 다반사다. 브라질에 인종차별이 없다고 주장하는 것은 흑인 자신들이 브라질 사회의 밑바닥 계층이라는 사실을 스스로 받아들이기 때문이다.11)

20세기에 들어와서도 흑인들과 물라뚜들은 상위계층의 1%, 중간계층 3%, 하위 계층 27%를 차지하고 있었다. 유색인종 가운데 특히 밝은 물라뚜들이 상위그룹으로 이동했다고 하지만, 실제로는 의사나 변호사 중 0.5%, 무역상인 중 0.2%, 화이트칼라 근로자 중 1%, 공무원 중 3% 정도에 불과했다. 반면, 항만 노동자 중 99.7%, 가정부 중

대학 교수인 그는 종교연구가이면서 브라질 이단 연구소의 소장으로 일했었다.
10) 장세현, "브라질흑인의 종교운동에 관한 소고," 82-83.
11) Joseph A. Page, *The Brazilians*, 60-61.

99.9%는 흑인이었다.[12] 그런데 그나마도 상빠울루와 히우와 같은 주요 도시들에서는 가정부 자리도 얻기 힘들었다. 20세기 중엽까지도 신문에는 "유색인은 응모할 필요 없음"이라는 단서가 붙은 광고가 게재되었는데, 이는 귀족적인 가정들이 백인이나 일본남자 가정부들을 선호했기 때문이었다.[13]

백인노동자들과의 경쟁과 백인들의 압력은 노동 관련법들이나 산업화로 기회가 많아졌음에도 불구하고 흑인들을 매우 어렵게 만들었다. 높은 금리, 높은 땅 값, 높은 임대비는 흑인들을 도시의 변두리에 있는 빈민굴로 내몰았다.[14] 변두리의 삶은 가족해체와 무책임한 동거[15]라는 양상을 초래하였는데, 이는 대도시의 수많은 유혹들이 가정을 버리고 떠나도록 작용했기 때문이다. 흑인들의 빈곤한 삶은 그들의 신분상승에 큰 장애가 되어 왔다.[16] 흑인들의 암울한 삶은 정신병에 관한 통계에서도 드러났다. 정신이상자들 중에는 백인들이 많았지만, 흑인들은 빈도 높은 알코올 중독과 매독, 비정상적인 성적 충동 증상들을 보였다. 게다가 흑인들의 소비에 대한 분석결과는 이들이 현실도피주의자임을 증거하고 있다.[17] 백인들은 소득의 대부분을 음식과 주택에 할당했지만 흑인들은 옷과 기타 잡비로 소비하고 있었다. 이는

---

12) Vicente Lima, *Xangô* (Recife: Jornal do Commercio, 1937), 21
13) Roger Bastide, *The African Religions of Brasil*, 304.
14) Ibid., 305.
15) 바이아와 같은 전통적인 도시들이나 혹은 내륙에서의 일부다처제는 하나의 평범한 관습이었다.
16) René Ribeiro, "On the Ameziado Relationship," *American Sociological Review* 1. no.1(1945), 14-49.
17) Roger Bastide, *The African Religions of Brasil*, 306.

부유한 백인들이 입는 옷을 입음으로써 그들과 동등해질 수 있다고 생각했기 때문이었다. 흑인들의 기타 잡비란 담배, 술, 대규모 흑인 무도회, 그리고 카니발에 필요한 자잘한 소모품들을 구매하는 데 드는 비용이었다. 현재도 대부분의 브라질 대중들은 일 년 동안 저축해온 모든 것을 유흥을 위해 소비하고 있다.

브라질의 인종차별에 대하여 아델손 페르난도는 이렇게 말했다. "백인들이 지배를 계속해오고 있다. 차별이 있다. 흑인 40%가 임금을 덜 받고 있다."[18] 브라질에서는 법적으로 엄격하게 인종차별적인 발언을 하지 못하도록 조치하고 있다. 2005년부터는 흑인에 대한 혜택도 마련하고 있어서, 스스로 자신을 흑인이라고 밝히는 이들에게 국가적인 혜택들을 제공하고 있다. 인종구분도 피부색에 의한 것이 아니라, <표 2>[19]와 같이 경제적인 수준에 의해서 구분하고 있다. 그러나 여전히 경제적으로 최하위권의 대다수는 흑인들이다.

<표 2> 경제 수준에 따른 인종구분

흑 인	백 인
극빈층의 백인	부유한 백인
극빈층의 혼혈인	중산층의 백인
가난한 혼혈인	가난한 백인
극빈층의 흑인	부유한 혼혈인
가난한 흑인	중산층의 혼혈인
충산층의 흑인	부유한 흑인

18) 인터뷰, 2006. 6. 23(화), 마나우스, 아델손 페르난도 사회학 교수.
19) Carl N. Degler, *Neither Black Nor White: Slavery and Race Relations in Brazil*

브라질 내의 심각한 불평등은 사회적 갈등을 잉태케 했고, 오랫동안 억눌렸던 갈등이 폭발하면서 사회적 불안으로 나타나고 있다. 과연 브라질, 히우는 이 불균형과 차별이란 담을 넘을 수 있을까?

모래성과 파도

히우는 1763-1960년에는 브라질, 1808-1821년에는 포르투갈 왕국의 수도였다. 현재 이 도시에는 약 800만 명이 살고 있는데 인종비율은 백인 51.2%, 혼혈인 36.5%, 흑인 11.5%이다. 까리오까(Carioca)라고 불리는 히우 시민들은 태평스럽고 낙천적인 기질을 갖고 있어 주말이면 해변을 찾아 휴식을 취하거나 즐거운 시간을 보내는데, 이들이 가장 즐기는 것은 말라카낭 스타디움에서 거행되는 축구경기다. 또 이들은 사순절 4일 전에 열리는 카니발에 자신들의 인생을 던진다.

히우는 1502년 1월 1일 포르투갈의 항해자에 의해 발견되었다. 발견 당시 부근의 만을 강어귀로 잘못 알고, '히우데자네이루'(1월의 강)라고 명명하였다. 18세기에 히우 북쪽에 있는 미나스제라이스(Minasgerais)에서 금과 다이아몬드가 발견되자 급속히 발전하였다. 히우는 1822년 브라질 왕국이 성립되자 왕국의 수도가 된 이후 1960년 브라질리아로 수도가 옮겨지기 전까지 브라질의 수도였다.

히우의 해변은 눈부시게 아름답다. 해변휴양지로 알려진 꼬빠까바나(Copacabana) 해변과 죠빙(Antonio Carlos Jobim)의 노래, '이빠네마

---

and United States (New York: The MacMillan Company, 1971), 105.

의 소녀'(Garôta de Ipanema)로 더욱 유명해진 이빠네마 해변은 히우 사람들이 너무나 사랑하는 곳들이다. 또한 항구 입구에 서 있는 빵데아수까르(Pao de Acucar)라고 불리는 높이 약 400m의 종 모양 기암에 올라가서 바라보는 야경은 숨이 막힐 정도로 아름답다. 시가지 바로 뒤에는 높이 약 700m의 꼬르꼬바도 암봉(Mountain of Corcovado)이 있고, 그 꼭대기에 자리한 그리스도상은 히우의 상징이다. 기후는 가장 더운 2월의 평균기온이 26.1℃, 가장 시원한 7월의 평균 기온이 20.6℃로, 연평균기온이 23.1℃이며 습도는 높다.

히우 주변은 공업 중심지로 발전, 직물 · 기구 · 약품 · 유리 · 의복 · 가정용품 등의 각종 공장이 있으며, 철도 · 도로가 국내의 주요 주(州)와 도시로 연결되어 있다. 히우는 오래된 도시인 동시에, 남아메리카에서 가장 근대적인 도시이기도 하다. 중심부는 고색이 짙은 지구이며, 근대적인 거리는 도심부 바깥쪽의 해안을 따라 길게 이어지고, 또 구릉지의 산허리에 넓게 펼쳐져 있다. 시가에는 히우브랑꼬(Rio Branco) 대로와 쁘레지덴찌바라가스(Presidente varagas) 대로의 간선도로가 있는데, 모자이크 무늬로 포장된 아름다운 도로이며, 시내의 주요 도로는 모두 이 두 도로와 교차한다. 히우는 상빠울루와 더불어 브라질의 2대 문화도시로, 히우데자네이루 대학교 · 예술대학 · 국립박물관 · 국립도서관 외에 많은 화랑과 극장 등이 있고, 도심부에서 8km 남쪽에는 히우의 명소로 꼽히는, 1808년에 조성한 광대하고 아름다운 식물원이 있다.

2002년 깐느영화제의 오프닝작인 <신의 도시>는 히우의 파벨라(빈민가)의 모습을 고스란히 담고 있다. 히우 전역에 632개의 파벨라가

"미녀와 야수"가 생각나는 작품이다. 사진은 히우 해변의 또 다른 모래성.

있는데, '신의 도시'란 그 중 가장 규모가 큰 파벨라의 이름이다. 지역 청소년의 50%가 불법마약유통에 관계하고 자신들의 마을을 지킨다는 명목 하에 경찰을 향해 자동소총을 겨누는 사람들……. 이 영화는 세계 최고의 휴양지 히우의 어두운 그림자를 적나라하게 드러냈다.

2014년 월드컵의 결승전을 치러야 하고 2016년에는 올림픽 개최를 해야 하는 히우를 바라보는 세계인의 시각은 꺼지지 않는 "불안"을 이야기하고 있다. 그러나 최근의 히우는 변화를 이야기 하고 있다. 아직도 몇몇 파벨라들에서는 빈곤과 범죄가 만연하고 있지만, 정부의 노력과 함께 사회단체들의 협력이 더해지면서 희망이 엿보이고 있다. 특이한 것은 5년 전 '파벨라 투어'라는 이름의 여행사가 시작한 당일여행 코스가 관광객들에게 큰 인기를 끌고 있다는 것이다. 이는 12인승 버스를 타고 파벨라 입구까지 올라가 약 두 시간 정도 마을의 골목길을 걸으며 갖가지 풍경들을 보는 것이다.

히우는 극치의 아름다움과 극악한 범죄가 공존하는 도시다. 희망을 노래하는 사람들과 쾌락을 추구하는 사람들, 그리고 차별받는 사람들의 몸부림이 격렬하게 어우러져 히우로 가는 발걸음을 주춤하게 만들고 있다. 히우를 다시금 밝힐 빛은 브라질 복음주의교회들이 가져야 할 "복음의 빛"일 것이다.

예수 그리스도의 은혜와 사랑 그리고 능력은 "말이나 글이나 형상으로 표현되는 거대함"으로는 설명할 길이 없다. 형용할 수 없는 거룩한 예수 그리스도는 어제나 오늘이나 영원토록 우리와 함께 하신다.

거룩함을 대치하려는 거대함의 도전

수줍은 구원자

히우에 도착한 다음날 아침, 우리 일행은 서둘러 숙소를 나와 꼬르꼬바도(Corcovado) 언덕으로 향했다. 30분쯤 달려 도심으로 들어서니, 어디에서나 코르코바도 언덕 위의 "예수상"(본래 이름은 Cristo Redentor, '구원자 그리스도')이라 불리는 거대한 상이 보였다. 그리스도상은 구름 뒤에 숨었다가 살며시 모습을 드러냈다가를 반복하며 낯선 이들에게 자신의 존재를 알리고 있었다. 마치 감정이 있어서 수줍어하는 듯한 그 광경이 사람들에게는 더욱 신비스럽게 여겨지는 것 같았다.

인터넷을 검색하면, 이 그리스도상에 대한 사람들의 경외심을 알 수 있다. 이 상은 높이가 30m이고 좌우로 벌린 두 팔의 너비도 28m, 무게는 1,145t에 이른다. 모습 전체를 사진에 담으려면 거의 누운 자세로 하늘을 향해 사진을 찍어야 한다. 상의 내부에는 15명을 수용할 수 있는 전망대가 있는데, 히우의 시내 경관은 물론 꼬빠까바나와 이빠네마 해안의 아름다운 전경도 감상할 수 있다.

　나도 드디어 꼬르꼬바도 언덕을 올라 그 그리스도상 앞에 섰다. 바람이 시원하다 못해 싸늘했다. 관광객들은 그리스도상이 구름들을 제치고 환하게 모습을 드러낼 때마다 탄성을 지르면서 카메라 셔터를 눌러댔다. 나는 그 상을 찬찬히 둘러보았다. 예술적으로 뛰어난 작품이란 생각은 들지 않았다. 히우의 전경들과 절묘하게 어우러져 있기에 이 상이 돋보이는 것이고 가치가 있는 것 같았다. 이렇게 가파른 곳에 저렇게 큰 상을 어떻게 만들었을까? 특히 남미에서는 성모 마리아보다 인기 없는 예수님, 그런데 브라질 히우에서는 어떤 의미로 예수님을 닮은 이 상을 만들었을까? 궁금해졌다.

　히우가 사랑하고 자랑하는 이 상은 브라질 독립 100주년인 1922년부터 기획하여 1931년 10월 12일 완성되었다. 방문자들이 연간 200만 명 이상이라고 하니 그 인기가 대단하다고 할 수 있다. 그런데 지난 1월 16일 밤 몰아닥친 폭풍우와 벼락 때문에 오른쪽 엄지손가락 부분과 머리 부분이 손상을 입었다고 한다. 이 상을 관리해 온 히우의 가톨릭은 1931년 그리스도상을 제작할 때 사용했던 돌의 여분을 이제까지 보관해 왔다고 한다. 브라질 국립우주연구소(INPE)에 의하면, 이 상에는 1년에 평균 6차례 정도 벼락이 떨어진다고 하는데, 지난 2010년에도 얼굴과 손 부분에 부식이 심해져 400만 달러를 들여 수리 작업을 한 바 있다.

　사람들은 그리스도상이 내려다보는 지역은 잘 살고, 등지고 있는 곳은 가난하다고 설명한다. 과연 그럴까? 그리스도상이 서 있는 꼬르꼬바도 언덕은 이 상이 존재하기 훨씬 전부터 히우 사람들의 사랑을 받던 곳이다. 브라질에 섭정왕으로 남겨졌다가 1822년 브라질의 독립을 선언했고 1824년 3월 25일 제국헌법(Constituição Império)을 제정하여 공표했던 포르투갈 왕자, 동뻬드로 1세(Dom Pedro I)는 푸른 나무들이 장관을 이루는 이 아름다운 언덕을 무척이나 사랑했다. 그래서 언덕 정상까지 오를 수 있도록 철길을 만들어 기차를 운행했다. 지금은 현대화된 트램(tram)이 언덕길을 오르내리며 관광객을 실어 나르고 있다. 꼬르꼬바도는 '곱사등'이라는 뜻인데, 이는 이 언덕이 비스듬하게 올라가다 우뚝 솟은 부분이 있고 그 앞쪽으로는 절벽이 있기 때문에 붙어진 이름이다. 이 언덕의 정상에 서면, 히우 시가지와 히우의 아름다운 해변, 그리고 섬들과 요트들이 한 폭의 수채화처럼 펼쳐진다. 히우 사람들뿐만 아니라 한 번 본 사람들은 누구라도 좋아할 수밖에 없을 것이다. 이런 전경들을 배경으로 세워진 거대 그리스도상은 2007년에 중국의 만리장성, 페루의 마추픽추, 멕시코의 치첸이트사 피라미드, 로마의 콜로세움, 인도의 타지마할, 요르단의 고대도시 페트라와 함께 세계의 신(新)7대 불가사의로 등재되었다.

이 상은 히오의 기원이 되는 과나바라 만 입구를 바라보며 남북으로 양팔을 벌리고 있다. 왼팔이 가리키는 방향은 히우의 센트로, 오른팔이 가리키는 방향은 남쪽 꼬빠까바나와 이빠네마 해변이다. 그리스도상이 바라보는 곳이 발달한 것이 아니라, 환경이 아름답고 좋은 쪽을 바라보도록 이 상을 세운 것이다. 거대함을 신비함으로, 신비함을 곧 신앙으로 연결하는 것이 인간의 생각과 습성인가 보다.

허약한 거인

포르투갈인을 통해 브라질에 전파된 가톨릭은, 공식적인 가톨릭이 아니었다. 그런 까닭에 브라질의 가톨릭은 교리와 성례전, 그리고 신앙과 실천의 정통성을 강조하지 않았다.[1] 브라질에 전해진 가톨릭은, 이미 포르투갈에서 민간종교와 혼합되었고 대중들이 직접적인 체험을 통해서 종교적 활동을 확대하거나 유지시키는 민간 가톨릭이었다.[2]

포르투갈적 가톨릭은 예수 그리스도와 예수 그리스도 속에 나타난 하나님과는 전혀 다른, 다양한 신비적 능력들에 의존하고 있었다.[3] 민간 가톨릭은 죽은 사람의 영혼과 교통할 수 있다는 것과 깃털 달린 영혼들이 인간의 삶에 일반적으로 관계한다고 믿었다. 또한 사업을 방해 받지 않기 위해서는 주술도 사용하였다.[4] 포르투갈 사제들이 가져온 이러한 가톨릭의 교리와 신앙은 브라질에서 쉽게 비틀려지고 왜곡되었다. 브라질에 이식된 포르투갈적 민간 가톨릭은 인디오의 신념들—초자연적인 존재의 개입, 재난을 가져오는 흉안, 늑대인간 등과 마법 등을 받아들였다. 그리고 점차적으로 흑인노예들이 가져온 아프리카 종교로 채색되어 본래의 가톨릭 신앙이 갖고 있는 빛은 바래어졌다. 게다가 나중에는 인도나 중국으로부터 수입된 동양의 형식까지도 받아들였다.[5]

---

1) Mok A. Man Soo, "The Practies of Macumba," 37.
2) 김영철, "브라질 문화의 흑인성에 대한 연구," 169.
3) Paul E. Pieroson, *A Younger Church in Search of Maturity* (Texas: Trinity Univ. Press, 1974), 2-3.
4) Thomas Bruneau, *The Church in Brazil: The Politics of Religions* (Texas: Univ. of Texas Press, 1982), 24.

아빠레시다 성모사원에는 오늘날도 수많은 순례자들이 몰려들고 있다. 브라질은 세계에서
가장 가톨릭 신도가 많은 나라일 뿐만 아니라, 다른 나라에서는 발도 제대로 붙이지
못하는 이단들까지도 성장하고 있는 나라다.

포르투갈적 가톨릭은 형식적이고 피상적이었다. 교회를 국가와
분리하여 자율적으로 발전시켜 나가지 못했을 뿐만 아니라,[6] 속세의
지배자들이 행하던 독단에도 저항하지 못하는 허약한 교회로 자리매김
하였다. 사람들은 이런 가톨릭교회에서 영적 필요들을 채울 수 없었다.
이에 브라질 대중 안에서는 변질된 종교적 믿음과 다양한 의식에
몰두하는 경향들이 나타났다. 게다가 포르투갈은 브라질의 광대한
지역 곳곳에 사제를 파송할 수가 없었기에 하나의 교구가 광범위한

---

5) 노형남, "남미의 신흥종교를 통해 본 사회변동: 아르헨티나와 브라질의 비교 분석,"
『중남미 연구』, 제20권 (2001. 12), 94.
6) 교회와 정치가 강하게 밀착되었던 중세기 전통을 이어받은 가톨릭은 이베리아 반도에서
국가와 구조적 용해를 이룬 상태로 식민 브라질에 이식되었다.

지역을 담당했다.[7] 이에 사제들은 몇 주 또는 몇 달에 한 번 정도만 교구를 순회했고, 어떤 교구는 수년 동안 한 명의 사제도 볼 수가 없었다. 이런 상황에서 사제들은, 유아세례를 주고 미사의식을 행하는 것 외에는 신도들에게 체계적으로 교리를 가르칠 시간과 기회를 갖지 못했다. 그러니 흑인노예는 물론하고 백인들까지도 종교적인 돌봄을 받을 수가 없었던 것이다.[8] 특히 브라질 오지(奧地)에서 험한 환경과 끊임없이 투쟁하며 살아야 했던 주민들은 제도적인 교회와 접촉하기가

7) 현기홍, "브라질 사회의 사회변화 참여에 관한 고찰" (석사학위 논문: 한국외국어대학교 대학원, 1980), 22-23.

8) Roger Bastide, *The African Religions of Brazil*, 127: 뻬르남부꾸(Pernambuco)에서 는 한 사람의 사제가 마을에서 다른 마을이나 저택으로 이동하려면 말을 타고 60-90마일 이상을 가야 했으므로 일 년에 한 번도 방문하기가 어려웠다.

매우 어려웠다. 더욱이 오지인의 영적 필요를 충족시켜야 하는 성직자들은 생활의 가혹함과 정기적으로 찾아오는 가뭄을 신의 분노로 돌렸고 죄악에 대한 징벌이라고 선포하였다. 그러므로 영적인 위로가 필요했던 사람들 사이에서는 다양한 이단적 종교의식이 성행하게 되었던 것이다.9)

그 당시에는 광대한 지역에 흩어져 있는 사제들을 통제할 제도 또한 없었다. 소수의 예수회10) 사제들만이 영적인 선교에 헌신하고 있었을 뿐이었다. 대부분의 사제들은 영적으로 무기력했고, 무식했으며, 부도덕하기까지 했다. 이러한 사제들이 넓디넓은 지역에 흩어져 있는 식민자들과 노예들을 섬긴다는 것은 거의 불가능한 일이었다.11) 농촌의 사제뿐만 아니라 도시의 사제들 역시 선교에 대한 사명이 없었다. 세인트 힐라이르(Saint-Hilaire)에 따르면, 미나스제라이스의 사제들은 매주 평미사만 드렸고, 그 외의 시간에는 상업에 종사하거나 변호사 업무를 보기도 했다. 자신들이 소유한 광산이나 설탕공장을 돌보거나, 금제품이나 보석류를 거래하기도 했다. 심지어 첩들과 사생아들을 거느리고 교회에 나타나는 사제도 있었다.12)

---

9) 노형남, "남미의 신흥종교," 94.

10) 예수회는 1549년 브라질에 도착하여 열정적으로 인디오 개종과 교육에 몰두했다. 그러나 인디오를 노예화하려는 식민자들과 갈등을 빚었다. 이에 이들은 도시중심과는 멀리 떨어진 지역에 미션(Mission)이라고 알려진 인디오들의 부락형성에 주력했다. 이러한 이들의 평화적 개종과 복음으로의 점령 열정은 1759년 브라질에서 추방당함으로 브라질 역사에 묻혔다.

11) Mok Abraham Man Soo, "The Practies of Macumba," 35.

12) Roger Bastide, *The African Religions of Brazil*, 127.

이와 같이 브라질의 가톨릭교회는 복음전파에는 허약했다. 거의 모든 사제들이 영적인 것보다는 세상적인 것에 관심이 더 많았다. 그러니 흑인노예들과 인디오들은 물론 백인들까지도 형식적인 가톨릭 신자로 남을 수밖에 없었다. 영적인 갈급함은 여타의 종교들에 의존하게 만들었다. 결과적으로 혼합되고 허약한 포르투갈적 가톨릭은 아프로-브라질종교가 등장할 커다란 무대를 마련해 준 것이다. 중세 시대의 길드(guild)13)에 기초한 브라질 가톨릭의 형제단은 교회 활동이 부족한 식민 사회에서 친목단체였을 뿐만 아니라 식민행정이 미치지 않는 지역에서는 식민행정 관리기구로서 정부의 기능까지도 담당했다.14) 형제단은 사회계층과 인종에 따라 조직되었으나, 흑인노예가 증가하면서 백인중심의 형제단에 흑인들이 참여하기도 했고, 흑인들만의 형제단을 구성하기도 했으며, 백인들이 흑인 평신도 공동체에 참여하기도 했다.15)

흑인 평신도 공동체는 아프리카 종교와 유사한 종교 의식을 행했다. 1685년 최초로 승인된 흑인 로자리오 공동체(Nossa Senhora do Rosario)는 1786년 포르투갈의 도나 마리아(Dona Maria) 여왕으로부터 로자리오 축제 기간에 앙골라 언어로 노래하고 춤추는 것과 가면

---

13) 중세 서유럽에서, 상인이나 수공업자 등의 자영업자가 기독교 우애정신에 입각하여, 여러 생활면에서 서로 위하여 결성한 신분적인 직업단체.

14) C. R. Boxer, *The Golden Age of Brazil 1695-1750* (London: Univ. of California Press, 1962), 135.

15) Mieko Nishida, "From Ehnicity to Race and Gender: Transfomations Black lay Sodalisties in Salvador, Brazil" in *Jornal of Social History*, vol. 32, Issu 2 (1998 winter), 329.

쓰는 것을 허락받았다. 이후 흑인 평신도 공동체에서는 아프리카적인 색채가 더욱 강하게 나타났다. 흑인 공동체들은 노예사회에서 문화 활동, 정보 교환 등의 역할을 감당했다. 이는 지배문화에 대한 문화적 저항과 생존을 위한 것이었다.[16] 가톨릭과 흑인종교는 평신도 공동체를 통해서 혼합되고 변화되었다. 특히 흑인공동체에 백인들이 참여하면서부터 문화접변 현상은 두드러졌다. 이로써 아프리카 종교 예식의 음악과 춤이 가톨릭에서도 사용되었던 것이다.

아프리카 흑인의 종족을 크게 둘로 나누면 수단계와 반투계로 나눌 수 있다. 반투계는 조상과 자연의 정령을 숭배했다. 이들의 신앙과 의식은 주변 환경과 매우 깊게 연관되어 있었다. 그러므로 아프리카를 떠나면서 이들의 종교기반은 매우 약화되었다. 반면 수단계의 요르바 족의 종교는 강력했다. 이 종교는 식민 브라질 초기부터 왕정기간까지 지역에 따라서 다양한 이름으로 불리었다. 특히 바이아에서는 "깐돔블레"라고 불리었는데, 이는 노예제 폐지 이후의 사회에서 흑인들의 문화유산 보전과 정체성 재형성에 중요한 역할을 했다.[17]

요르바의 종교에서는 오리샤들이 중요한 역할을 했다. 오리샤들은 최고신 올로룸과 인간 사이의 조정자들이며 개인적인 수호신이었다. 오리샤들의 신비한 힘은 불임의 치료, 수확 증진, 좌절에 이르는 위기 극복, 그리고 적을 격퇴시킬 수 있게 해준다고 믿어졌다. 이 종교의 사제들과 신봉자들은 춤추고 기도하면서 종교의식을 행했는데,

---

16) Carlos A. Hasenbalg, *Discriminação e Desigualidades Raciais no Brasil* (Rio de Janeiro: Edições Grall, 1979), 56-57.
17) 김영철, "브라질 문화의 흑인성 연구: 형성 과정," 105.

무아지경으로 몰입함으로써 절정에 달했다. 그런 후 오리샤들은 신의 응답에 따라 신봉자를 위로하고 충고하며 미래를 예언했다.[18]

　신봉자들에게는 저마다 개인적으로 의탁하는 오리샤가 있었다. 이는 조상대대로 내려오는 수호신령이었다. 그러나 브라질의 노예막사에서는 성적인 무질서로 흑인여자들은 아버지가 누구인지 모르는 아이를 빈번히 출산했다. 이런 경우에는 자녀의 오리샤를 확인할 수가 없었으므로, 영매들이 오리샤를 지정해 주었다. 아프리카에는 주요한 오리샤를 위한 사제들과 사원이 있었다. 그러나 브라질에서는 재원부족으로 하나의 신전에 많은 오리샤들이 모셔졌다. 또한 아프리카에서 필요했던 오리샤가 브라질에서는 무의미한 경우도 있었다. 농산물의 수확을 보호하는 신령과 다산을 관장하는 신령은 브라질에서는 더 이상 필요하지 않았다. 흑인노예들은 백인농장주의 배를 채워주거나 불행과 고통을 가중 시키는 신령들을 섬기지 않았다. 오직 흑인노예들에게는 노예제도의 공포로부터 그들을 보호해 줄 신령만이 필요했다.[19]

　브라질에 도착한 흑인노예들은 강력한 백인의 신 앞에 굴복했지만, 자신들의 오리샤들을 성모상이나 혹은 성인들 뒤편에 숨겨놓고 섬겼다. 이것이 두 종교 간 혼합의 시작이었다. 두 종교는 민간신앙의 신념 아래에서 혼합을 가속시켰다. 특히, 가톨릭과 아프리카 종교는 "모든 사람들은 수호신을 가졌다"라고 믿었다.[20] 더욱이 양쪽의 수호

---

18) 최영수, "브라질인의 종교와 종교의식," 121.
19) Joseph A. Page, *The Brazilians*, 356-369.
20) Roger Bastide, *The African Religions of Brasil*, 270: 가톨릭의 성인들과 오리샤들은

신들은 한때 지구상에 살았던 사람들이라고 믿어졌다. 단지 가톨릭 신자들은 증명할 수 없는 사실로 알고 있었지만, 아프리카 종교 신봉자들은 수호신들의 이름을 정확하게 알고 있었다. 또한 이 두 종교는 "중재자"라는 개념 아래에서 성모, 예수, 성인들과 오리샤들을 혼합시켰고,[21] 인도자, 치료자, 보호자, 후원자라는 개념 아래에서도 혼합되었다.

흑인노예들은 그들의 제의 장소에 가톨릭의 상징물과 아프리카적 상징물을 나란히 놓았다.[22] 백인주인들은 이들의 제단 위에서 예수, 마리아, 성인들의 그림을 보고 제의를 실행하도록 허락하였다. 그러나 흑인노예들은 십자가 앞에서 기도할 때 십자가 뒤에 숨은 자신들의 오리샤들에게 집중했다. 또한 성모의 동상 뒤를 따라 행진할 때도 이들의 정신은 이에만자(Yemanjá)의 뒤를 따르고 있었다. 이렇게 흑인노예들은 자신들의 필요에 의해 두 개의 종교를 양립해 나갔으며, 백인들도 자신의 신앙과 예배에 아프리카적 요소를 새겨 넣었다.[23]

흑인노예들은 지배자들로부터 종교적인 형식들을 자유롭게 빌리고 통합했다. 영적인 표상과 의미의 융합이 거의 목적들에 부합하게

각각 어떤 인간의 활동을 관장한다거나 혹은 어떤 질병을 치료하는 책임을 가졌다. 그리고 사냥꾼, 대장장이, 치료사 등과 같은 사람들을 보호하고 후원했다.
21) 흑인노예들은 가톨릭의 성인 죠지(Gorge)는 철과 전쟁의 신인 오굼(Ogum)과 비교했고 바다의 여신 이에만자(Yemanja)와 성모 마리아를 유사하다고 생각했다.
22) Ibid., 260: 니나 로드리게스(Nina Rodrigues)는 성인들과 그들의 신들과는 완전히 별개의 것임에도 불구하고 흑인노예들은 동일한 것으로 간주하고, 단순하게 나란히 놓았다고 기록했다.
23) 최영수, "브라질인의 종교와 종교의식," 122-123.

조화되었다. 질병을 해결하고 부를 증가시키는 것과 같은 실제적인 목표들을 달성하기 위해서 아프리카의 모든 신령들과 가톨릭의 성인들이 같은 역할을 한다고 받아들여졌기 때문이었다.[24] 결과적으로 브라질은 식민 초기부터 20세기까지 진정한 예수 그리스도를 만나지 못한 나라로 남겨져 있었다. 그리고 지금도 여전히 흑인노예들의 오리샤들로 가득 채워진 검은 십자가가 사람들의 영혼을 붙잡고 있다.

오늘날 브라질인들은 가톨릭교회가 이러한 아프로-브라질종교의 성장과 확산의 주원인이라고 주장한다. 알리안사 교회의 담임목사인 프란체스코는, 가톨릭은 유전적인 종교일 뿐이며 브라질에 종교혼합이 굉장히 성행하는 것은 가톨릭이 종교혼합의 통로 역할을 하기 때문이라고 설명했다.[25]

한국의 가톨릭은 불교와 혼합하지 않는다. 왜냐하면 한국의 가톨릭은 성경적 제자훈련 등 규제가 강하기 때문이다. 그러나 브라질의 가톨릭은 아프리카 종교와 거의 같은 시기에 브라질에 들어왔는데, 가톨릭의 우상과 아프리카의 우상은 그 성질이 비슷했다. 더욱이 지배계급과 억압된 피지배 계급이라는 관계는 두 종교의 혼합을 부추겼다. 가톨릭은 브라질의 지배적인 종교였음에도 불구하고 영적인 교육을 하지 않았다. 그 때문에 대부분의 가톨릭 신자들은 영매를 찾아가 상담, 손금읽기, 예언, 토정비결 같은 것을 요청한다.

---

24) Robert A. Voeks, Sacred Leaves of Candomblé, 132.
25) 인터뷰, 2006. 6. 27, 마나우스, 프란시스코 목사: 그는 가톨릭 신자들이 복음주의 교회에 올 때에는 영적인 문제들을 가지고 온다고 말했다.

상빠울루에서 32년째 선교사로 사역하고 계시는 강성철 선교사님[26]은, "가톨릭 국가가 대부분 성당에 마리아 상을 세우는 것과는 달리 브라질은 예수 상을 세우고 있지만, 이베리아, 아프리카, 그리고 인디오의 정령주의와 혼합되어 있다"라고 말씀하셨다. 그리고 아델손 페르난도는 두 사람의 주장에 동의하면서 다음과 같이 말씀하셨다.[27]

> 브라질의 가톨릭교회는 그 세력을 잃어가고 있지만 브라질은 여전히 로마 가톨릭의 영향을 받고 있다. 그런데 가톨릭교회는 영매술을 전하는 채널이 되고 있다. 그리고 아프리카 종교와 혼합된 것을 전하고 있다.

현재 브라질 가톨릭교회는 타종교와의 대화에 적극 동참하고 있다. 마나우스 가톨릭교회에서 사역하는 뻬드로 가브리엘 신부는 가톨릭의 종교혼합주의에 대해서, 이교에는 구원이 없지만, 성경은 비판하지 말라고 했기에 비판하지 않으며, 교회로 오라고 강요하지 않는다고 말했다. 또한 그는 에큐메니칼 차원에서 이교도들과도 강단교류를 한다고 밝혔다. 그가 주장하는 것은 평화였다.[28] 그러나 진정한 평화는 예수님 안에서만 가능한 것이다. 그런데 브라질의 가톨릭교회는 보수적인 진영과 바티칸 교황청으로부터 "전통적인 영혼구원"으로 복귀하라는 압력을 받고 있을 뿐만 아니라, 프란체스코에 의하면,

---

26) 강성철 선교사는 예장합동의 GMS 선교회에 소속 선교사로서 현재 꼴레지오 디아스포라 일반 유치원 및, 초·중학교 1그리고 디아스포라 선교회와 신학교를 설립, 사역하고 있다.
27) 인터뷰, 2006. 6. 23(화), 마나우스, 아델손 페르난도 종교학 교수.
28) 인터뷰, 2006. 6. 29(월), 마나우스, 뻬드로 가브리엘 신부.

브라질 사람들은 예수님을 친구로 인식한다. 그들에게 "친구"(amigo)는 필요에 따른 관계인 경우가 많다. 상대적으로 의리나 충성은 배제되어 있게 마련이다.

이들은 신학적인 문제와 성적 스캔들 때문에 비판받고 있다.[29]

문제를 해결하지 못한 가정은 질서가 붕괴될 수밖에 없는데, 결혼하지 않은 신부들은 가정문제를 상담할 수 없다. 게다가 가톨릭 사제들의 어린이 성추행 사건과 성적 스캔들은 브라질 국민들을 실망시키고 있다. 브라질 가톨릭은 결혼을 허락해 달라고 바티칸에 요청하고 있다. 만일 바티칸에서 허락하지 않는다고 해도 그들은 바티칸과 결별하고 그것을 성취할 것이다. 나의 조카도 가톨릭 신부와 결혼했다. 결혼한 신부는 주례와 성만찬은 못하지만, 신부가 없는 성당에서 신부역할을 하면서 사람들을 가르칠 수 있다.

---

29) 인터뷰, 2006. 6. 27(토), 마나우스, 프란시스코 목사: 브라질의 가톨릭 성직자 가운데 41%가 이른바 `독신 서약'을 무시하고 여성들과 성관계를 갖고 있다.

브라질의 가톨릭은 처음부터 사제 부족과 민간 가톨릭의 영향으로 제설혼합(諸說混合)[30]적인 양상을 띠고 있었고, 명목상 신자들을 배출하고 있었다. 이에 대하여 페이지(Page)는 "포르투갈 제일의 식민지 브라질은 거의 대륙이나 다름없이 넓은 곳이고 이곳의 가톨릭 또한 대륙만큼이나 넓게 퍼져 있지만, 그 깊이는 일 인치밖에 되지 않는다"라고 평가했다.[31]

오늘날 라틴아메리카 가톨릭교회에서 성직자 부족현상은 성직포기 현상과 더불어 가장 심각한 문제가 되고 있다.[32] 브라질 가톨릭교회의 특징은 "소수의 신부, 적은 미사, 많은 축제"[33]라고 요약할 수 있다.[34] 이런 상황에서 아프로-브라질종교에 대한 브라질 가톨릭교회의 대응은 미온적이며, 오히려 포용함으로써 통합하겠다는 의지를 보이고 있다. 빼드로 가브리엘의 답변에서도 드러나듯이, 브라질 가톨릭교회의 브라질에 대한 복음화의 의지는 미흡하다. 종교다원주의를 지향하는 브라질 사회에서 브라질 가톨릭교회는 에큐메니칼 운동의 중심에 서서 영혼구원 사역보다는 구제와 사회정의 구현에 역점을 두고 활동하고 있다.

---

30) 철학이나 종교에서, 각기 다른 내용이나 전통을 지닌 여러 학파 또는 종파가 혼합됨.
31) Joseph A Page, *The Brazilians*, 324.
32) H. L. Cabal, *The Revolution Latin America Church* (Norma: Univ. of Oklahoma Press, 1978), 3.
33) 폴커 펠츠, 『브라질』, 박영원 역 (서울: 도서출판 휘슬러, 2005), 97.
34) 가톨릭교회는 때로는 역사의 무대 중앙에서, 때로는 배후에서 능숙하게 영향을 미치는 방법으로 엄청난 세속적 권력을 행했다. 그리고 기적, 신비, 권위라는 중세적 요소를 유지했다. 그러나 수세기 동안 민중들에게 성경을 내놓지 않았다. 에밀리오 A. 누네스 윌리엄 D. 테일러, 『라틴아메리카의 위기와 희망』, 205.

넌 누구냐?

2006년 뽀르또알레그리에서 움반다(Umbanda)의 집회소를 찾았을 때의 일이다. 일반 주택과도 같은 집회소 문을 열고 들어가니 제일 먼저 눈에 띄는 것이 예수님과 성모 마리아의 초상화였다. 그리고 제단 옆에는 커다란 성경책이 펼쳐져 있었다. 우리를 안내하던 현지인 목사는 문 안으로 들어오지도 않고 어디론가 사라져버렸다. 나중에 안 것인데, 그는 너무 무서워서 집회소 안으로 들어올 수가 없어서, 길 건너편에서 서서 우리가 무사하기를 빌고 있었다고 했다. 상빠울루에 있는 프랑스 영매술, 알렌카르덱(Allen Kardec) 센터에 갔을 때도 액자에 넣어진 예수님과 성모마리아의 그림이 벽 위쪽에 걸려 있는 것을 보았다. 내가 사무직원에게 그 액자들을 가리키면서 "누구냐?"라고 묻자, "예수와 마리아"라고 답하면서 "최고의 영매들"이라고 설명했다. 이러한 현상에 대해서는 이미 들은 바가 있기 때문에 그리 놀라거나 화가 나지는 않았지만, 이들의 대담한 종교혼합에 마음이 먹먹했다.

아프로-브라질종교에서는 수많은 신령들을 섬기는데, 그중에 오리샬라(Orixalá)라는 신이 있다. 이것은 최고 신 올로룸의 아들로, 오바딸라(Obatalá) 또는 오샬라라고도 불린다. 이 신령은 오리샤들과 창조세계의 우두머리로서 추앙되며 예수 그리스도와 동일시되고 있다. 떼헤이루의 모든 참여자들은 그에게 최고의 존경과 관심을 보내며, 기독교인들의 기도와 아주 닮은 형식과 방법을 사용하여 그에게 기도한다.[35]

---

35) Abguar Bastos, *Os Cultos Má Gico-Religiosos No Brasil* (São Paulo: Editora Hucitec, 1979), 139.

페루에 가면, 도로의 중앙 분리대와 개인 집 등에서 성모 마리아 상을 쉽게 본다. 또 십자가가 넘쳐나도록 많다. 도시나 마을의 높은 곳에는 영락없이 십자가가 떡 하니 세워져 있다. 언뜻 보면, "아, 이 나라 사람들 정말 기독교신앙이 좋은가 보다"라는 생각이 든다. 그런데 이들의 십자가는 기독교의 십자가와는 다르다. 상징이 아니라, 우상인 것이다.

이들은 5월 3일을 "십자가의 날"로 정하고 축제를 벌이는데, 의식은 전날인 5월 2일부터 시작된다. 그들은 기도를 드리고, 차를 마시고, 춤을 추면서 취할 때까지 술을 마신다. 그리고 모든 십자가에 장식을 하는데, 주로 옷을 입힌다. 가톨릭교회 안의 모든 십자가에도 치장을 한다. 십자가의 날이 정해지게 된 유래는 이렇다. 방탕한 생활을 하던 한 스페인 군사가 처벌이 두려워 산타꾸르즈데라시에라(Santa Curz de la Siera) 지역으로 도피했다. 그 지역의 원주민들은 그를 열렬하게 환대했다. 이 스페인 군사는 극심한 가뭄을 겪고 있는 지역 원주민들이 강우를 기원하는 미신적인 제사를 드리는 것을 보았다. 그는 원주민들에게 자기가 시키는 대로만 하면 하늘에서 비가 내릴 것이라고 말했다. 원주민들은 그의 말을 듣기로 했다. 그는 마을 높은 지역에다 큰 십자가(Cruz)를 만들어 세우고 원주민들에게 비를 구하는 기도를 드리라고 했다. 원주민들은 시키는 대로 했다. 그런데 놀랍게도 진짜 비가 내렸다. 원주민들은 십자가의 능력을 진심으로 믿게 되었다. 원주민들은 스스로 자기들이 숭배하던 우상들을 부숴버렸고, 십자가를 마치 배지처럼 달고 다니기 시작했다. 그리고 그 지역의 이름을 산타쿠르주데라시에라(시에라의 십자가)라고 했다. 그 군사는 얼마 후 그 마을을 떠났고, 십자가는 점차 그들의 우상이 되었다.

　　이런 종교현상들은 남미의 일반적인 상황이 되어버렸다. 예수님을 상징하는 어떤 것이 있다면 그것의 진짜 의미가 무엇인지, "예수님"을 믿는다고 하는 사람들이라도 사실상 그들이 신봉하는 것은 무엇인지, 남미에서는 언제 어디에서나 깊이 살펴볼 필요가 있다. 거대함과 화려함, 그리고 많음이 거룩함을 대치해서는 안 될 것이다. 하나님의 아들, 구원자 예수님은 보이는 거대함으로는 결코 표현할 수 없는 거룩한 분이시다. 또한 비록 우리의 육안으로는 볼 수 없을지라도 예수님은 언제나 우리와 함께 하신다(마 28:20).

꼬빠까바나 해변에는 넓고 긴 모래사장이 눈부시게 햇빛을 반사하고
있었고, 드문드문 정교하게 만들어 놓은 모래성들이 시선을 붙잡았다.
브라질인들은 노래와 춤뿐만 아니라, 미술과 건축 등에서도 그들의
낭만적이고 뛰어난 예술적 감각을 발휘하고 있다.

열정과 순수, 그 매력 속으로

사랑 때문에

브라질을 몇 차례 방문했었지만, 히우는 처음이었다. 히우를 대표하는 해변, 꼬빠까바나는 생각보다 한산했다. 사진에서 봐왔던 늘씬한 구릿빛 피부의 여인들은 눈에 띄지 않았지만 넓고 긴 모래사장이 눈부시게 햇빛을 반사하고 있었고, 드문드문 정교하게 만들어 놓은 모래성들과 흰색과 검정색의 돌을 물결 모양으로 모자이크해서 만든 애뜰란띠까(Atlantica) 도로가 시선을 붙잡았다. 이 같은 도로는 뽀르뚜 알레그리와 살바도르에도 있는데, 여기에는 백인과 흑인이 화합하여 함께 나아가자는 뜻이 담겨 있다고 한다. 히우의 아름다움은 바로 이 해변에서부터 시작된다. 5km의 활처럼 완만하게 굽은 해안선을 따라 다양한 볼거리들이 펼쳐진다.

히우 해안에 우뚝 솟아 있는 빵데이수까르(Pão de Acucar)에 오르면 히우의 해안선이 특이할 뿐만 아니라 얼마나 아름다운 모습을 하고 있는지 알 수 있다. 교민들이 '빵산'이라고 부르는 이 산은 높이 396m의 원추형 바위산인데, 우리 일행은 야경을 보기 위해서 해가 질 무렵쯤 거기에 올랐다. 정상에 서니, 모든 것이 아름답게 보였다. 건너편 산등어리에 펼쳐진 빈민촌까지도 대자연에 어우러져서 장관을 이루고 있었다. 불타는 듯한 노을이 하늘을 뒤덮으니, 아래로부터 선명하게 반짝거리는 불빛들이 그 모든 전경들을 더욱 신비롭게 만들고 있었다. "신인합동!" 하나님의 작품세계와 인간의 산물들이 합하여 극치의 아름다움을 이루고 있었다. 인간의 죄와 고난, 그리고 고통까지도, 고스란히 하나님의 선함 속에서 빛이 되어 반짝거림을 보며, 나는 위로를 받고 있었다. 모든 것을 합력하여 선을 이루시는(롬 8:28-30) 창조주 하나님은 거기에서도 말씀하고 계셨다. "내가 너를 사랑한다."

빵산에 오르기 전에 우리는 이빠네마 해변에서 한참을 쉬었던 것 같다. 거긴 코빠카바나 해변보다 더 한산했다. 박선교사님이 보사노바(Bossa Nova, 새로운 경향)에 대해서 말씀해 주셨다. 그 해변 근처에는 보사노바를 즐길 수 있는 카페들이 많이 있었다는데, 그냥 지나쳐 온 것이 아쉽다. 내가 알기로 가장 유명한 보사노바 곡은 단연코 '이빠네마의 소녀'(Garôta de Ipanema)다. 이 노래는 한국에서도 분위기 있는 카페나 음식점에서 종종 들었던 것 같다. 그런데 이 노래가 만들어지기까지는 세 사람의 음악에 대한 열정과 인간에 대한 우정이 있었다. 그 중 첫 번째 인물은 주앙 지우베르뚜(João Gilberto, 1931.06~)이다. 보사노바의 리듬은 1950년대 후반에 무명이었던 그가 기타와 씨름하면서 완성했다.

두 번째 인물은 카를루스 조빙(Antônio Carlos Jobim, 1927. 01~1994.

12)이다. 보사노바의 선구자로 불리는 작곡가 겸 피아니스트 조빙이 작곡한 곡들은 섬세한 멜로디와 하모니로 사랑을 받았다. 보사노바의 태동기에 조빙은 주앙 지우베르뚜와 함께 수많은 명곡들을 만들어냈다. 그들은 삼바의 리듬에 재즈를 접목시켜서 세련되고 우아한 멜로디, 감각적인 리듬, 다채로운 화음에 시적인 가사를 담아 부드럽고 온화한 느낌의 보사노바를 만들었다. 속삭이듯이 노래하는 보사노바는 타악기 중심의 춤곡, 삼바에 싫증을 느끼고 있던 브라질 대중들의 마음을 빠르게 사로잡았다. 1999년 히우의 국제공항 명을 "카를루스 조빙"이라고 개명을 했다는 것은, 그가 브라질사람들에게 끼친 영향력이 그만큼 크다는 것일 게다.

또 한 명의 보사노바 선구자는 시인이자 작사가였던 비니시우스 지 모라이스(Vinícius de Moraes, 1913. 10~1980. 07)다. 그는 최초의 보사노바 명곡으로 알려진 'Chega de Saudade'(사무치는 그리움), 'Garota de Ipanema'(이빠네마의 소녀), 'Desafinado'(음치) 등을 비롯, 조빙의 수많은 명곡에 가사를 붙이며 보사노바에 시적인 아름다움을 부여한 인물이다. 영화 <흑인 오르페>(Orfeu de Negro)의 원작 희곡을 썼던 인물이기도 한 그는 조빙과 함께 수많은 보사노바 명곡들을 탄생시켰다.

'이빠네마의 소녀'는 1962년 조빙과 모라이스가 함께 카페에서 담소를 나누다가 해변을 거니는 16세 가량의 아름다운 소녀의 모습과 움직임을 보고 영감을 얻어서 모라이스가 작시, 조빙이 작곡한 노래다. 이빠네마 해변의 태양에 그을린 황금빛 피부 소녀의 아름다운 자태와 그 반대편에 홀로 있는 자신의 슬픔을 잔잔한 멜로디에 담아 표현하고 있다. 이 노래는 비틀즈의 'Yesterday' 다음으로 많이 녹음되었다고 한다. 그만큼 전 세계인의 사랑을 받고 있는 노래다. 이 노래의 주인공도 유명세를 탔다. 현재 67세인 그 여인은 이빠네마의 해변 근처에서 노래 제목과 같은 상호의 수영복 가게를 하고 있다. 세 사람의 감성과 재능이 연합하여 탄생한 보사노바는 브라질을 넘고 시대를 넘어 만인의 가슴에 브라질의 감성, '사우다지'(saudade, 그리움)를 느끼게 하고 있다.

이빠네마의 소녀(Garota de Ipanema)

어찌 이리 예쁠 수 있는가, 말로 형용할 수 없네.
가고 오는 이 소녀, 여인이여.
바다로 가는 길에 그 달콤한 흔들림.
그녀는 이빠네마 해변 태양의 몸을 가졌네.
그 몸의 흔들림은 훨씬 더 시적이다.
그것은 내가 여태까지 봐온 것 중에 가장 아름다운 것이었어.
아, 왜 나는 이렇게 혼자 있는 거지?
아 , 왜 모든 게 이렇게 슬픈 거지?
아름다움은 존재하는데.
그 아름다움은 나만의 것은 아니네.
어떤 때는 그냥 혼자 지나가네.
혹 그녀는 알고 있을까, 그녀가 지나갈 때에.
세상은 즐거워하고 황홀함으로 충만하고.
사랑 때문에 더 아름다워 진다는 것을.
사랑 때문에, 사랑 때문에. (박지웅 역)

Olha que coisa mais linda mais cheia de graça.
É ela menina que vem e que passa.

222

바라보는 이의 마음을 일시에 청푸르게 물들여 버리는 이빠네마의 해변 풍경.

Num doce balanço a caminho do mar.

Moça do corpo dourado do sol de lpanema.

O seu balançado é mais que um poema.

É a coisa mais linda que eu já vi passar.

Ah, por que estou tão sozinho?

Ah, por que tudo é tão triste?

Ah, a beleza que existe.

A beleza que não é só minha.

Que também passa sozinha.

Ah, se ela soubesse que quando ela passa.

O mundo sorrindo se enche de graça.

E fica mais lindo por causa do amor.

Por causa do amor.

Por causa do amor.

아르헨티나 공원에서 기타를 치는 청년, 연주 실력이 수준급이었다.

금지된 사랑

　보사노바의 아름다운 여인이 거닐었고 세계인들의 마음에 그리움을 심어주고 있는 히우의 해변은, 또 하나의 여인으로 말미암아 몸살을 앓는다. 바로 이에만자라는 여신이다. "Yemanja"의 "yeye"는 어머니, "ja"는 물고기를 뜻한다. 이에만자는 바다에서 살며 푸른색을 좋아한다.[1] 전설에 따르면, 모든 바다와 물은 이에만자의 몸에서 나왔고, 오리샤들은 이에만자의 배가 터지면서 나왔다. 아프로-브라질종교의 신봉자들은 이에만자의 부도덕한 전설[2]에도 불구하고 그녀를 가톨릭

---

1) Morwyn, *Magic from Brazil: Recipes, Spells and Rituals* (revised ed.: Minnesota: Llewellyn, 2001), 187.
2) 전설에 의하면 이에만자는 그녀의 남자 형제 아긴지(Aginjie, 광야)와 결혼했다. 이

의 성모 마리아와 동일시한다. 아울러 그녀는 여자들의 불순한 행위들을 면제 받기 위해서 초청된다. 특히 이에만자는 동성애적 성격을 가졌다. 그러므로 아프로-브라질종교가 전통적인 습관과 종교적인 의식의 한 부분으로 동성애 행위를 부추기는 것은 이상한 일이 아니다.3)

흑인노예들은 죽음의 노예선에서 갇혀서 대서양을 건넌 후 목숨을 지켜준 바다의 수호자 이에만자에게 감사의 제단을 쌓았다.4) 푸른색 공단 옷을 입고 많은 진주를 걸친 호화롭고 아름다운 이에만자는 "오리샤들의 어머니", "바다의 어머니"로 불리면서 오늘날 모든 브라질 인들에게 가장 사랑받는 신령으로 존재한다. 그녀를 기리는 축제를 상빠울루는 12월 8일, 히우는 12월 31일, 바이아는 2월 2일에 개최한 다.5) 축제는 바닷가에서 행해지는데, 추종자들은 8m의 거대한 이에만 자 신상을 세워놓고 밤새도록 "자신들을 버리지 말 것"을 간구하면서 수백 개의 촛불을 태운다.6) 광신적인 신도들은 밤에 금속 돛과 국기를

둘 사이에 대단히 키가 큰 남자인 오룬강(Orungan)이 태어났다. 그뿐만 아니라 이에만자는 오샬라의 아이도 낳는다. 아들인 오룬강은 이에만자를 열렬히 사랑했고, 이에 이에만자는 아들을 피해 도망하다가 뒤로 넘어졌고 기진한 끝에 죽었다.

3) Roger Bastide, *The African Religions of Brasil*, 256-257; 인터뷰, 2004. 7.15(목), 마나우스, 지우 손 목사: "빙의된 영매는 여자도 되고 남자도 되는데, 그런 성적인 욕망이 강하게 일어난다"; 인터뷰, 2004. 7.15(목), 미츠 성도는 영매였던 자신의 어머니가 빙의되면 남자의 모습으로 변했고 여자 신봉자들은 그런 모습에 반했다고 회상했다.

4) St. David Clair, *Drum and Candle*, 40-41; Serge Barmly, *Macumba* (California: City Lights Book, 1994), 105; Fernando Giobellina Brumana, *Spirits from the Margin*, 157.

5) Morwyn, *Magic from Brazil*, 29.

6) 2006. 7. 26(수), 브라질 상 빠울루에서 이단연구가 조아낑(Joaquim)과의 인터뷰와

꽂은 은으로 칠한 모형 보트 안에 하얀 꽃들, 아주 작은 유리로 된 휴대용 향수, 작은 비누 한 조각, 거울, 빗, 약한 담배로 된 궐연 등, 여성이 좋아하는 물품[7]들을 넣고 파도가 이는 바다로 밀어 보낸다. 이들은 파도가 이 제물을 삼켜버리면 이에만자가 이 제물을 접수한 것이며, 소원이 이루어질 것이라고 믿는다. 그러나 만일 보트가 바닷가로 되돌아오면 그것은 신이 성가셔 한다는 의미로 받아들인다. 때로는 파도가 제물의 일부는 돌려보내고 일부는 취하기도 하는데, 이는 이에만자가 소원은 이루어주되 어떤 물건들은 필요치 않기 때문이라고 믿는다.[8]

이빠네마의 소녀가 걸었던 바닷가에서 어떤 이들은 사랑과 아름다움을 보아왔고, 어떤 이들은 어두움과 두려움을 보아왔다. 그렇다면 하나님이 만드신 대자연 속에서 나는 과연 무엇을 보고 있는 것일까? 하나님의 바닷가에서 이제 그만, 멸망의 신을 향한 광란의 몸부림들이 멈춰지길 소원해 본다.

순수와 열정

2013년 11월 6일, 중남미 선교사 모임에 참석하기 위해서 아르헨티나의 수도 부에노스아이레스(Buenosaires, '좋은 공기')에 도착했다. 14년 전 이곳을 방문했을 때 가장 많이 들었던 단어가 "꼬라손"(corason,

---

영상자료에 의해 확인함.

7) 여성들의 물건인 빗, 목걸이, 팔찌, 머리리본, 거울 등은 그녀를 상징한다.

8) 더글러스 보팅, 『리오데자네이로』, 타임-라이프 북스 편집 (서울: 한국일보 타임-라이프, 1988), 156; Serge Barmly, *Macuma*, 105-106.

'심장')이었다. 그리고 가장 기억에 남은 모습은 중고물품 가게들을 배경으로 반도네온(Bandoneón, 손풍금의 일종)의 연주에 맞춰 탱고를 추던 중년의 무희들이었다. 내가 기억하는 아르헨티나는 이런 것들 때문에 너무나 아름다운 나라였다.

선교전략회의의 모든 일정을 끝내고 참가한 선교사들은 뿔뿔이 사역지로 돌아갔지만, 나는 14년 전 추억의 장소를 다시 찾고 싶은 마음에 이틀을 더 머물기로 했다. 주일 예배를 드린 후, 두 분의 선교사와 함께 거리에서 탱고를 볼 수 있는 라보카(La Boca: 항구가 있는 곳) 지역으로 갔다. 탱고는 아프리카 노예들과 유럽 이민자들, 아르헨티나 목동들의 노래 등 다양한 음악적 요소들이 혼합되어 탄생한 음악이다. 강렬한 리듬과 악센트가 인상적인, 호소력 짙은 탱고는 전 세계인이 공유하는 음악이 되었다.

스페인어로 골목길이라는 뜻의 까미니토(caminito) 거리에 가보니, 다양한 색깔을 입힌 집들이 관광객들의 발걸음을 붙잡고 있었다. 커다란 합판에 탱고를 추는 무희들의 얼굴 없는 자태를 그려놓았는데, 관광객들이 거기에 자신의 얼굴을 대고 사진을 찍을 수 있도록 해놓은 것이 재미있었다. 그러나 내가 찾고 있는 '거리의 무희들'은 볼 수가 없었다.

다음으로 들른 지역은 산텔모(San Telmo) 지역이었다. 이곳은 평일에는 조용하지만 일요일만 되면 활기가 넘친다고 한다. 도레고(Dorrego) 광장은 인산인해를 이루고 있었다. 우리는 춤추는 무희를 찾으려고 그 틈을 비집고 들어갔다. 지중해식 모자, 작고 큰 오래

된 물건, 앤티크 풍의 액세서리, 특이한 물건 들을 파는 가게들이
보였다.

선교지를 방문할 때마다 선교사들로부터 듣는 첫 번째 이야기는,
때론 교묘하게 때론 거칠고 사납게 사람들의 물품을 털어가는 강도들에
대한 것이었다. 아르헨티나에서는 강도가 사람들이 몰리는 곳이면
때와 장소를 가리지 않고 출몰하는 것 같았다. 경제적 한파를 맞고
있는 아르헨티나는 더 이상 밝고 큰 유럽이 아니었다. 한인들이 거주해
오던 상업의 중심가인 온세 광장(Plaza Onse)도 위험한 사람들의 운집장
소가 된 듯했다. 행사 중에 묵었던 낡은 호텔이 이 광장 주변에 있었는데,
밤이 되면 경찰차의 요란한 사이렌 소리와 남자들의 고함소리가 들리곤
했다. 아름다운 모습으로 내 마음에 오랫동안 머물렀던 아르헨티나는
이제 짙은 회색빛으로 남겨질 것 같았다. 며칠 동안 이상 기온으로
춥더니, 주일에는 한여름 날씨가 되었다. 맹렬하게 열을 뿜어내는
태양 아래에서 기타를 연주하는 사람들과 반도네온의 음색이 섞인
남미풍의 음악을 연주하는 악단을 만났다. 그러나 예전과 같은 마음으
로 즐길 수가 없었다. 시간과 안전상 잠시 서서 사진을 찍고 바로
다음 장소로 옮겨야 했기 때문이다.

평범해 보이기에 더욱 정답게 느껴졌던 무희들을 찾아 한참을
걷다가, 돈을 받고 관광객들과 함께 포즈를 취해 주는 젊은 무희
한 쌍을 만났다. 그런데 그들과 조금 떨어진 노천카페에서 다소 어색해
보이는 한 쌍이 탱고를 추고 있었다. 나는 그들에게 카메라 포커스를
맞췄다. 그러자 아르바이트 커플도 내 사진기 앵글 안으로 들어와서는
포즈를 취했다. 페루에서와는 달리, 카메라가 자신들을 담는 것을

228

카페 앞에서 탱고를 추고 있는 무희들. 누군가 말하던, '저녁밥 짓고 나온 듯한 아줌마 무희'는 볼 수 없었다.

꺼려하거나, 그 대가로 살벌하게 돈을 요구하진 않았다. 공원의 도로가에 앉아서 기타연주를 하던 곱슬머리 청년도 카메라를 의식하자, 나를 향해 몸을 돌리더니 허리를 곧게 펴고 눈을 지그시 감는 포즈를 취해주었다.

거리에서 빨간 천막을 치고 연주하던 악단의 사진 한 장을 내 카카오스토리에 올렸다. 그러자 한국의 한 자매가 댓글을 달았다. "왠지 재즈음악이 흘러나올 듯한데, 이 거리에서 하나님께 찬양하는 노래 소리도 울려 퍼지길." 그녀는 열성적인 내 카스의 방문자였다.

이에 대한 내 답변이 곧 올려졌다. "하나님은 우리들의 문화도 사랑하시고 존중하신단다. 문화 말살은 전도가 아니다. 물론 악한 문화는 변혁되어야 한다. 그러나 아르헨티나의 거리 음악은 아르헨티나의 소리이고 아름다움이지."

요한복음 3장 16절은 "하나님이 세상을 이처럼 사랑하사 독생자를 주셨으니"라고 말씀한다. 그리고 요한일서 2장 15절은 "이 세상이나 세상에 있는 것들을 사랑치 말라 누구든지 세상을 사랑하면 아버지의 사랑이 그 속에 있지 아니하니"라고 말씀하신다. 하나님이 사랑하신 "세상"은 하나님께서 창조하신 모든 것을 말씀하시는 것이고, 후자는 타락한 인간이 육신의 정욕과 안목의 정욕, 그리고 이생의 자랑으로 이룩한 문화를 가리키는 것이다. 이렇게 방향을 잃은 문화는 복음에 대해 적대적일 수도 있고, 복음을 변질시킬 수도 있다.

하나님이 창조하신 "모든 것"에는 "원리"들도 포함된다. 우리는 하나님의 원리들을 찾아내고 조합해서 무엇인가를 만들어 왔다. 하나님의 문화명령 중 "다스리라"는 말씀은 하나님이 창조하신 모든 것들을 하나님의 뜻 안에서 창의적으로 개발하고 아름답게 보전하고 가꾸라는 것이다. 음악의 원리도 하나님의 것이다. 인간의 지식과 감정이 그 원리에 더해지고 인간사회의 도덕적이고 윤리적인 측면들이 그 사회에 합당한 음악의 경계선을 그어왔다.

방향을 잃은 음악들이 있다. 사람들의 감정을 사로잡아, 아름답고 선한 경계선을 넘어 욕망을 부추기고 어둠으로 끌어당기는 역할을 하는 음악도 많지만, 하나님께서는 과연 저 반도네온의 멜로디를 배제하시고 저들의 역사와 삶이 담긴 노랫말을 모두 지워버리고, 자신만을 경배하는 가사로 대치해 버리시길 원하실까? 그래서 모든 나라의 모든 거리에서 한결같이 찬송가와 복음성가만이 연주되길 기대하실까?

중요한 것은 반도네온을 누가 연주하느냐, 탱고를 누가 추느냐 하는 것이다. 구약의 '문화명령'은 신약에서는 '선교명령'으로 대치된다. 그리고 그것은 "회복" 명령이다. 먼저는 방향을 잃고 어둠을 향해 가는 음악가들이 하나님의 창조 목적대로 회복되는 것이다. 즉, 반도네온을 연주하는 사람들, 탱고를 추는 무희들이 구원받아 그들 스스로 음악의 방향을 회복하게 하는 것이 중요하다. 부에노스아이레스에서 구원받은 하나님의 백성들이 그들의 언어와 리듬, 멜로디로 하나님의 세상을 사랑하고 감사하면서 노래하고 춤추기를 소원해 본다. 다시 아르헨티나를 방문할 때에도 나는 반도네온의 소리와 매력적인 청년이 연주하던 기타의 리듬, 그리고 그들의 음악에 맞추어 춤을 추는 무희들을 찾아 거리로 나설 것이다.

억압과 소외의 암울함을 복음으로 치유할 수 있다면, 브라질인들은 타고난
풍부한 감성과 열정으로 인간의 영광이 아닌 하나님의 영광을 표현할 것이
다. 그리할 때, 광란의 춤이 아닌, 성령님과 함께 거룩한 춤을 추며 천국문화를
일으키게 될 것이다. 사진은 2014년 히우의 카니발 퍼레이드 광경.

춤추는 브라질

폭발하는 쾌락과 열정

금년 히우의 카니발은 2월 28일부터 3월 4일까지 5일 동안 470여 개의 삼바학교가 참가한 가운데 열렸다. 작년 12월 히우를 방문했을 때에는, 삼바 경연 퍼레이드가 열리는 삼보드로모(Sambodromo) 경기장을 보았다. 그야말로 도심 한복판 대로에 관객석과 조명을 설치한 것으로, 1984년 브라질의 수도 브라질리아를 설계·건축한 니에메예르(Oscar Ribeiro de Almeida Niemeyer Soares Filho, 1907년 12월 15일 ~ 2012년 12월 5일)에 의해 만들어졌다. 길이는 약 700m 정도, 수용인원은 10만 명 가량 된다고 한다. 일 년에 한 번 히우 사람들이 억눌러 왔던 쾌락과 열정을 폭발하듯이 꺼내놓는 그 며칠을 위해 만들어진 무대라 할 수 있다.

매년 한국의 인터넷과 텔레비전도 삼바의 리듬에 신들린 듯이 몸을 흔들어대는 선정적인 무희들의 모습과 감정을 주체하지 못한

채 열광하는 관중들의 모습을 보여주곤 했다. 작년 카니발 퍼레이드는
브라질 한인 이민 50주년을 기념하여 이노센치스 데 벨포드 호쇼
(Inocentes de Belford Roxo) 삼바학교가 주체가 되어 "한강의 7개 물결"이
란 주제로 대규모 퍼포먼스를 펼친 바 있다.

　　브라질인들이 사랑하는 '삼바'는 아프리카 낌분두(Quimbundo)어
인 '셈바'(semba)에서 유래된 것으로, '배꼽 내밀기'라는 뜻이다. 이름이
가리켜 보이는 것처럼 삼바는 배꼽을 드러내놓고 추는 것이 특징이다.
이는 '바뚜끼'라고도 불리었는데, 아프리카 흑인들이 많이 거주하던
북동부지역에서 시작되었다. 바이아(Baiha)의 삼바는 19세기 말 노예해
방과 산업화를 계기로 히우로 확대되었고, 라디오가 보급되면서 브라
질 전역으로 확산되었으며 거의 모든 축제에 사용되었다. 초기의 삼바
는 부드러운 리듬을 중심으로 하는 삼바깐사웅(Samba-canção)에서 비
롯되었는데, 산업화와 도시화를 거치면서 삼바엔레두(Samba-enredo)
로 발전했다. 현재 아프로-브라질종교의 제의에는 대부분 삼바엔레두
의 강열한 리듬이 사용되고 있다. 1930년 혁명으로 정권을 장악한
바르가스(Getúlio Vargas)[1]는 브라질 사회의 통일성과 정체성 형성을
위해 삼바를 적극 지원했다.[2] 이로 인해 삼바는 브라질인들의 문화
아이콘으로 그 위치를 더욱 굳건히 할 수 있었다.

---

1) 1930년 자유민당이 선거에서 패배하자 군부가 대신해서 정권을 장악하고 자유연합
　지도자 바르가스를 대통령 자리에 앉혔다. 무솔리니(Mussolini)와 살라자르(Salazar)
　의 파시스트 정부에 영향을 받은 바르가스 정권은 그가 1954년 축출당할 때까지
　정치무대를 주도하였다.
2) 김영철, "MPB에 나타난 브라질 문화의 특성," 「이베로아메리카」 제4집 (부산외국어대
　학교, 2002), 138-139.

오늘날 삼바는 브라질인들이 "아프리카 문화유산과의 혼합"을 자랑스럽게 여기면서 사용하는 은유적 표현이기도 하다.[3] 브라질의 축구를 언급할 때 곧잘 사용되는 '삼바축구'라는 표현도 이에 해당되는데, 이 외에도 브라질인들은 자신들만의 독특한 문화를 표현할 때 '삼바'라는 말을 붙이곤 한다. 브라질 흑인들의 삼바는 이제 브라질의 국민음악이 되었을 뿐만 아니라 전 세계인의 사랑을 받고 있다.[4] 히우의 카니발을 '삼바축제'라고도 부르는 것을 보아도 알 수 있다.

브라질 속담에는 "카니발이 끝나기 전에는 새해가 시작되지 않는다"[5]라는 말이 있다. 브라질의 카니발은 표면상 사순절 직전에 행해지는 가톨릭의 축제이지만, 실상은 혼합주의 종교·문화 축제이다.[6] 브라질 최초의 카니발은 1641년에 동 주앙 4세의 포르투갈 왕 즉위를 기념하면서부터 시작되었다. 그러나 19세기에 들어와 카니발이 극단적인 과열 양상을 띠자 당국은 카니발을 금지한 적도 있다.

현재 카니발은 브라질 전국 곳곳에서 개최되는데, 가장 유명한 것은 히우의 카니발이다. 매년 수십만 명의 관광객이 세계 최대의 축제인 히우의 카니발에 몰려들어[7] 약 800만 달러가 넘는 돈을 뿌리고

---

3) 최금자, "삼바: 브라질 전통의 진수," 「중남미 연구」 vol. 20 (2001), 18.

4) 마르샤스(Marchas, 행진), 보사노바(Bosanova, 재즈연주자들에 의해 탄생) 등의 음악들도 삼바에서 비롯된 것이다.

5) 폴커 펠츨, 『브라질』, 193.

6) 카니발의 기원은 로마시대의 동지제(saturnalia)이다. 그리스도교 초기에 로마인을 회유하기 위하여 그들 사이에서 열리던 농경제를 인정한 것이며, 그리스도교로서는 이교적인 제사였다. 로마의 동지제는 사투르누스(Saturnus, 농업의 신)의 제사로서, 농신제 또는 수납제(收納祭)라고 하였다. 이것이 카니발과 크리스마스의 기원이다.

7) Ibid., 195: 이는 이탈리아인들이 가면무도회 도입한 것이다. 1960년대부터 히우의

간다. 그러나 광란의 도가니에서 강도와 패싸움에 의해 희생되는 사람들도 많다.8)

두 번째로 유명한 것은 살바도르의 카니발이다. 이곳에서는 밴드가 큰 스피커를 단 트럭을 타고 연주하는데, 사람들이 트럭 뒤를 따라가며 행진을 벌인다. 그리고 뻬르남부꾸 주에서 열리는 카니발은 다양한 민속축제가 포함되어 있어 민속적인 색채가 가장 강한 것으로 평가된다. 그 외에도 브라질 곳곳에서 다양한 카니발이 개최된다.

가톨릭의 사순절 축제와 유럽의 무도회, 아프리카의 리듬이 뒤섞여 있는 혼합주의 카니발은 브라질 문화의 본질적인 부분이라 할 수 있다.9) 축제는 국가, 지역, 혹은 종족 등을 보존하고 새롭게 발전시키는 역할을 한다. 예전에는 축제가 지역이나 종족집단을 상징하는 행사였지만, 현대 사회에서는 국가적 정체성을 확립하고 대외적으로 홍보하기 위해 축제를 활용한다.

브라질의 카니발은 화려하고 역동적이고 초자연적인10) 내용을 포함하고 있어서 전 세계의 관광객들을 더욱 열광시키고 있는데, 브라

카니발은 대규모의 관객들에게 티켓을 파는 상업적인 형태로 변화되었다.

8) 김인규, 『브라질 문화의 틈새』(서울: 다다미디어, 1998), 276-81; 1997년에는 290여 명이 광란의 도가니에서 사망했다. 2006년에는 브라질 정부가 카니발 기간에 에이즈를 예방하기 위해 2,000만 개의 콘돔을 무료로 배포하기도 했다.

9) 주종택, "라틴아메리카의 사회변화와 축제: 겔라겟사와 카니발의 사례," 『라틴아메리카연구』 vol. 17, no.3 (2004), 145.

10) 마나우스 일간지, Correio Amazonense (2006. 7. 3), 1면: 아마존 지역의 카니발 보이붐바(Boí-Bumbá, 흰 소와 검은 소의 대결) 축제는 전 세계의 자가용비행기들이 대거 몰려오는 축제인데, 초자연적 능력들이 선보인다.

236

질의 흑인성을 대표하는 삼바와 카니발 안에는 영매술이 녹아들어 있다. 아프로-브라질종교(하등영매술)와 카르덱 영매술(고등영매술)은 카니발을 포교활동의 장으로 삼고 있다. 아프리카 음악에서 비롯된 삼바의 가사는 영들을 부르고 환영하는 내용이 많다. 다음은 카니발에서 부르는 노래의 가사이다.

샤만적 황홀감

아스아닝까 치료무당은 신성한 음료를 마셨다. 그리고 그 황홀경은 그를 초자연적인 피조물로 변화시켰다. "Ayahuasca, Ayahuasca"(환각적 음료 이름), 야만적인 그 달은 그의 여행을 피안의 세계로 인도할 것이다. 그 하늘은 물들의 왕국이 되었다. 조류들이 어류들로 변신되었고, 치료무당의 몸에서 비늘들이 돋아났다. 영원한 치료를 찾아 하늘의 물들에 잠수했는데 피조물들의 군단을 정면 대결하여 그들을 이겼다. 한 깊은 수렁에서 자선을 베푸는 치료의 신들을 만났는데 그들은 그에게 이 세상의 만병통치약을 건네주었다. 그 치료무당은 제식을 집행키 위해 온다. 춤을 추라, 환상적이고 신비한 마스크한 치료 무당이여, 치료하라. (김완기 역)

세계의 사람들은 카니발의 화려한 모습에 매료되지만, 그 중심에는 아프로-브라질종교를 비롯한 영매술의 포교전략이 내재되어 있음을 간과해서는 안 된다. 게다가 브라질은 세계화의 모드에 따라 사이비 이단들과 사교들, 사탄숭배 모임, 호머와 레즈비언들의 모임에도 문호를 개방하고 있다. 이런 모임들은 공공연하게 브라질의 큰 거리들을 행진하고, 대도시에서 떠들썩한 의식을 갖곤 한다. 이러한 분위 속에서 아프로-브라질종교는 브라질의 민간종교로 더욱 자신들을 정당화할 것이며, 그에 따라 브라질의 민속 문화로써 더욱 인정되며 부각될 전망이다.

신령들과 춤을

아프로-브라질종교의 영매술은 영매를 통해 신령들이 체현하여 내담자들을 상담하고 처방하는 의식이다. 영매들은 선할 수도 있고 악할 수도 있는 신령들과 협상을 하거나 조정을 하여 내담자를 돕게 된다. 영매술은 특히 신령들과의 연합(incorporate)을 강조하는데, 연합은 먼저 황홀경(trance)을 경험한 뒤 빙의상태에 들어가는 것을 말한다. 루시오(Luceval Silva Filho Lúcio, 59세)에 따르면, 브라질 사람들은 문제해결을 위해 영들과 협상하는 것을 나쁘다고 생각하지 않는다. 바이아인의 70%가 이 종교에 연관되어 있으며, 유명한 배우들이나 가수들 대부분이 이 종교에 연관되어 있다. 이들은 텔레비전에 나올 때 영매들의 옷을 공공연하게 입거나, 자신이 영매술에 속해 있음을 고백함으로써 시청자들에게 자신들의 성공비결이 바로 거기에 있음을 암암리에 주지시키곤 한다.[11]

영매가 되기 위해서는 특정한 훈련을 받아야 한다.[12] 지원자는

---

11) 인터뷰, 2006. 7. 18(화), 뽀르뚜알레그리, 루시오 목사. 현재 그는 오순절교단의 그리스도의 사자들 교회(Igreja Embaixadores de Cristo)의 담임목사이다. 그는 과거에 알렌카르텍시즘과 깐돔블레, 그리고 뉴에이지에 관련되어 있었고 언론인이었다. 그에 의하면, 어떤 문화부 장관은 사람들 앞에서 자신이 마꿈바라고 고백했다. 또한 프로축구단들은 축구단 안에 꽁가라는 우상보관소와 제단을 갖추고 있다고 한다.

그들의 가족이나 세상으로부터 완전히 단절되어야 하는데, 최소 17일 동안 작은 방에 감금된다. 거기에서 영적인 묵상을 하는데, 동물의 피를 마시기도 한다.[13] 감금이 해제되면 머리털을 밀고 몸에 상처를 낸 다음 "피 의식"[14]을 행한다. 모세(Mosse)는 다음과 같이 증언했다.[15]

나는 홍꼴이라는 방에 21일 동안 머물렀다. 거룩하게 하는 의식으로 영들이 내 속에 들어와서 능력을 일으키도록 준비하는 것이다. 21일째 되는 날, 면도날로 내 머리카락을 완전히 밀어 버렸고, 가슴, 혀, 양쪽 어깨와 양발, 머리 정수리 등 일곱 군데에 X자 모양의 상처를 냈다. 그 후에 검정 닭, 거북이, 돼지, 비둘기, 오리, 프락또(닭과 비슷한 동물)의 피를 머리에 뿌렸다. 이것은 오리샤를 부르기 위해서인데, 샹고, 오굼 등의 오리샤들이 그 순간 내게 들어와서 거주함으로써 능력을 갖게 된다고 믿었다. 이런 의례를 치른 지 7년 만에 나는 빠이데산뚜(최고 남자 무당)가 되었다.

영매들은 초자연적인 능력을 발전시키기 위해 훈련을 받는다.

---

12) John Burdick, *Looking for God in Brazil* (California: Univ. of California Press, 1993): 51. 8-9세의 어린이들이 영매가 되기 위해 훈련을 받기도 하는데 이들은 우주철학과 빙의를 통제하는 방법 신령들에게 의무를 다하고 떼헤이루를 운영하는 방법 등을 배운다.
13) 말하는 것이 허락되지 않으므로 동료들이나 감독자들과의 의사소통은 손뼉으로 한다.
14) 쿠프트 E. 코흐, 『악마를 찾아내는 46가지 방법』, 조성기 역 (서울: 황금가지, 2000), 37-41. 참조; 『사탄의 전술전략』(서울: 예루살렘, 1986), 232-234: 악마에게 자신을 넘겨주는 것이다. 그 이후 그 사람은 교회, 성경, 기도, 그리고 모든 종류의 영적인 감화를 전적으로 반대한다.
15) 인터뷰, 2006. 7. 11. 마나우스, 모세(Mosse, 52세): 그는 깐돔블레의 빠이 데 산뚜 이었다가 회심하여 목사가 되었다. 현재는 순복음 선교교회(Igreja Pentecostal e Missionario)의 담임이다.

왜냐하면 떼헤이루(Terreiro, 제의 장소)의 성공은 기본적으로 영매들이나 떼헤이루에 있는 물건(초상 혹은 형상)이 얼마나 초자연적인 능력을 나타내느냐에 달려 있기 때문이다. 그러므로 영매들은 약초를 사용하는 법, 강력한 기도를 하는 방법, 여러 가지 수단들을 활용하는 법, 실험관찰에 의한 경험적인 지식과 초자연적인 것과의 관계를 형성하는 법 들을 공부하고 훈련한다.[16] 예를 들면, 공동묘지에서 밤을 새우면서 죽은 사람의 영혼과 대화하는 것과 영적인 능력을 유지하고 배가하기 위해 주기적으로 행하는 "피 의식" 같은 것이다. 크리시나 아우비스 (Critina Aubis dos Santos)는 다음과 같이 증언한다.[17]

나는 7세부터 19살 때까지 6개월에 한 번씩 동물의 피에 사람의 시체를 담가서 만든 액체로 목욕을 했다. 여사제가 되기 위해서 부샤라는 빵을 이 액체에 담갔다가 먹기도 했다. 이 액체는 매, 염소, 돼지, 앙골라 닭(수컷), 브라질 닭(암컷), 비둘기, 검은 독수리의 피에 공동묘지에서 가져온 신선한 시체를 7일간 담가서 녹인 것이었다.

세 종파의 공식 제의는 월, 수, 금에 행하여지며 그 형식은 거의 유사하다. 제의를 집행하는 사제들은 전통적으로 규정된 것을 정확하

---

16) Roger Bastide, The African Religions of Brasil. 292.
17) 인터뷰, 2004. 7. 17(토), 마나우스, 크리시나 아우비스(36세): 그녀는 19세에 회심하였고 현재는 목사의 부인으로 사역하고 있다. 그녀의 부모와 8명의 형제, 자매 모두가 깐돔블레의 영매들이었다. 그녀는 일곱 살 때부터 영매로서 제의에 참여하였고, 마에 데 삐께냐까지 진급했다. 그녀에 따르면, 시체는 공동묘지에서 최근에 장사지낸 것을 가져오는데, 묘지기에게 돈을 주고 구입하기도 하고, 단속이 심할 경우는 담을 넘어 몰래 가져오기도 한다. 그녀로 인해, 아버지를 제외한 전 가족이 회심했다.

게 인도해야 한다. 만일 오리샤들이 분노하면 "간청"이 충족되지 않을 뿐만 아니라 화를 자초할 수 있기 때문이다. 깐돔블레와 움반다의 제의에는 근소한 차이가 있다. 깐돔블레의 제의는 희생제사, 곧 염소, 닭, 비둘기 등의 살아 있는 짐승을 제물로 바침으로써 시작되는데, 참석자들은 각자 신령과 어울리는 복장을 하고 장신구를 착용한다. 그러나 움반다의 제의는 "악마로부터 보호"를 위해 허브를 태워 향을 피우는 것으로 시작하며, 참석자들은 주로 흰색 옷을 입는다.[18]

이러한 차이들을 제외한 음악, 춤, 기도, 제물, 빙의는 모든 종파가 공통적으로 행한다. 여기에서 빙의란 신령들에게 확실하게 지배당하는 상태를 의미한다. 빙의된 상태에 들어가면 그 사람은 자신을 더 이상 통제할 수 없게 된다.[19] 흑인노예들은 빙의를 통해 그들의 신과 결속력을 가졌고, 노예 신분이나 인종차별에서 오는 열등감을 해소했다.

현재의 신봉자들이 빙의를 통해 기대하는 것도 동일한 것이다. 특히 북 장단[20]에 맞추어 추는 춤은 오리샤들과의 연합을 달성하기 위한 매우 중요한 의식이다. 춤은 맨발로 추어야 한다. 이들은 땅이 영적인 힘을 가졌다고 믿는다. 그러니 땅 힘을 최대한 많이 받기 위해서는 맨발로 춤을 추어야 한다. 영매들은, 아프리카의 토양은 처녀지로서 어떤 토지보다 더 위대한 영적인 능력을 갖고 있다고

---

18) Joseph A. Page, *The Brazilians*, 361, 368.

19) 마틴 로이드 존스, 『귀신들림, 접술, 강신술』, 김현준 역 (서울: 꿈지기, 2006), 111-113; 막 5:11-17; 행 16:17.

20) 아프로-브라질종교에서 북을 가지고 춤을 추는 것은 삶 속에서 초자연적인 영향력과 황홀감과 기쁨을 체험하기 위한 것이다. 그리고 그것의 느낌, 감정, 극적인 본능과 종교적인 열정을 표현하는 하나의 기본적인 방법이다.

믿는다. 이에 아프리카 숲에서 가져온 나뭇잎들을 떼헤이루의 바닥에 깔아놓는다. 제의의 춤들은 단순히 음악에 따른 동작이 아니라, 상징적이며 신성한 것의 재연[21]이다. 그러므로 규정에 따라 정확하게 동작해야 한다.[22]

신령들은 고위사제들의 기도와 영매들의 찬양 가운데 하강한다. 신령들은 맨 먼저 고위사제들에게 빙의하고, 이어서 다른 영매들도 빙의한다. 빙의된 사람은 무아지경에 이르러 경련을 일으키거나 괴성을 지르며 방안을 빙빙 돈다.[23] 크리스찌나는 심지어 이렇게 말했다. "빙의되었을 때 작두를 타거나 숯불 위를 걸어도 아무런 고통과 위험이 없었다."[24] 또 빙의된 영매들은 자신에게 들어온 신령의 특징대로 급격히 변모한다고 한다.

나의 어머니는 집에다가 제단을 차려놓았다. 특히 에슈 까베라를 섬겼다. 술 먹는 신령들을 초청할 때는 독주를 많이 마셨다. 금요일은 까보끌로와 에슈[25]와 바이아노[26] 들의 날인데, 어머니는 두 명의 친구들과 이모와

---

21) P. A. Talbot, *The Peoples of Southern Nigeria*, 803-804: 그 춤들은 새들, 동물들, 물고기들의 움직임이나, 인간의 수영하고 싸우는 동작, 혹은 다른 활동들에 참가하는 동작의 모습을 그리기도 한다.

22) J. Omosade Awolalu, *Yoruba Beliefs and Sacrificial Rites*, 107-108.

23) Peter Mckenzie, *Hail Orisha!* (Koninklijeke: E. J. Brill, 1997), 289: 사람들은 동물, 맛있는 음식과 음료수를 바친다. 이들은 단체 식사 같은 성스러운 식사는 오리샤들과 함께 나누는 것으로 이해한다.

24) 인터뷰, 2004. 7. 17(토), 마나우스, 크리스나 아우비스.

25) 에슈는 일반적으로 루시퍼 또는 사탄과 동일시되지만, 아프로-브라질종교에서 에슈는 선을 행하기도 하고 악을 행하기도 하는 복잡한 존재이다. 원래 요르바 족의 에슈는

함께 카우보이 옷을 입고 검은 모자를 쓰고 장화를 신고 술 달린 블라우스를 입곤 했다. 이 신령들에게 빙의되면 그들은 남자 모습으로 변했는데, 여자들이 홀딱 반할 정도였다.[27]

제의 중에는 춤을 굉장히 많이 추었다. 오리샤가 몸 안으로 들어오면 계속해서 빙글빙글 돈다. 오리샤의 종류에 따라서 춤의 모양이 달라지는데 전쟁에 관련된 것이면 싸우는 동작을 했다.[28]

영매들이 빙의되면 신도들은 영매에게 다가가서 자신의 고민거리, 혼사, 건강, 그밖의 사사로운 일들을 상담한다. 그런데 대부분의 충고들은 도덕적이기보다는 실리적인 것이다.

영매술 중 블랙매직은 에슈[29]들에 의한 저주술이다.[30] 원한,

단지 악한 존재일 뿐이었다. 그런데 브라질에서는 아프리카 흑인노예들에 의해 에슈의 사악한 본능이 부정되었고 삶의 보호자 또는 친구로 대우받았다. 그는 백인에 대항하는 흑인노예들의 마법의 후원자로서 백인들을 죽이고 망가뜨리며 미치게 만들었다. Ismael Jr. Pordeus, *A Magia do Trabalho: Macumba Cearense e Festas de Possessão* (Fortaleza: Secretaria de Cultura e Desporto de Estado de Ceará, 1993), 50.

26) 이들은 브라질 북쪽 바이아 사람들의 영이다. 이들은 술을 많이 마시고 담배를 많이 피우며 춤추고 노래하는 것을 좋아한다.

27) 인터뷰, 2004. 7. 15(목), 마나우스, 미츠(Mite da Silva Gomes, 36세): 그녀가 태어나기 전부터 그녀의 어머니는 마꿈바의 마에 데 산뚜였다. 미츠는 1994년 회심했다.

28) 인터뷰, 2006. 7. 18(화), 뽀르뚜알레그리, 에르와르도(Erwardo): 그는 어려서부터 18세까지 가톨릭 신자였고 동시에 움반다의 도우미였다. 현재는 독립교단의 목사이다. 그는 자신의 어머니도 영매였는데, 영이 들어오지 않은 상태에서는 완벽히 정상이었으나 영이 들어오면 술을 마시고 담배를 피웠다고 회상했다.

29) 블랙매직에는 에슈 외에도 오무루, 이안상이 호출된다.

30) 마틴 로이드 존스, 『귀신들림, 점술, 강신술』, 56-61 참조: 블랙매직은 고대 국가들의 삶의 한 부분이었고 중세시대에도 만연되었던 것이다. 갈라디아서 5:20에서 사도

경쟁, 분노 등으로 상대방을 저주하거나 살해하기 위한 의식이다. 초기 움반다는 블랙매직을 배제했었지만 현재는 세 종파가 모두 이 의식을 행하는 것으로 드러났다. 1975년부터 영적 전투 사역을 하고 있는 프란시스코 목사는 3개월 동안 월, 금요일 밤 12시에 십자로에서 행해지는 저주의식을 관찰했다. 블랙매직의 절차는 고객으로부터 저주 술을 의뢰받은 영매가 저주해야 할 사람들의 이름을 만디오까로 만든 뚜꾸삐(tucupi)[31]라는 음식에 집어넣거나 석고로 만든 사람의 머리, 팔, 심장에다가 붙인다. 그런 다음 십자로에 가서 귀신이 원하는 제물을 그 주변에 놓고 영들의 길을 밝히는 촛불을 켠 다음 주문을 읊는다. 선거철에는 정치인들이 이 의식에 깊이 관련된다.[32] 십자로나 길거리 의 제물들을 청소하는 일은 시청이 맡는다.[33] 그밖에도 블랙매직의 방법은 다양하다. 이에 관련되었던 몇 사람의 증언을 살펴보면,

첫째, 움반다의 블랙매직이다.

나는 금요일마다 의식을 준비하기 위해 저녁 6시 전에 두꺼비를 잡아

바울은 육신의 일들 중 하나로 이 블랙매직을 열거했다.
31) 오리나 닭을 튀긴 곳에, 만디오까, 새우를 넣고 인디오들의 향신료를 사용한 국물에 끓인 요리.
32) 대통령 선거, 국회의원 선거 때가 되면 경쟁자들을 저주하는 블랙매직이 성행한다.
33) 인터뷰, 2004. 7. 14(수), 마나우스, 프란시스코(Francisco Aribaus, 54세): 그는 현재 알리안싸 복음교회 (Igreja Aliança Evangélica)의 담임 목사이다. 마나우스에서 는 영적 전투 및 자유케 하는 사역으로 유명한 교회이다. 필자는 2004년 7월 16일 금요일 밤 12시에 프란시스코 목사와 함께 블랙매직의 장소 중 하나인 마나우스 공항으로 가는 십자로에 갔었다. 거기에는 영매들이 놓고 간 촛불, 제물, 저주의 종이, 깨진 술병 들이 즐비했으며 포도주 냄새가 진동했다.

가지고 왔다. 밤 12시에 십자로에 가서 죽을 사람, 저주해야 할 사람의 이름을 써서 두꺼비 입에 넣고 꿰매었다. 그리고 두꺼비가 터질 때 저주를 실행한다. 그러면 에슈나 뽐바지라(Pombagira)[34]가 받는다. 새벽 2시가 되면 도랑에 가서 다른 귀신에게 제물을 드린다. 이때 임하는 귀신은 까보끌로나 쁘레뉴 벨류이다.[35]

둘째, 깐돔블레의 블랙매직이다.

천으로 만든 인형 안에 죽은 비둘기와 화약을 넣고 한 번도 사용하지 않은 7개의 바늘과 죽어야 할 사람들의 이름을 넣었다. 이러한 의식은 24시간 내에 사람을 죽이기 위한 것인데 실제로 많은 사람들을 죽였다.[36]

임신 6개월째인 한 여자는 자신의 남편을 더 이상 원하지 않았다. 그녀는 깐돔블레 떼헤이루에 가서 남편을 죽게 해 달라고 요청했고 7일 후 남편이 죽었다. 장례식장에서 여자가 남편을 만지는 순간 여자는 스스로 말했다. "내 안에 네 것이 있으니 가져가라." 그 다음날 유산되었다. 그녀는 현재 교회에 출석하지만 힘든 삶을 살고 있다.[37]

셋째, 마꿈바의 블랙매직이다.

---

34) 뽐바지라는 여자 에슈인데, 이것의 형상은 붉은 색으로 상반신을 드러내놓고 있다. 원수에게 벌을 주고 손해 끼치기를 청하는 의뢰자는 공동묘지에서 뽐바지라에게 제물을 바친다. 그리고 원수를 저주하려는 의뢰자는 십자로에 가서 에슈에게 제물을 바친다.

35) 인터뷰, 2004. 7. 15(목), 마나우스, 지우손 올리베이라 목사.

36) 인터뷰, 2004. 7. 17(토), 크리스찌나 사모.

37) 인터뷰, 2006. 7. 18(화), 뽀르뚜알레그리, 루시오.

내가 아마존 여자 실레리와 교제할 때 어려움이 많았다. 이 일로 마꿈바 센터에 가서 상담을 받았다. 나의 영매는 다른 영매가 이 여자를 데려가려고 블랙매직을 행하기 때문이라고 말하면서 여자를 빼앗기지 않으려면 나도 마꿈바 의식을 해야 한다고 말했다. 두 영매가 대결한 결과 상대방 영매가 버스 밑으로 들어가서 거의 죽을 뻔했고 나한테는 아무 일도 일어나지 않았다. 나는 그 여자와 결혼했다. 그러나 나의 영매가 예언한 대로 그녀는 나를 배신했고 현재는 다른 남자와 살고 있다.[38]

　　이 외에도 자신의 소원을 성취하기 위해 살아있는 인간을 신령들에게 바치는 경우도 있다. 프란시스코는 다음과 같이 증언했다.[39]

　　부모를 잃은 시골소녀 하이문다는 마나우스의 부자 집에서 가정부로 일했다. 집주인은 그녀를 영매집회소에 데려갔고 자신이 원하는 것을 얻기 위해서 귀신에게 이 여자를 제물로 바쳤다. 그녀는 한 테이블에 눕혀졌고 영매는 그녀의 팔뚝을 베고 피를 뺐다. 그 순간 그녀는 전혀 다른 사람으로 변했고 기억상실증에 걸렸다. 그녀가 처음으로 우리 교회의 예배에 참석했을 때 발작을 일으켰는데 능구렁이의 모습을 취했다. 나와 교인들은 3개월간 기도했고 마침내 그녀는 지옥의 권세에서 자유롭게 되었다. 그러나 3개월 동안 일어났던 일을 전혀 기억하지 못했다.

---

38) 인터뷰, 2006. 7. 7(금), 마나우스, 안쏘니 로뻬스(AnthoNew York Lopes, 46세): 그는 아마존 인빠(INP)에서 일하는데, 주로 정글에서 지질, 습도 조사를 한다. 18-25세까지 마꿈바 센터에 다녔고 가톨릭 신자이기도 했다. 현재는 전 가족이 여호와의 증인이다.

39) 인터뷰, 2004. 7. 14(수), 마나우스, 프란시스코 목사: "우리가 기도할 때 하이문다의 의지는 지옥의 권세로부터 자유롭게 되길 원했다. 그녀는 천사가 사슬을 깨는 환상을 보았는데 그 순간 영적으로 완전히 자유롭게 되었다고 한다."

블랙매직을 요청하는 사람과 영매는 피를 마시기도 하고 피를 내기도 하며 목욕도 한다. 이는 피로써 악령과 연결된다고 믿기 때문이다.[40] 신봉자들은, 악령이 특히 검정 동물의 피를 원하며 소의 심장도 원한다고 믿는다.

가면을 벗어라!

아프로-브라질종교의 영매술은 알려진 오컬트(Occult)[41] 중에서 가장 오래된 형태의 것이다. 영매술의 기원은 태초까지 거슬러 올라간다. 영매술의 주요 사상은 신령들이나 죽은 자의 영들이 영매를 통하여 이 땅 위의 사람들과 교통할 수 있다는 것이다. 그러나 영매들이 접촉하는 존재들은 신령이나 죽은 자들의 영이 아니다. 단지 신령이나 죽은 자들의 영들인 체하는 악한 영들이다. 이 종교의 제의에는 영매들, 안내자들, 그리고 돕는 자들이 함께 한다.

출애굽기 7, 8장에 기록된 애굽인들의 마술, 마법, 죽은 자에게 말하기 등과 바빌로니아, 페르시아, 헬라인들, 그리고 가나안인들의

---

40) 루시오 목사에 의하면, 우이까(Wica)는 여자들이 숲 속에 모여 영들을 부르며 자신의 피를 바치는 의식인데, 몸에다 칼로 그림을 그리면서 피를 흘리고, 팔목, 뒷목 등에 상처를 남기는데 뒷목의 상처로 들어온 영들은 정신을 사로잡고, 팔목의 상처로 들어온 영들은 행동을 사로잡는다고 믿는다.

41) 죠쉬 맥도웰·돈 스튜어트, 『오컬트』, 이호열 역 (서울: 기독지혜사, 1989), 10: '오컬트'라는 말은 '오컬투스'(Occultus)라는 라틴어에서 온 말로서 감추어지고, 비밀스럽고 신비로운 것들을 가리키는 말이다. 오컬트에 포함되는 것은 마법, 마술, 손금보기, 점, 점판, 타로 카드(tarot card), 악마 숭배, 영매술, 귀신, 수정구술을 이용한 점 등이다. 우리 주변에는 더 많은 오컬트들이 존재하고 있을 것이다.

죽은 자 숭배, 신비술, 요술 등(신 18:9-11; 삼상 15:23; 28:7; 레 9:31; 20:27; 출 22:18; 사 8:19; 19:3; 65:3-4)은 모두 영매술의 형태들이다. 신약에서는 사도행전 19장 13-19절의 마술행위가 영매술에 속한다.42) 이에 대한 하나님의 척결은 신명기 18장 9-12절에 기록되어 있다.

> 네 하나님 여호와께서 네게 주시는 땅에 들어가거든 너는 그 민족들의 가증한 행위를 본받지 말 것이니 그 아들이나 딸을 불 가운데로 지나게 하는 자나 복술자나 길흉을 말하는 자나 요술하는 자나 무당이나 진언자나 신접자나 박수나 초혼자를 너희 중에 용납하지 말라 무릇 이런 일을 행하는 자는 여호와께서 가증히 여기시나니 이런 가증한 일로 인하여 네 하나님 여호와께서 그들을 네 앞에서 쫓아내시느니라

아프로-브라질종교의 영매는 성경에 나오는 점치는 자(복술자), 요술하는 자, 무당, 진언자(주문을 거는 자), 신접자, 박수(남자 무당), 초혼자(혼을 부르는 자)에 해당된다. 분명한 것은 하나님께서 영매들의 여하한 행동들도 결코 용납하시지 않으며 징벌하신다는 것이다.

폴 히버트는 종교지도자들을 현세적인 것에 관심을 가진 자들과 내세적인 일에 관심을 가진 자들로 나누고 있다.43) 아프로-브라질종교의 영매들은 현세적인 것에 관심을 집중하여 영들을 부르고 접촉하며, 그것들을 조정하고 통제하려 한다. 그러나 하나님께서는 신접하거나

---

42) 강승삼, 『세계관과 영적전쟁』 (총신대 선교대학원 강의안, 2004), 40. 인도 브라만들의 근본적인 숭배 기초는 죽은 자들을 불러내는 것이었다.
43) 폴 G. 히버트, 『민간종교 이해』, 458.

살바도르의 호수에는 깐돔블레의 영매들을 상징하는 동상들이 세워져 있다. 아프로-브라질종교의 제의는 브라질 문화의 아이콘이 된 듯하다.

죽은 자와 의논하고 복을 구하는 것을 정죄하시고 엄히 꾸짖으시며(사 8:19), "너희는 신접한 자와 박수를 믿지 말며 그들을 추종하여 스스로 더럽히지 말라"(레 19:31)라고 단호하게 명령하신다.

아울러 성경은 초혼술을 강력하게 배격한다(신 18:11; 시 106:28-38). 하나님께서는 "주께서 주의 백성 야곱 족속을 버리셨음은 그들에게 동방의 풍속44)이 가득하며 그들이 블레셋 사람 같이 술객이 되며 이방인으로 더불어 손을 잡고 언약하였음이라"(사 2:6)는 말씀을 통해서 어떠한 마술적 무당행위도 허용하시지 않음을 밝히신다. 역대상 10장 13-14절은 사울의 죽음도 이 같은 연유에서 비롯되었음을 말씀한다.

> 사울이 죽은 것은 여호와께 범죄하였음이라 저가 여호와의 말씀을 지키지 아니하고 또 신접한 자에게 가르치기를 청하고 여호와께 묻지 아니하였으므로 여호와께서 저를 죽이시고 그 나라를 이새의 아들 다윗에게 돌리셨더라

사울은 사무엘을 통해 지시하신 하나님의 명령에 불순종하였다(삼상 13:8-9; 15:11). 그는 전심전력을 다해 하나님의 뜻을 알고자 하나님께 여쭙지도 않았고 일체의 노력도 하지 않았으면서, 엔돌의 접신녀를 찾아가 "사무엘을 불러올리라"고 요청했다(삼상 28:12-19). 이와 같이 미신적인 발상으로 무당이나 접신녀를 찾아가는 것은 여호와께서 엄금하신 영적 간음 행위이다. 이러한 일은 도저히 용납받지 못할 중죄이다(레 19:31; 신 18:9-14).[45] 기름부음을 받았던 사울도 하나님의 진리의 빛을 거부하자 영적인 어둠에 빠져들고 말았다. 결론적으로 아프로-브라질 종교의 영매들은 하나님의 진리를 왜곡하고 외면하므로 사탄의 통제와 통치에 묶인 자들이며, 영매와 상담하는 자들도 역시 하나님의 엄중한 심판 앞에 놓인 자들이다.

아프로-브라질종교는 영매들에게 윤리적인 표준에 따라 살 것을

---

44) 당시 이집트, 바빌론, 앗수르는 임금들도 통치 행위에서 샤먼의 마술과 점에 크게 의존하였다(단 2:1-13; 렘 27:9).

45) 박윤선, 『성경주석 사무엘 · 열왕기 · 역대기』 (서울: 영음사, 1980), 141; W. 해리스, 『베이커 성경주석 사무엘상·하』, 장귀복 역 (서울: 기독문화사, 1990), 281; 강병도, 『호크마 종합 주석』, 10권 (서울: 기독지혜사, 1991), 231-232.

요구하지 않는다. 영매들은 떼헤이루에서 동성애 행위에 참가하는데,
신봉자들은 동성연애자 영매를 탁월한 영매로 인정한다.[46] 성도착
증[47]은 전통적인 영매술 집회에서 일반화되고 있다.[48] 그뿐만 아니라
아프로-브라질종교의 신봉자들 가운데에는 정신착란, 마약중독, 알코
올중독 등 심각한 병리현상이 두드러지게 나타나고 있다. 다음은 움반
다 집회소의 부사제였던 지우손의 고백이다.[49]

나는 영매술과 관련되어 있을 때 마약중독, 음행, 그리고 강도짓을 일삼았다.
굉장히 강한 마약 세 가지를 동시에 한 적도 있다. 마약의 냄새를 들이켰고
치약 같은 마약을 시가에다 붙여서 즐겼다. 아프로-브라질종교나 알렌카르
덱시즘이나 둘 다 마약, 술, 음행을 한다. 양심이 무뎌져서 무엇이 선하고
악인지 모른다. 제 정신이 있을 때만 선행을 한다고 하지만 사실은 별짓을
다 했다.

---

46) 2008. 8. 23. 김완기 선교사의 e-mail에 따르면, 수년간 기독교 의원들의 반대로
계류되었던 "동성애 커플간 민법적 결합 허용"이라는 법안이 브라질 의회에서 통과되었
다. 브라질 상빠울루 시에서 해마다 열리는 동성애 축제는 캐나다 토론토 및 미국
샌프란시스코 행사와 함께 세계 3대 동성애 축제로 꼽힌다. 여기에는 매년 2, 3백만
명 정도가 운집한다.

47) 이성(異性)보다 사물이나 동성에 대해 성적 흥미를 보이며 정상적인 성교가 아닌
다른 성적 행동이나 상상을 통해 성행위가 이루어지는 정신질환.

48) Neuza Itioka, *Os deuses da Umbanda* (Rio de Janeiro: ABU., 1989), 173-185:
그러나 인간은 하나님의 질서에 참여하기 위해 창조되었다. 창조질서는 성적인 질서도
포함된다. 창 1-2장의 출산은 하나님의 지엄한 명령이다. 그러나 동성애적 관계는
그러한 명령을 충족시킬 수 없다. 얼 윌슨, 『동성연애 상담』, 남상인 역 (서울: 도서출판
두란노, 2002), 54 참조.

49) 인터뷰, 2004. 7. 15(목), 지우 손 올리베이라 목사: 현재 오순절교회 담임목사.

또한 미츠는 마꿈바의 영매였던 자신의 어머니에 대해서 다음과
같이 회상하였다.50)

어머니는 독주를 많이 마셨다. 맥주에 위스키를 섞어서 마셨기 때문에
위가 다 망가졌다. 그리고 담배를 많이 해서 폐까지 망가졌다. 그뿐만
아니라, 정신적으로도 문제가 발생했다. 어머니가 아파서 병원에 갔을
때 그녀는 간호원을 마구 때렸다.

이상과 같이 아프로-브라질종교는 개인적인 병리현상을 일으킬
뿐만 아니라 집단적인 병리현상도 일으킨다. 이러한 병리현상들은
사회적 범죄로 이어지는 경우가 있다.51)

1977년 8월 히우의 한 방송국 음악프로에 아시스(Cacilda de Assiss)라는
영매가 참석하였다. 그녀는 검은색과 빨간색으로 조화를 이룬 망토를 두르
고 옆구리에는 지팡이, 입술에는 시가를 물고 까샤사라는 브라질 술을
들고 에슈를 불렀다. 에슈가 그녀를 점유하자 그녀는 몸을 흔들기 시작하였
다. 프로그램 진행자는 아기처럼 울기 시작하였고 스튜디오에 모인 청중들
은 병적인 흥분의 도가니에 사로잡혔다. 이러한 상황은 전파를 타고 도시
전역으로 확산되었다. 곧 수백 명의 사람들이 정신착란으로 소리소리 지르
며 스튜디오 밖에 모여들었다. 그 가운데 두 명의 남자가 에슈에 의해
빙의된 영매가 남자인지 또는 여자인지에 대해 논쟁을 하다가 살인사건이
일어났고, 살인자도 곧 자살함으로써 두 사람이 모두 목숨을 잃었다.

---

50) 인터뷰, 2004. 7. 15(목) 미츠 다 시우바 고미스 성도: 그녀의 어머니는 아들의 끈질긴
기도와 전도로 병석에서 예수님을 영접하였다. 현재는 전 가족이 교회에 출석한다.
51) Joseph A. Page, *The Brazilians*, 352.

이와 같이 아프로-브라질종교의 영매술은 사람들의 심리상태를 어지럽히고 사회적인 범죄[52]를 초래하고 있다.

아프로-브라질종교는 죽은 사람들의 영들이 살아있는 사람들과 교통하여 인도하고 도와준다고 믿는다. 이 종교는 흑인노예의 영인 쁘레뚜 벨류(Preto Velho), 인디오의 영인 까보끌로(Caboclo), 에굼들 (Eguns)을 죽은 사람의 영이라고 믿으며, 이들을 신격화한다. 그러나 성경은 산자가 죽은 자들의 영과 접촉하는 것이 불가함을 말씀한다. 예수께서는 누가복음 16장 19-31절의 "부자와 나사로"를 통하여 이 점을 분명히 밝히신다. 여기에서 우리는 두 가지 사실을 주목해야 한다. 먼저는 의로운 사람이 죽어서 가는 곳과 불의한 사람이 죽어서 거하는 곳 사이에는 누구도 건널 수 없는 큰 심연이 있으며, 죽은 자들은 행동에 제한을 받는다는 것이다. 또 다른 사실은, 죽은 자들은 어떤 문제에 관해서라도 산 자들에게 말할 수 없다는 것이다.[53]

영매술은 사령과의 교제와 사령이 육안으로 볼 수 있게 출현할 수 있다는 성경적 근거로 사무엘상 28장 3-25절에서 엔돌의 접신녀가 사무엘을 불러 올린 것을 지목한다. 이 사건에 대해서는 의견이 분분하

---

52) Boaventura Kloppenburg, *A Umbanda no Brasil* (Rio de Janeiro: Vozes, 1961), 188-191: 떼헤이루에서 10대의 어린 여성들을 강간하는 일, 영매가 성자의 명령을 받았다고 어린아이를 살해하는 일, 제식과 치료 과정에서 화상 1-2도를 입히는 일, 이웃을 원수로 생각하고 살해하는 일, 에슈가 사람에게 들어와 그 자리에서 직사하는 일, 에슈의 요구로 사람을 제물로 삼아 살해하는 일 등이 일어났다.

53) 죽은 부자는 아브라함에게 살아있는 그의 다섯 형제들에게 나사로를 보내어 "회개하지 않을 경우 임박한 재앙을 피할 수 없을 것"이라는 경고를 부탁하였으나 거절당했다. 아브라함은 부자의 형제들이 재앙을 면하려거든 죽은 자들의 음성을 들으려 하지 말고 하나님께서 말씀하신 것을 믿어야 한다고 대답했다.

다. 실제로 사무엘의 혼이 임한 것을 접신녀가 보았다는 견해, 거짓 혼이 사무엘의 혼인 양 행세하면서 나타났다는 견해, 거짓으로 본 척했을 뿐이라는 견해 등이 있다. 그러나 분명한 것은, 하나님께서는 그의 백성인 선지자의 영혼을 무당의 술수에 이용되도록 하시지 않는다는 것이다.[54]

성경은 사람이 죽게 되면 그 영혼은 지상 세계와 차원이 다른 처소로 옮겨지고 지상세계와 교통하지 못한다고 말씀한다(눅 16:19-31; 23:43; 고후 5:1). 따라서 영매술로 불러내는 영혼은 결코 죽은 자의 것이 아니라 죽은 자의 영혼을 가장한 사탄의 역사에 불과하다. 그러므로 성경은 신접자, 초혼자, 무당 등에 대해 존재 자체부터 부정한다(출 22:18; 레 19:31; 20:27; 신 18:10-14).

결론적으로, 접신녀가 불러 올린 사무엘은 진짜 사무엘의 영혼이 아니다. 루터나 칼빈이 말한 대로, 사무엘의 형체를 입고 나타난 사탄이다.[55] 이와 같이 사람들의 하나님과 바른 교제를 방해하며 미혹하게 하는 영매술은 결코 용납해서는 안 된다(신 18:10, 11).

귀신들림은 분명 나쁜 것이며 피할 수 있는 것이나, 아프로-브라질 종교에서는 그것이 가져오는 보상 때문에 의도적으로 빙의를 추구한

---

54) 박윤선, 『성경주석 사무엘 · 열왕기 · 역대기』, 142-143; W. 해리스, 『베이커 성경주석 사무엘 상·하』, 494: 하나님께 기름부음을 받은 사울이 엔돌의 접신녀를 찾아갔던 것은 오순절 이전의 옛 계약 아래 있는 사람들이 범할 수 있었던 바, 성령을 거스른 매우 큰 죄악이었다.

55) Ibid., 534-536: 한때 천사였던 사탄은 여전히 천사처럼 행동할 수 있으며 선지자의 흉내를 낼 수도 있다.

다. 영매들은 신령들로부터 지식을 얻는다고 믿는다.[56] 그래서 신령들에 의해 빙의되기를 갈구하면서 춤을 추고 손뼉을 치며 주문을 외우고 심지어 약물까지 복용한다. 빙의는 인격 변화, 방언, 비정상적 언어행위 등을 일으키지만, 영감은 신과의 교통에서 자기의식과 몸과 마음의 통제를 유지하는 가운데 강한 정신적 명료함과 감정적 자극을 경험하는 것이다. 빙의가 되려면 몇 단계의 변화를 거쳐야 한다. 처음에는 의식이 있는 상태에서 몸의 움직임에 대한 통제력만 잃지만 점점 의식도 함께 잃게 되며, 빙의되고 나면 종종 큰 힘을 나타내기도 한다.

그러나 성경은 사탄도 광명한 천사로 가장하고 사탄의 일꾼들도 의의 일꾼으로 가장하는데(고후 11:14-15), 사탄의 목적은 인간을 도적질하고 죽이고 멸망시키는 것(요 10:10)라고 말씀한다. 그러므로 아프로-브라질종교에서 말하는 오리샤들, 사령, 조상의 영, 인디오의 영, 흑인의 영은 광명한 천사로 가장한 사탄인 것이다. 아프로-브라질종교는 불신으로 가득 찬 거짓영의 지배를 받는 종교이다. 인간에게 임하는 영은 성령이 아니면 악한 영인데, 성령이 임하시면 생명을 풍성히 얻게 하시지만, 악한 영은 도적질하고 죽이고 멸망시킨다(요 10:10).[57] 일시적인 유익을 위해 귀신들림을 조장하고 방조하는 것은 자신을 사탄의 종으로 전락시키는 것이며, 자신의 영혼을 스스로 멸망시키고 죽음에 이르게 하는 불신행위이다.

---

56) 폴 G. 히버트, 『민간종교 이해』, 256.

57) W. 해리스, 『베이커 성경주석 사무엘 상·하』, 495: 사탄은 죄를 범할 때까지 아첨꾼 노릇을 하다가 일단 사람들이 죄를 범하고 난 후에는 폭군으로 돌변하여 위협하고 혼란에 빠뜨린다.

체인지 파트너

히우의 카니발을 시작으로 브라질 전역에서 지역별 카니발이 열린다. 마나우스에서 약 420km 떨어진, 그러니까 비행기로 한 시간 정도 이동하면 빠린찐스(Parintins)라는 작은 섬에 당도한다. 여기에서는 매년 6월 마지막 주말에 '보이붐바'(Boí-Bumbá)라고 하는, 흰 소와 검은 소의 대결이 벌어지는 축제가 열린다. 이곳의 인구는 9만 정도인데, 축제를 보려고 몰려드는 관광객 수는 거의 20만에 달한다고 한다. 이때에 전 세계의 자가용비행기들이 대거 몰려온다고 하니 가히 그 인기를 짐작할 수 있다.

"보이"는 우리말로 황소를 가리키고 "붐바"는 소의 발길질이란 뜻으로, "보이붐바"는 황소의 발길질, 즉 소를 흉내 내는 춤을 의미한다. 이 춤은 원래 목동들이 네 다리를 들썩거리는 소의 몸짓을 흉내 내어 리듬에 맞추어 추던 춤에서 시작되었다. 보이붐바 축제는 다음과 같은 이야기를 주제로 하여 진행된다. 한 부유한 목장 주인이 자신이 가장 아끼던 소 한 마리를 딸에게 주고, 그 소를 돌보는 일을 목장의 충직한 일꾼에게 맡겼다. 그런데 어느 날 그 일꾼의 임신한 아내가 소의 혀를 먹고 싶다면서 남편을 조르기 시작했다. 결국 일꾼은 아내를 위해 주인의 소를 죽이고 말았다. 이를 알게 된 주인은 곧바로 일꾼을 잡아들였지만, 마을의 주술사가 죽은 소에게 생명을 불어넣어 살림으로써 일꾼은 죽음을 면했다는 이야기이다.

보이붐바가 전하고자 하는 것은, 고난이 다가오고 그 고난은 철저하게 인디오의 주술과 마법에 의해 극복된다는 것이다. 즉, 거대한

256

뱀이나 괴물같이 대적하기 힘든 위험과 싸우는 인디오들의 모습이 등장하고 거대한 독수리를 타고 날아오는 여전사 아마조네스, 혹은 불에서나 알에서 태어난 전사가 괴물을 처치하는 것이다. 참석자들의 증언에 의하면, 이 축제에는 실제로 인디오들의 애니미즘과 샤머니즘이 면면히 흐르고 있으며, 관중들은 초자연적 신비를 체험하기 위해 더욱 열렬해진다는 것이다. 이곳은 선교사들이 교회를 세우기 어려운 지역으로도 손꼽힌다. 가톨릭교회와 마꿍바 등 아프로-브라질종교에 심취한 사람들이 모여서 현란한 춤판을 벌이는 일이 적지 않다고 한다.

축제 기간이면 이 섬은 파랑과 빨강색으로 뒤덮인다. 관객들은 자발적으로 두 진영으로 나뉘어 공연에 참여하는데, 파란색 옷은 '까쁘리쇼수'(Caprichoso) 팀, 빨강색은 '가란찌두'(Garantido) 팀의 응원단이 입는다. 두 팀이 사흘 동안 경연을 벌여 우승팀을 가린다. 보이붐바는 히우의 카니발보다 의상이 더 화려하고, 음악, 춤, 서커스, 연극 등이 어우러진 대규모 종합공연이다. 삼바 춤은 음악에 맞춰서 다양한 동작으로 추는 것이지만, 보이붐바 춤은 모든 사람이 같은 동작으로 추는 것이 특징이다. 한 팀당 동원되는 인원은 14,000명이며, 각각의 이야기가 있는 거대한 수십 개의 이동 무대가 쉴 새 없이 나가고 들어간다. 빠린찐스는 이 축제를 통해 일 년 동안 먹고 살 것을 마련한다. 그러나 주 정부의 지나친 상업주의가 서민들의 불만을 사고 있다. 게다가 이곳 주민들의 가장 큰 골칫거리는, 축제 기간 동안 각종 폭력이 성행하고, 쉽게 돈을 벌려는 청소년들의 매춘행위가 극성을 부리는 것이다. 인디오들의 순수하고 소박한 삶을 노래하고 춤추던 보이붐바

마나우스 공항 기념품 가게에는 보이붐바를 상징하는 검은 소와 흰 소의 가면이 진열되어 있다. 보이붐바는 인디오의 샤머니즘 세계관이 면면히 흐르고 있는 축제다.

축제가 탐욕과 영적 혼란을 유발하고 어둠을 부르는 몸짓으로 변하고 있는 것이 참으로 안타깝다.

　　마나우스의 김완기 선교사님에 의하면, 이와 비슷한 축제가 7월에 마나우스에서도 열린다. 까나보이(Cana Boi)라는 것이다. '까나'는 '카니발'을 뜻하고 '보이'는 역시 '소'를 의미하는데, 카니발과 보이붐바가 결혼한 것이라고 한다. 이 기간에 연주되는 곡은 마꿈바나 움반다에서 사용하는 음악들이 주를 이루고, 팀의 리더들은 승리를 위해 신령들에게 제사를 지내기도 한단다. 또한 김선교사님은 브라질의 유명한 영화, 텔레비전 스타들도 영매술에 연관되어 있는데, 그들은 성공을 위해 귀신들과 협약을 맺는다고 한다. 그리고 어떤 이들은 마나우스에 와서 아마존 강에 나체로 들어가는 행위를 하는데, 아마도 자연에게 자신을 제물로 바치는 행위일 것으로 여겨진다고 한다. 이외에도 브라질의 정신인 가톨리시즘과 영매술은 브라질의 TV 드라마에 배경으로 늘 깔려 있다고 한다.

이렇게 영매술과 같은 신비술들이 브라질에 깊이 뿌리내릴 수 있었던 것은, 오랜 세월 동안 소외되고 억압된 계층이 많았기 때문일 것이다. 현재 아프로-브라질종교와 같은 하등영매술이 성행하는 것은, 브라질 가정과 사회가 그만큼 정신적 · 영적으로 건강하지 못하다는 것을 보여주고 있는 것이다.

브라질 사람들이 복음으로 억압과 소외의 암울함을 치유 받는다면, 그들의 타고난 감성과 열정은 인간의 영광이 아닌 하나님의 영광을 향하게 될 것이다. 그리 될 때, 그들은 광란의 춤사위가 아닌 성령님과의 거룩한 춤을 추게 될 것이고, 전 세계에 천국축제를 일으키게 될 것이다. 브라질인들이 성경이 제시하는 방향과 시각으로 회복되어 생명복음을 증거하는 진정한 디아코노스(Diasconos, 하나님의 일꾼)가 될 그 날은 과연 언제일까? 나는 그 날이 속히 오리라고 기대한다. 하나님께서는 이미 오래전부터 브라질의 변혁을 위해서 복음의 징검다리의 역할을 할 이중문화의 사람들과 열정적인 선교사들을 배치하고 계셨다.

복잡하고 위험이 도사리는 지역을 힘겹게 지나 빵산에 오르니 저녁노을이
온 세상을 덮고 있었다. 시각을 달리 하니, 인간 삶의 고단함까지 아름다움으
로 전환되었다. 인간이 빚어낸 세상을 하나님의 세상이 보듬고 있었다.
우리의 슬픔과 죄악까지도 품으신 하나님의 사랑을 찬양한다.

방향과 시각

방향을 잃은 도시

작년 히우 방문에 앞서, 상빠울루에서 비행기로 약 1시간 반 정도 떨어져 있는 뽀르뚜 알레그리(Porto Allegre, '기쁨의 항구')를 2박 3일간 방문했다. 그 도시와의 인연은 1998년부터 지금까지 계속되고 있는데, 처음 방문했을 때 극적으로 만났던 중학교 동창인 곽선희 권사가 그곳에 살고 있기 때문이다. 친구이면서 진실한 동역자인 그녀는 고등학교 1학년, 그러니까 1975년도에 부모님을 따라 파라과이로 이민을 갔고 8년 후에 다시 이 도시로 이주하여 30년 넘게 살고 있다.[1]

내 친구는 남편과 함께 세 곳에서 의류사업장을 운영하고 있다. 이 일로 한 달에 두 번 정도는 상빠울루에 가서 물건을 구입해야만

---

[1] 곽권사는 12년 전부터 교회 밖에서의 예배드림에도 힘쓰고 있다. 현지인 목사님을 모시고 드리는 직장예배를 드리고 있고, 어려운 열세 가정에 구제품을 전달하고 있으며, 여섯 명의 동역자들과 함께 '헵시바'(Hephzibah) 선교회를 조직하여, 브라질 내 한인 선교사들과 현지인 목회자들을 후원하고 있다.

한다. 내가 목격한 브라질 한인들의 아내들은 새벽부터 저녁때까지 사업주로서 격렬한 업무를 보고 있었다. 게다가 자녀 교육, 부모봉양, 일상적인 가사 일 등 많은 책임을 떠안고 있었다. 그래서인지 건강상의 어려움들을 호소하곤 했는데, 내 친구도 얼마 전에 대상포진으로 어려움을 겪었다.

이 도시 한인들의 가장 큰 근심은 자녀들의 결혼과 진로문제다. 한인 부모들 대부분이 "현지인이 아닌 한국 사람과의 결혼"이라는 전제를 자녀들에게 주지시키고 있다. 그 이유 중 하나는, 이민을 떠났던 그 시점의 한국적인 시각으로 아직도 고정되어 있기 때문일 것이다. 내 친구의 경우는 한국을 떠났던 시점, 즉 1975년 무렵 한국사회가 가지고 있던 가치체계를 그대로 고수하고 있다. 이민 1세대인 부모들과 브라질에서 교육받고 자라난 자녀들 간에 빚어지는 문화적 갈등은 신앙 안에서 어느 정도는 해소할 수 있지만, 작은 한인그룹 안에서 결혼상대자를 구해야 하는 문제는 쉽거나 간단해 보이지 않았다. 이 문제를 해결하려면 어떻게 해야 할까?

한 번은 한국에서 옷을 사기 위해 한 자매와 함께 쇼핑센터에 갔다. 몇 군데를 돌아보고 나니 피곤하고 지쳐서 옷 고르는 일을 아예 포기하고 나는 그저 그녀와 동행만 하고 있었다. 그런 나를 보고 그녀가 한마디 던졌다. "좋은 옷을 사려면, 열정을 가지고 적극적으로 발품을 팔아야 돼요."

그렇다, 열정과 적극성 없이 되는 일이 있으랴. 심지어 결혼 상대자를 구하는 일이야 오죽하겠는가. 우연이나 숙명에 기대지 말고, 하나님

의 뜻을 구하면서 열정적이고 적극적으로 결혼상대자를 구하고 찾아야
만 할 것이다.

2014년 6월 23일(일)에 우리나라 축구팀이 알제리와 월드컵 경기
를 펼치는 곳, 뽀르뚜 알레그리는 어떤 도시일까? 이 도시는 브라질
남동부 히우그란지두수우 Rio Grande do Sul 주의 수도로, '신의 어머니
성모'(Nossa Senhora Mãe de Deus)를 수호성인으로 삼고 있다. 또한
'충성스럽고 용감한 뽀르뚜알레그리'(Leal e Valerosa Cidade de Porto
Alegre)라는 별칭을 가지고 있는데, 이는 1838년 이 도시가 혁명군에
저항함으로써 당시 브라질의 황제였던 동뻬드루 2세가 "매우 충성스럽
고 용감하다"라고 칭찬한 데서 유래되었다.

뽀르뚜알레그리는 브라질의 다른 도시에 비해 유럽계 백인 인구의
비율이 매우 높은 곳이다. 인구의 80% 이상이 백인이다. 1775년
히우그란지두수우 주의 인구 중 55%가 아소레스군도 출신 포르투갈
인이었는데, 1914년까지 약 5만 명의 독일계 사람들이 뽀르뚜알레그리
로 이민해 왔다. 20세기 초에는 브라질의 농촌에 살던 많은 독일계
이민자들이 이 도시로 몰려들었다. 게다가 이탈리아 북부의 베네치아
가 속해 있는 베네또(Veneto) 주 출신의 이탈리아계 이민자들도 이
도시로 많이 이주하였다.

2006년에 만난 빠울루 에리유(Paulo Eril, 53세, 심장 전문 의사, 목회자)
는 뽀르뚜알레그리 사람들에 대해서 다음과 같이 설명했다.

히우그란지수우는 역사적인 사건들이 많은 주입니다. 그래서 자부심을

가지고 있습니다. 많은 대통령이 이 주에서 나왔고 오랫동안 용사, 영웅들을 많이 배출했습니다. 몇 년 전 모임이 있었는데, 히우그란지수우를 브라질에서 분리하자는 모임이었습니다. 이들은 브라질의 다른 가난한 사람들과 섞이는 것을 싫어했습니다. 이곳은 농산물이 풍성하고, 질적으로도 매우 좋습니다. 인종차별이 심하진 않지만 없는 것은 아닙니다. 이 도시는 이태리와 독일 사람들이 점유하고 있는데, 인종차별은 독일 사람들이 가지고 왔습니다.

그래서인지 길거리에서 동양인이나 흑인을 만나는 일이 매우 드물었다. 이 도시 사람들은 눈만 마주쳐도 방긋 웃던 마나우스 사람들과는 사뭇 다른 표정들을 하고 있었다. 한 마디로 쌀쌀맞았다. 그런데 이 서구적이고 자만심 많은 도시의 이면엔 우울함과 어두움이 짙었다. 그것은 신비술과 영매술이 이 도시 사람들의 영혼을 등이 사로잡고 있기 때문이었다.

아프리카의 하등 영매술(Low Spiritism)과 프랑스의 고등 영매술(High Spiritism)이 브라질에서 만나 융합, 새롭게 탄생시킨 아프로-브라질종교의 한 종파인 움반다가 가장 성행하고 있는 도시가 바로 이곳이었다. 그 외에도 브라질화된 불교, 초월명상, 프리메이슨(Freemason), 장미십자회(Rosicrucian) 등 유럽에서 건너온 사교(Occult, 신비술)들, 일본에서 건너온 신비주의들이 우글거리고 있었다. 왜 그럴까? 빠울루에리유는 그 이유로 복음주의 교회의 약세를 들었다.

예전엔 주술적 행위가 적었습니다. 바아이(Baiha: 브라질 북동부) 주가 훨씬 더 많았지요. 그런데 언제부터인가 복음주의적 열기가 식기 시작했습

264

니다. 옛날엔 복음주의적 전통교단의 세력이 강했습니다. 그러나 같은 교단이라고 해도 지역마다 성격이 다른데 이곳은 보수적이고 매우 차갑습니다. 뽀르뚜알레그리는 사단교가 많습니다. 사단주의자들이 5-6년 전 이곳에 본격적으로 진을 치기 시작했습니다. 이는 다른 지역보다 영적인 전투를 할 만한 교회가 없기 때문입니다. 이곳 사람들은 다른 사람들을 조정하고 싶어 합니다. 능력을 가지고 문제해결하려는 심리는 주술사들을 배출하게 합니다. 사람들은 필요를 충족하려고 하거나 자부심을 얻으려고 주술사들을 찾아갑니다. 그리고 주술사들은 '빨리 채움'을 빙자하여 사람들에게 접근합니다. 포르투갈과 스페인의 가톨릭은 매우 주술적입니다.

브라질에 끌려온 흑인노예 중에는 지도자들도 있었다. 한번은 한 흑인왕자가 이 도시로 끌려왔는데, 그는 대중 앞에서 자신이 신봉하는 아프리카 신에게 뽀르뚜알레그리를 바친다고 외쳤다. 이 도시의 중앙시장 안에는 영매술(스피리티즘)의 길이 있다. 거기에 그 왕자의 뼈가 묻혀 있는데, 이 도시의 영매들은 반드시 그곳에 가서 머리를 부딪치고 와야만 한다. 아프리카에서 이 도시로 끌려온 노예들에게는 무엇이 잘 되기를 바라는 마음이 없었다. 단지 도시가 망하고 없어지기를 바랐을 뿐이다. 그 왕자는 뽀르뚜알레그리의 항구를 통해서 배들이 들어와서, 여기서부터 도시들을 건축하고 길을 만들어내기 때문에 이곳을 정복하는 것이 곧 브라질을 정복하고 지배하는 길이라고 여겼던 것 같다.

이 도시에서 사역하고 있는 루시오 목사(Luceval Silva Filho Lúcio, 56세, 언론인 출신)는 전 가족이 가톨릭에서 시작, 13~16세에 프랑스에서 온 영매술인 카르덱시즘(Kardecism)에 연루했었다. 그는 이렇게 말했다.

브라질에서 나온 유일한 영매술은 움반다입니다. 깐돔블레는 아프리카에

뽀르뚜알레그리의 움반다 무당, 그는 갖가지 신들을 상징하는 도구들의 쓰임을 설명했다. 움반다는 히우그란지두술 주에서 가장 많이 성행하고 있는 아프로-브라질종교의 종파다.

서 온 것인데 피를 봐야 하고 때로는 죽여야 하기 때문에 매우 무거운 종교이지만, 프랑스 영매술은 영들과 함께 일은 하지만, 좀 더 깨끗한 데다가 피를 보지 않습니다. 카르덱시즘과 깐돔블레가 차츰 섞여 탄생한 것이 움반다인데 이 종교는 식물만 가지고 제의를 행합니다.

움반다 집회소를 방문했을 때였다. 제단 앞에는 커다란 성경책이 펼쳐져 있었고, 벽에는 예수님과 성모 마리아 사진이 떡 하니 붙어 있었다. 그 주변에는 이 종교의 신들의 형상들과 상징물들이 수북하게 진열되어 있었다. 움반다 무당은 다음과 같이 자신의 종교를 소개했다.

움반다는 브라질에서 계속 성장하고 있습니다. 굉장히 많습니다. 히우그란지두수우 주에 가장 많고 그다음에 히우, 그리고 바이아 주 순으로 많습니다. 히우그란지두수우 주에만 리더가 15만 명이 있는데, 움반다는 문맹인들을 위해서 글을 가르치고 바자회도 하며 무료급식도 하고 춤과 바느질도 가르치는 등 착한 일을 많이 합니다. 이러한 구제와 교육제공이 움반다 성장의 첫 번째 이유입니다.

그러나 사단숭배 종교들은 아무리 착함과 선을 주장하고 행한다고 할지라도 거룩함이 배제되어 있고 윤리적, 도덕적인 면이 심하게 훼손되어 있다. 이 외에도 대부분의 종교들은 자신들의 위치를 선의 자리에 두려고 한다. 그러나 하나님께서 명령하시는 것은 "거룩함"이다(요 17:14-19; 살전 4:3-8; 엡 1:4). 그렇다면 거룩함은 무엇일까?

거룩함이란 타락한 세상과 모든 죄로부터 분리됨을 의미한다.[2] 세상과의 분리는 삶의 방향과 목적이 세상사람, 즉 육적인 사람들과 구분되어야 한다는 뜻이다. 세상 사람들은 자신의 영광, 다시 말하면 육적 생명(갈 5:19-21; 딤후 3:2-5)과 부귀영화에 집중하지만, 하나님의 백성들은 영적 생명(요 12:25)에 집중하면서 하나님의 영광을 향해 나아가는 삶을 살아야 한다. 또한 죄로부터의 분리란 예수 그리스도 안에서 하나님의 말씀에 순종하고 성령의 통치에 순응하는 삶이다(딤전 4:5; 행 15:9; 살후 2:13). 하나님께서는 타락한 인간들을 죄로부터 보호하시기 위해 영적 울타리, 즉 계명을 주셨고, 그의 백성들을 죄로부터 온전히 분리시키시고 해방시키시기 위해서 예수 그리스도의 거룩한 피를 이 땅에 뿌리셨다.[3]

---

2) 정흥호, 『복음과 상황화』 (서울:기독교문서선교회, 2004), 34.

뽀르뚜알레그리의 한인교회 주변에는 움반다를 비롯한 사탄숭배 집단들이 진을 치고 있었다. 육적 인식으로는 작고 연약한 교회로 보였다. 교인 수가 30명 안팎인 데다가 절반 가량은 일시적인 주재원들이었다. 그러나 그 교회는 남부지역의 중심도시인데도 영적 방향을 잃고 표류하는 뽀르뚜알레그리의 구원을 위해 영적 등대와 같은 역할을 수행하고 있었다. 상황적인 어려움에도 불구하고 꿋꿋이 기도의 불이 지펴지고 있었고 사랑의 빛을 비추는 데에 소홀하지 않았다.

이제는 세계관이다!

작년 뽀르뚜알레그리 방문은 이 작은 한인교회의 초청으로 이루어졌다. 이 교회는 1987년에 개척되었고, 내 친구 곽권사가 개척 당시부터 지금까지 헌신적인 봉사자와 리더로서 섬기고 있다. 내가 마나우스에서 강의한 성경적 세계관 세미나는 한 학기 동안 한국의 신학교에서 강의한 내용과 분량이었는데, 이 교회에서는 단 2시간 내에 해줄 것을 요청했다. 한인 가정 대부분이 상업에 종사하다 보니 시간을 내기가 어려웠을 것이다. 짧은 시간이었지만, 성도들은 진지하게 세미나에 임했고, 나는 특히 이 도시의 영적 상황과 도전들에 대해서 설명하고는 더욱 깨어서 기도하고 말씀에 집중할 것을 당부했다.

나는 박사학위 논문을 쓰면서, 잘못된 상황화들로 인한 종교혼합주의, 역사적 배경에 의해 형성된 문화식인주의의 영향으로 혼잡하고 위태로운 브라질 교회에 우선적으로 필요한 것은 '세계관의 변혁'이라

---

3) Ibid., 40.

는 생각을 멈출 수가 없었다. 세계관이 변혁되지 않은 상태에서 신학공부를 하고 교회생활을 하는 것은 아주 심각한 혼합주의만을 불러일으킬 뿐만 아니라, 이들의 열성적 감성주의는 방향을 잃은 기독교를 전 세계에 유포할 수도 있기 때문이다. 이에 작년의 브라질 방문은 현지인 들에게 '성경적 세계관'을 어떻게 가르치고 훈련해야만 할까와 누구와 협력할 것인가를 하나님께 여쭈면서 시작되었다. 그런데, 예상은 했었지만, 안타깝게도 대부분의 선교사, 목회자들이 성경적 세계관에 대한 이해가 부족했다. '교회 부흥'과 '내적 치유'라는 주제에는 관심이 많았지만, 사람들의 세계관을 성경적 세계관으로 변혁시켜야 한다는 제안에 대해선 심도 있게 생각하지 않는 것 같았다. 이유는 여러 가지가 있겠지만, 먼저는 세계관이란 단어가 주는 이미지가 너무 학문적 · 철학적 · 변증적이기 때문인 것 같았다. 즉, 세계관이 무엇인가에 대한 정확하고 올바른 정의를 분명히 하지 못하고 있었다. 그러므로 성도들의 실생활이나 영적 부흥에 직접적인 도움을 줄 수 있는 내용이 아니라고 생각했던 것 같았다.

그러면, 세계관은 왜 그렇게 중요한 것인가? 내가 정의하는 세계관이 란, 방향과 시각이다. 그러므로 성경적 세계관이란, 성경이 제시하는 방향과 시각을 말한다. 우리가 눈으로 관찰할 수 있는 어떤 사람의 행위는 그 사람의 가치관에 의해 규정되고, 가치관은 그 사람이 무엇을 믿는가에 의해 영향을 받는다. 그리고 신념은 세계관의 영향을 받는다. 즉, 어떤 사람이 상황과 물질을 바라보는 각도와 삶이 향하고 있는 방향에 따라 신념과 가치와 행동이 결정되는 것이다. 겉으로 관찰할 수 있는 행위가 신실한 그리스도인 같을지라도 그 사람의 세계관이 성경적 세계관으로

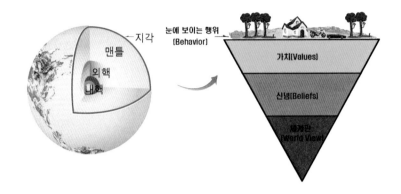

눈에 보이는 행위 [Behavior]

가치[Values]

신념[Beliefs]

세계관 [World View]

지각

맨틀

외핵

내핵

바뀌지 않는다면, 다음과 같은 일들이 일어날 수 있다.

한국인 선교사가 인도의 대학 캠퍼스에서 성경을 가르치면서 전도했는데, 한 힌두교 여학생이 진지하게 성경을 공부하고 나서 기독교를 믿기로 작정하고 세례를 받았다. 방학이 되어 집으로 돌아가는 그녀에게 선교사는, 혼자만 믿지 말고 주위 사람들에게도 복음을 전하라고 권유했다. 방학이 끝나 학교로 돌아온 그 여학생은 환한 얼굴로 선교사를 찾아와서 드디어 자신도 전도를 했다고 말했다. 선교사는 너무나 반갑고 기뻤다. 그러나 누구에게 전도를 했느냐고 묻자, 여학생의 답변은 선교사를 기겁케 했다. 그녀는 자기 집 개와 성경공부를 했다는 것이었다. 개의 눈을 들여다보니 어찌나 선하게 보이던지, 이 개가 전생에 사람이었다는 느낌이 들었고, 다음 생에는 꼭 인간이 될 것 같아서 미리 전도했다는 것이었다.

남아프리카 공화국에는 마징가니란 작고 가난한 흑인마을이 있다. 거기에 한국선교사가 세운 교회가 있는데, 그 교회 교인들은 주일날 예배를 드린 후 곧장 병을 고치기 위해서 마을의 무당을 찾아가곤

270

했다. 성가대의 한 청년은 어머니가 무당이지만 교회에 착실하게 출석하고 있었다. 그러나 예배 후엔 어머니를 도와 귀신을 부르는 굿판에 참가하여 북을 쳐댔다. 하루 두 끼 옥수수죽을 먹기도 어려운 마을에서 무당은 자가용을 타고 다니고 있었다.

한국에서도 어려움을 당하면 예언가나 작명소를 찾는 성도들을 어렵지 않게 볼 수 있을 뿐만 아니라, 심지어 무당을 찾아가는 사람들도 있다. 이러한 혼합주의 신앙에 대해서는 성경에서도 찾아볼 수 있다. 마가복음 10장 17-22절에 나오는 부자청년을 보자. 영생을 얻기 위해 예수님을 찾아온 한 청년은 어려서부터 십계명을 잘 지켜온 사람이었다. 그러나 예수님께서, 재물을 다 팔아 가난한 자에게 나누어 주고 예수님을 따르라고 하자, 얼굴에 슬픈 기색을 띠고 근심하며 예수님 곁을 떠나갔다.

왜 이런 현상이 일어나는 것일까? 그것은 사람들이 평소에 가지고 있던 세계관이 기독교를 받아들인 다음에도 여전히 강하게 작용하고 있기 때문이다. 인도 여학생은 기독교를 받아들였지만, 힌두교의 윤회적 세계관의 관점에서 기독교를 이해했다. 또, 남아프리카 성도들이나 한국의 성도들은 샤머니즘적 세계관의 영향을 강하게 받고 있는 것이다. 성경의 부자청년이 믿고 있는 세계관 중심에는 '물질주의'가 크게 자리하고 있었다. 평소의 겉모습은 믿음이 좋은 그리스도인들로 보여도 그들 내면 깊숙이 자리한 세계관이 변혁되지 않았기에, 어려움에 처하게 되면 세계관이 지시하는 대로 따르기에 나타나는 현상이다. 이러한 형태의 신앙을 혼합주의 혹은 '이중충성'이라고 한다.

우리의 세계관은 충격적인 어려움을 당하거나 완전히 다른 문화권에 갔을 때 본모습을 적나라하게 드러낸다. 타문화권에 갔을 때, 자신으로서는 도저히 이해할 수 없는 사고방식을 가진 다른 부류의 사람들을 만나게 된다. 그때 우리는 자신의 세계관이 절대적인 것이 아니라 상대적인 것임을 깨닫게 되며 큰 충격에 휩쓸려 자아정체성에 혼란을 겪게 된다. 이런 문화충격 속에서 성경적 세계관이 굳건하지 않은 그리스도인일 경우에는 신앙마저 잃을 수 있다. 특히 타문화권에 복음을 들고 가는 선교사는 자신의 세계관을 점검하여 건강한 성경적 세계관으로 교정하고 치유한 후 선교지로 출발해야 한다. 세계관은 바다에서 항해를 할 때 필요한 나침반과 같은 역할을 한다. 유능한 선장은 캄캄한 밤에 폭풍우가 몰아치는 가운데서도 동서남북을 구분할 수 있어야 한다. 마찬가지로, 선교사는 혼란스러운 상황 속에서도 하나님의 영광을 향해 나아갈 수 있어야 한다. 선교사가 자신의 세계관을 굳건히 하지 않는다면, 타종교의 세계관을 가진 사람들이나 건강하지 못한 세계관을 지닌 사람들을 어떻게 올바른 방향으로 인도할 수 있겠는가?

그런데, 세계관 변혁이 필요하지 않는 사람이 있을까? 인간은 한 사람도 예외가 없이 타락한 존재들이고 그 흔적들을 가지고 있다. 다시 말해, 현재는 그리스도인이라고 해도 우리는 "자기의 영광"이란 방향으로 향해 있었던 사람들이다. 구원받고 성령의 인도하심으로 방향전환을 했다고 할지라도, 출애굽한 이스라엘 백성들이 상황이 어렵게 되자 모세를 원망하면서 애굽을 그리워했던 것처럼, 모든 인간들은 하나님의 영광을 향했다가도 상황에 따라서 쉽게 자기의 영광을 향해 방향전환을 하곤 한다. 그래서 성경은 '성령으로 시작하여 육으로

마치고 말겠느냐'라고 한탄하는 것이다(갈 3:3).

2006년에 브라질을 방문했을 때였다. 한 브라질 복음주의 선교단체에서 마나우스의 영적 정화작업을 위해 헬리콥터를 타고 상공으로 올라가 올리브유를 대량으로 유포했다는 이야기를 들었다. 마귀가 올리브유를 제일 무서워하기 때문이라고 했다. 영적 싸움은 바로 세계관 전쟁이다. 그런데 세계관의 변혁은 올리브유 가지고는 어림도 없다. 우리의 폐쇄적이고 단단해진 세계관은 어지간한 충격으로는 부서지지 않는다. 고통이 찾아오고 충격적인 일을 당할 때면, 어김없이 세계관이 흔들린다. 우리는 자주 혼란스럽다는 이야기를 한다. 세계관에 지진이 일어났다는 이야기와도 같다. 이때 우리는 성령의 주도하심으로 세계관이 새롭게 정립될 수 있도록 더욱 더 말씀과 기도에 주력해야 한다. 세계관의 변혁은 인간의 힘으로 되는 것이 아니라, 바로 성령의 사역인 것이다. 오직 성령의 능력으로만 가능한 것이라는 것을 주지해야 한다.

거친 바다 위에서

얼마 전에 브라질의 한 한인교회가 나의 '성경적 세계관'에 대해서 문의해 왔다. 이에 강의안 서두에 다음과 같은 글을 첨부하여 보냈다.

21세기는 "포스트모더니즘" 시대이다. 전 세계를 뒤 덮고 있는 이 문화 패러다임은 지상 교회들을 급속하게 세속화시키고 있다. 이에 그리스도인들은 성경이 제시하는 방향과 시각을 잃어버리고 세상의 한복판에서 자신이 어디로부터 왔는지, 무엇을 위해 살아야 하는지, 그리고 어디로 가야 하는지 알지 못한 채 거센 문명의 물결에 휩쓸려 가고 있다.

더욱이 포스트모더니즘은 "인간중심 사상"을 앞세우고 복음에 대해 저항하며 도전하고 있고, 그리스도인들로 하여금 "자기 영광"을 향해 가도록 부추기고 있다. 이러한 상황 속에서 교회와 그리스도인들은 "하나님의 영광"이란 방향을 회복하고 어떤 상황에서도 그 방향을 잃지 않기 위해서는 반드시 세계관 변혁을 이루어야만 한다. 즉, 성경이 제공하는 시각에 의한 인식 전환이 필요하다. 이에 본 강의는 인간중심주의, 물질중심주의, 과학·기술 중심주의, 자연중심주의, 신비주의에 매료되어 있는 그리스도인들에게 성경이 제시하는 방향과 시각을 일깨우고 자발적인 변혁의지를 이끄는 것을 목적으로 한다.

본 강의는 철학적이며 학술적인 접근을 통해, 어떤 이론과 학식을 더하는 것을 지향하지 않는다. 또한 돋보기를 가지고 숲의 나무만을 탐구하여 어떤 과학적인 결론을 도출하는 식의 연구도 제한한다. 이 강의는 숲 속에서 길을 잃은 사람이 숲 전체를 조망하고(시각), 목적지를 향한 올바른 길을 찾아(방향) 가도록 지도하는 것을 추구한다. 즉, 본 과목은, 그리스도인들이 세상을 하나님의 관점으로 인식하고 "하나님의 나라"란 궁극적인 목표를 향해 갈 수 있도록 이끄는 것을 지향한다.

그리스도인은 세상이라는 바다에 떠다니는 배와 같다. 즉, 그리스도인은 세상문화 속에서 살아야 한다. 그러나 배 안으로 물이 들어오면 배가 위험해지는 것처럼, 그리스도인은 세상의 문화에 점유당해서는 안 된다. 그러기 위해서 그리스도인들은 이 세상이란 바다가 어떤 방향으로 흘러가며 어떤 속성을 가졌는지를 잘 알아야만 한다. 즉, 삶의 올바른 방향을 유지하기 위해서는 자신이 살고 있는 시대의 문화와 사조를 알고 대처해야만 한다.

그렇다면 현대를 아우르는 문화와 사조는 무엇인가? 포스트모더니

274

즘이다. 제2차 세계대전이 종결되기까지 서구세계를 풍미하였던 시대사조를 모더니즘이라고 한다면, 20세기 후반기부터는 "후기 산업시대", "후기 자본시대", "대중적 전자시대", "컴퓨터 시대", "불확실성의 시대", "지구촌 시대" 등을 포괄하는 포스트모더니즘이라고 한다.4) 포스트모더니즘은 탈중심주의, 탈전통주의, 탈식민주의, 페미니즘(feminism), 오리엔탈리즘(orientalism), 해체주의(deconstruction) 등의 개념을 앞세우고 등장하였고5) 정치, 경제, 사회 등 거시적인 면뿐만 아니라 개인의 미시적이고 은밀한 부분에 이르기까지 영향을 미치고 있다.

포스트모더니즘은 절대성을 부인하고, 상대주의(relativism) 또는 다원주의(pluralism)를 주장하면서 평화주의(pacifism)를 이끌어냈다.6) 포스트모더니즘은 식민통치에서 벗어나 주권을 회복한 국가와 민족들 가운데서 일어난 강력한 민족주의(nationalism)와 전통 문화 및 종교의 부흥운동과도 관련이 있다. 비록 대부분의 비서구 세계가 근대화의 과정에서 서구화를 추구하고 있지만, 반식민주의적인 민족주의 입장에서는 어느 특정 민족문화나 민족종교의 우월성을 인정할 수 없었다.

---

4) 포스트모더니즘은 물리학의 발전에 의한 컴퓨터 공학의 발달로 정보화시대를 이끌고 있으며, 대량생산, 대량전달을 중심으로 했던 산업사회의 획일화의 한계를 넘어서서 다품종 소량생산과 정보화에 의한 다양한 소비를 목표로 하는 후기 산업사회를 이끌었다.

5) Richard Rorty, *Objectivity, Relativism, and Truth: Philosophical Papers* (Cambridge: Univ. Press, 1991), 202; Diogenes Allen, *Christianity Belif in a Postmodern World: The Full Wealth of Conviction* (Kentucky: Westminster/ Jhon Knox, 1989), 2: 디오게네스 알렌(Diogenes Allen)은 현대사회를 받쳐주던 계몽주의 시대에 형성되었던 원리의 기반들이 붕괴되었다고 말했다.

6) Francis J. Beckwith and Gregory Koukl, *Relativism: Feet Firmly Planted in Mid-Air* (Grand Rapids: Baker, 1998), 12-13. 포스트모던주의자들은 종교 자체를 거부하지 않는다. 절대성이나 권위를 주장하지 않는 한 모든 종교를 수용한다.

아마존 강의 노련한 선장님. 유능한 선장은 어떠한 상황 속에서도 방향감각을 잃어서는 안 된다. 우리 모두는 이 세상이라는 바다를 항해하는 인생이란 배의 선장이다.

따라서 다원주의적 사고가 국제 사회에서 수용되었으며, 특히 문화에 있어서는 더욱 그러하였다.[7] 아울러 포스트모더니즘의 세계는 경제적인 것을 가장 가치 있는 것으로 생각하는데, 문화 활동에 있어서도 경제적인 가치를 창출하는 문화상품을 추구한다. 또한 포스트모더니즘의 전자사회, 고도로 조직화된 집단사회는 자아의 무력감을 생성하고 결국 자아의 죽음을 선포하게 한다.[8] 그리고 사람들로 하여금 인생에 대한 심층적 깊이를 회피하게 하고 아무 생각 없이 표층적인 삶을 살게 한다. 또한 허무주의와 비관주의에 허덕이고 있는 인생들에게 진리상대주의는 "네가 원하는 대로 믿고 생각하라", "너에게 좋으면 그것이 좋은 것이다"라는 가치관을 심어 준다. 그리고 "고정된 도덕이란 없다"라는 도덕의 무정부주의를 형성하게 한다.[9]

포스트모더니즘의 문화적 특성은, 다양성과 이질적인 요소를 섞

---

7) 김승호, "포스트모던문화상황에서 한국복음주의 교회의 선교,"「성경과 신학」 vol. 39 (2006), 177-178; 전명수, "포스트모던 사회의 종교문화에 관한 성찰: 포스트모더니즘이 종교에 미친 영향과 전망을 중심으로,"「신종교연구」 vol. 15 (2006), 289-291.

8) 김욱동, 『포스트모더니즘의 이해』 (서울: 문학과 지성사, 1990), 433-434.

9) 윌리엄 슈바이커, 『포스트모던 시대의 기독교 윤리』, 문시영 역 (서울: 살림, 2003), 86-91.

거나 과거의 것을 인용하는 등 기존 규범을 해체하면서도 종합을 지향한다.10) 이러한 변화는 문화의 중심부에 자리하는 종교에도 지대한 영향을 미쳤다. 포스트모던 사회의 종교적 변화는 크게 원시신앙의 부흥과 공식종교들의 자기적응으로 나타나고 있다. 모더니즘은 세속화 (secularization)와 더불어 종교의 기능은 사라질 것으로 예견하였다.11) 그러나 오늘날 종교는 없어지지 않고 오히려 초자연적인 현상을 중시하는 신앙이 모더니즘의 쇠퇴와 더불어 나타났다. 특히 원시종교는 민간 신앙으로서 공적으로는 억압의 대상이 되어왔으나 대중의 습속으로 존속되었고 문화화되었다. 원시종교의 다신론 또는 범신론적 신관은 포스트모던시대가 추구하는 다원주의적 사고에 가장 상응하는 것이라고 할 수 있다. 그러므로 근대의 과학적 세계관의 등장과 함께 미신으로 비판되고 억압되어 왔던 원시종교들이 민족주의의 부상에 힘입어 과거의 자리를 회복하고 있다. 이는 현 시대가 신앙의 해방과 자유를 구가하면서 유일신론을 배척하고 다신론과 범신론의 신관을 합리성보다는 신비성을 추구함에 있어서 논하게 되었기 때문이다.

포스트모더니즘은 모더니즘의 네 가지 정신, 즉, 신의 섭리, 자아의 중심, 역사의 의미, 경전의 준거성을 거부한다. 이 사조는 신은 인간의 투영에 불과하고 초월적 신은 존재하지 않는다고 주장한다. 이러한 주장들이 대중의 호응을 얻고 급격히 부상하자, 공식종교들은 대중 속에서의 존속을 위하여 "종교간 대화와 평화, 관용과 타협을 도모"하

---

10) 김영한, "포스트모던 시대의 목회 패러다임," 「조직신학연구」 vol. 4 (한국복음주의조직 신학회, 2004), 12-18.
11) 니체, 포이에르 바하, 프로이드 등 초기의 하비 콕스가 이러한 견해를 대변하였다.

는 종교다원주의를 등장시켰다. 그리고 신학적 독선주의나 교파주의의
극복과 정치적 연합운동을 추구하기에 이르렀다. 게다가 포스트모더니
즘의 핵심에 있는 뉴에이지(New Age) 운동은 현대 철학과 심리학을
혼합한 각종 비기독교적 종교들의 갖가지 사상들을 혼합한 것이다.12)
뉴에이지 운동이 서구에서 흥행하는 까닭은 사람들의 모든 필요를
이것이 충족시켜 줄 수 있다고 믿어지기 때문이다.13) 1960년대는
서구사회가 어려움에 직면해 있던 시기였고 아울러 동양의 종교가
서구로 몰려 들어오는 시기였다.14) 즉, 중동이나 아시아에서 많은
사람들이 자신들의 종교를 가지고 서구세계에 정착했다. 이 때 미국과
영국 등지에서 학생들은 자유와 인권을 부르짖었고 노동자들은 정부의
권위에 대항하였을 뿐만 아니라 교회와 기독교 자체에 회의를 품었다.
이러한 영적 진공 상태에서 젊은이들은 마약에 빠져들었고 동양의
신비종교에 매력을 느끼게 되었다.15)

　　뉴에이지의 신앙코드는 첫째, 모니즘(monism)이다.16) 이는 모든
것이 하나라고 주장한다. 세상은 하나의 환상이며, 모든 사람은 하나님
의 일부라는 것이다. 둘째, 범신론(pantheism)이다.17) 뉴에이지는 "너희

12) 박영호, "뉴에이지 운동 이해," 「성서연구」 vol. 1 (한국성서신학교 선교문제 연구소,
　　1992), 401.
13) E. Davies, "뉴에이지 운동 비판," 「성경과 신학」 vol. 12 (한국복음주의신학회,
　　1992), 374.
14) Ibid., 376.
15) 박영호, 『뉴에이지 운동 평가』 (서울: 기독교문서선교회, 1992), 9.
16) 김호, 『뉴에이지운동』 (서울: 생명의 말씀사, 1997), 38-43; E. Davies, "뉴에이지
　　운동 비판," 378-384.
17) 론 로우즈, 『뉴 에이지 운동』, 이재하 역 (서울: 도서출판 은성, 1996), 11-12.

가 하나님과 같이 되리라"(창 3:5)는 성경구절을 범신론의 관점으로 해석하며, 힌두교로부터 "만물이 신"이라는 주장과 명상법을 가져왔다. 즉, 신과의 합일을 경험함으로써 구원에 이른다고 주장하고 있다. 그리고 모든 종교의 신을 다 수용하고자 노력한다.[18] 셋째, 환생 (reincarnation)이다.[19] 힌두교에는 유기적 · 무기적 두 가지 환생이 있지만, 뉴에이지는 인간은 인간으로만 환생한다고 믿는다.

뉴에이지의 추구하는 것은 "새로운 시대"다.[20] 즉, "구시대는 기독교의 시대였지만, 이제 기독교는 종말을 고하고 있다. 따라서 새 시대를 위하여 준비해야 한다"라고 주장하면서, 명상을 중요하게 생각한다. 명상을 통해서 우주의 에너지와 하나가 될 수 있다고 믿기 때문이다. 또한 뉴에이지는 변화(transformation)를 추구한다. 자신이 신이라고 생각할 때 인간은 변화하는데, 이를 위해 요가, 초월명상, 최면술, 영매술 등이 필요하다고 주장한다.

뉴에이지는 지구상에 존재하는 모든 미신적이고 원시적인 신비종교들을 통합하고 혼합하여 포스트모던 시대의 유일한 종교로 군림하려 한다. 그리고 뉴에이지는 포교방법을 다변화하면서 음악, 영화, 문학 등 모든 문화영역에서 적극적인 활동을 벌이고 있다. 그러므로 사람들은 모든 영역에서 뉴에이지와 접촉하게 되었다. 그 이외에도 뉴에이지는

---

18) 신상언, 『사탄은 마침내 대중문화를 선택했습니다』(서울: 낮은 울타리, 1992), 83-84.
19) 마크 C. 올브레크, 『뉴 에이지 운동과 환생』, 박영호 역 (서울: 기독교문서선교회, 1992), 13-15.
20) E. Davies, "뉴에이지 운동 비판," 378-384: 박영호, 『뉴 에이지 운동과 영매술』(서울: 기독교문서선교회, 1992), 73-85 참조.

과학적 세계관21)에 신비성과 종교적 차원을 보완시킨 신과학(New Science), 즉 과학과 종교를 절충한 퓨전(fusion) 과학을 옹호하고 후원하고 있으며, 공상과학소설이나 심령과학에 종교적 기반을 제공하고 있다.22)

포스트모던 시대를 맞은 기독교는 전도와 목회의 어려움을 겪고 있다. 최대의 가치가 경제적인 것이라 외치는 시대, 권위를 인정하지 않는 시대, 절대 진리를 부인하는 시대, 인본주의, 심지어 인간이 신이라고 외치는 시대, 종교다원주의 시대, 자유주의 신학이 급부상하고 있는 상황 속에서 복음주의 교회들은 휘청거리고 있다. 포스트모더니즘이라는 바다를 항해하는 믿음의 배가 침몰당하지 않으려면 지나치게 상황화하거나 세상과 타협해서는 안 되며, 보다 정확하고 분명한 방향성과 시각을 가져야만 할 것이다. 사도 바울이 잘못을 저지른 성도들을 치리하지 않은 고린도 교회를 심히 꾸짖었던 소리를 우리는 들어야 한다. 권면과 징계가 없이 교인들의 비위 맞추기에 급급한 인본주의적 교회는 당장은 거대한 성을 쌓을 수 있을지 모르지만 천국을 향해 갈 수는 없지 않겠는가?

포스트모던시대의 신앙코드인 종교다원주의, 원시종교, 뉴에이지는 아프로-브라질종교와도 일맥상통한다. 이것은 무엇을 의미하는가? 바로 포스트모더니즘의 해가 저물 때까지 아프로-브라질종교는 축소되거나 해체되지 않을 것을 의미한다. 이 종교는 뉴에이지의 거대한

---

21) 창조신앙이나 종말신앙과 같은 교리를 가르치는 역사적 종교는 과학적 사고와 영역 분쟁을 일으키지만, 현상 세계에 대한 과학의 원위를 인정하면서 초월적인 신비성만을 추구하는 종교는 과학과 충돌할 필요가 없다.

22) E. Davies, "뉴에이지 운동 비판," 378-384.

2013년 성경적 세계관 세미나를 마치고 마나우스 오순절 리더들과 함께.

회오리 속에서 동질성을 뽐내며 활약하든지, 능수능란한 변화술과 혼합술을 사용하여 대중이 선호하고 환호하는 다른 종교의 이름을 빌리거나 새 옷을 입고 나타날 가능성을 결코 배제할 수 없다. 이 종교의 신념은 전 세계에 물결치고 있는 포스트모더니즘을 통해 브라질과 대척점에 있는 한국에까지 영향을 미치지 않을까? 두 나라는 이미 경제적으로나 문화적으로 교류가 잦아지고 있다. 대기업들의 브라질 진출은 이제 봇물 터지듯 하여 수많은 주재원들이 브라질에 당도할 것이다. 이러한 상황은 브라질의 문화, 곧 그들의 행동, 가치, 신념,

세계관이 한국의 문화에도 커다란 영향을 미칠 것을 예견하게 한다. 인터넷 검색 창에 '상빠울루'를 입력하면 한국에 있는 브라질 바베큐 뷔페집이 주루룩 뜬다. 브라질은 이제 멀고 낯선 나라가 아니다. 이미 브라질은 한국 속에 깊이 들어와 있는 것이다. 브라질은 월드컵, 올림픽을 개최하는 나라로, BRICs(신흥 공업국들) 중 가장 가능성 있는 나라로 전 세계의 관심을 끌고 있다. 그러므로 아프로-브라질종교의 세계관, 즉 이 종교의 방향과 시각을 더 많은 사람들이 공유할 것이라고 나는 전망한다.

작년 방문 때의 일이다. 몇 사람으로부터 "이제는 브라질에 선교사 보낼 필요가 없다"라는 이야기를 들었다. 이미 약 3만 4천 명의 브라질 현지인 사역자들이 선교사로 다른 나라에서 사역하고 있다. 한국보다 더 많은 수의 선교사가 배출된 것이다. 게다가 한국에서 오는 선교사들은 오히려 선교를 방해할 뿐이라는 이야기는 다소 공감이 가기도 했다. 그러나 선교는 쌍방적인 것이다. 나의 관점에서, 선교사는 먼저 자신을 위해서 선교지로 가야만 한다. 선교지로 부르시는 하나님의 뜻은, 타민족의 유익을 위해서 일방적으로 희생하라는 것이 아니다. 하나님께서 우리를 타문화권 선교사로 보내시는 이유는, 훈련을 위한 것이다. 우리로 하여금 하나님의 상속자로서 그 면모를 갖추게 하기 위해서이다.

선교사에게 주어지는 가장 큰 과제는 문화변혁이다. 즉, 선교지 사람들의 세계관을 성경적 세계관으로 이끌라는 것이다. 물론 브라질의 문화변혁은 현지인들에 의해 이루어져야 하지만, 그들을 지도하고 도와주는 역할은 선교사들의 몫이다. 그런데 성경적 세계관 정립이

안 되었거나, 탈진으로 영적 · 육적 건강에 적신호가 켜진 선교사들은 이 일을 감당할 수 없다. 이에 이런 선교사들을 케어하고 회복시키는 사역자들도 필요하다. 또한 신입 선교사들이 서툴고 실수를 많이 저지른다고 할지라도, 다른 각도에서 보면 분명히 어떤 긍정적인 역할을 한다는 것을 알 수 있다. 아울러 브라질의 복음주의 교회들은 비록 규모가 크다고 할지라도 어린 교회들이 대부분이다. "돌봄이 필요한" 교회들인 것이다. 게다가 아직도 여전히 브라질은 아프로-브라질종교의 나라이다. 그러므로 "한국에서 선교사 파송하지 말라"는 주장들은 하나님의 선교에 적극적으로 순응하는 것이 결코 아닐 것이다.

브라질의 유럽이라고 불리는 뽀르뚜알레그리를 비롯한 히우그란지두수우 주는 복음주의 교회가 약화되고 있는 반면에 아프로-브라질종교가 가장 빠르게 성장하고 있는 곳이다. 또한 유럽의 사교들이 사람들의 삶을 무너뜨리고 사탄의 진(陣)을 확장해 가고 있다. 그러므로 어느 지역보다도 이 도시에는 풍부한 선교경험과 능통한 언어구사, 그리고 영적 은사가 충만하고 신학적 · 인격적 소양을 갖춘 선교사들이 많이 필요하다. 나는 이 도시가 복음으로 깨어나 그 방향을 회복하고 사탄의 진을 무너뜨림으로써 우리 주님으로부터 "매우 충성스럽고 용감하다"라고 칭찬받기를 소원한다.

참고문헌

강승삼.『세계관과 영적 전쟁』. 서울: 총신대 선교대학원, 2004, 강의안.

김승호. "포스트모던문화상황에서 한국복음주의 교회의 선교."「성경과 신학」
      Vol. 39. 2006: 158-193.

김영철. "브라질 문화의 흑인성 연구: 형성 과정과 측성을 중심으로." 박사학위논문.
      한국외국어대학교 대학원, 2003.

───. "브라질 오순절 운동의 토착화: 성장과정을 중심으로."「이베로 아메리카」
      제15권. 2004.

───. "앙골라 전통문화에 미친 포르투갈의 문화."「한국아프리카학회지」제4권.
      2001: 177-205.

───. "브라질 문화의 흑인성 연구: 아프로 브라질 종교를 중심으로."「국제지역
      연구」제7권. 서울: 한국외국어대학교 외국학종합연구센터, 2003: 157-185.

───. "MPB에 나타난 브라질 문화의 특성."「이베로아메리카」제4권. 부산:
      부산외국어대학교, 2002: 127-145.

김영한. "포스트모던 시대의 목회 패러다임."「조직신학연구」Vol. 4. 서울: 한국복
      음주의 조직신학회, 2004: 11-39.

김용재 · 이광윤.『포르투갈 브라질의 역사문화 기행』. 부산: 부산외국어대학교,
      2000.

김완기. "브라질 선교를 위한 영매술에 관한 고찰." 석사학위 논문 총신신학대학, 1993.

김욱동.『포스트모더니즘의 이해』. 서울: 문학과 지성사, 1990.

김인규.『브라질 문화의 틈새』. 서울: 다다미디어, 1998.

김철기. "아마존 검은 강 인디오 부족 복음화 전략." 박사학위논문. 풀러신학교, 2005.

김철성.『아마존 인디오를 향한 사랑: 브라질 원주민 선교현장 이야기』. 서울:
      경향문화사, 1998

김호.『뉴에이지운동』. 서울: 생명의 말씀사, 1997.

박승호. "가우샤 선교를 위한 방안." 신학석사학위 논문, 장로교신학대학원 2004.

박윤선.『성경주석 사무엘·열왕기·역대기』. 서울: 영음사, 1980.

박영호.『뉴 에이지 운동과 영매술』. 서울: 기독교문서선교회, 1992

───. "뉴에이지 운동 이해."「성서연구」Vol. 1. 1992: 401-23.

성남용. 『선교현장 리포트』. 서울: 생명의 말씀사, 2006.

손동신. "선교적 교회를 위한 목회자 선교계속교육." 「복음과 선교」 제5집. 2005. 12.

신상언. 『사탄은 마침내 대중문화를 선택했습니다』. 서울: 낮은 울타리, 1992.

이남섭. "라틴아메리카 오순절 교회운동의 사회학적 연구를 위한 서론: 칠레와 브라질의 경우를 중심으로." 「신학과 사회」 제11집. 1997: 253-262.

올브렉크, 마크 C. 『뉴 에이지 운동과 환생』. 박영호 역. 서울: 기독교문서선교회, 1992.

윤택동. "브라질의 불평등현상에 대한 제도경제학적 분석." 『오늘날의 라틴아메리카: 혼돈과 발전』. 2003: 27-46.

징화경. "아프로-브라질종교와 선교 상황화 전략 연구." 박사학위 논문, 백석대학교 대학원, 2008.

정흥호. 『복음과 상황화』. 서울: 기독교문서선교회, 2004.

조이환. "포르투갈의 종교와 종교의식: 포르투갈의 종교와 축제." 『종교로 본 서양문화』. 서울: 역민사, 2002.

주종택. "라틴아메리카의 사회변화와 축제: 껠라겟사와 카니발의 사례." 「라틴아메리카연구」 Vol. 17. No. 3. 2004: 131-161.

최금좌. "질베르투 프레이리의 인종민주주의론에서 열대학까지." 이성형 편집. 『라틴아메리카의 역사와 사상』. 서울: 까치글방, 1999: 265-284.

──────. "삼바: 브라질 전통의 진수." 「중남미 연구」 Vol. 20. 2001: 17-28.

최정만. 『비교종교학 개론』. 서울: 이레서원, 2003.

──────. 『월드뷰와 문화이론』. 서울: 이레서원, 2006.

최영수. "브라질 흑인(Afro-Brazilian)에 관한 연구." 「중남미 연구」 제20권. 2001. 12: 131-144.

──────. "브라질인의 민족적 특성에 관한 고찰." 「중남미 연구」 제19권. 2호. 2000: 57-87.

──────. "브라질의 문화코드와 의사소통방식." 「중남미 연구」 제23권. 2호. 서울: 한국외국어대학교 중남미연구소, 2005: 131-164.

──────. "브라질인의 종교와 종교의식." 「국제지역연구」 제4권. 4호. 서울: 한국외국대학교, 2000: 91-129.

누네스, 에밀리오 A. 『라틴아메리카의 위기와 희망』. 변진석 역. 서울: 기독교문서선교회, 2004.

다비스, E. "뉴에이지 운동 비판." 「성경과 신학」 vol. 12. 한국복음주의신학회, 1992.

맥도웰, 죠쉬 · 스튜어트, 돈.『오컬트』. 이호열 역. 서울: 기독지혜사, 1989.

보팅, 더글러스.『리오데자네이로』. 서울: 한국일보 타임-라이프, 1988.

로우즈, 론.『뉴 에이지 운동』. 이재하 역. 서울: 도서출판 은성, 1996.

슈바이커, 윌리엄.『포스트모던 시대의 기독교 윤리』. 문시영 역. 서울 살림, 2003.

오츠, 웨인 E.『현대종교심리학』. 정태기 역. 서울: 대한기독교서회, 1994.

존스, 마틴 로이드.『귀신들림, 점술, 강신술』. 김현준 역. 서울: 꿈지기, 2006.

존스톤, P.『세계기도 정보』. 서울: 죠이선교회, 2002.

코흐, 쿠프트 E.『악마를 찾아내는 46가지 방법』. 조성기 역. 서울: 황금가지, 2000.

──────.『사탄의 전술전략』. 서울: 예루살렘, 1986.

펠츨, 폴커.『브라질』. 박영원 역. 서울: 휘슬러, 2005.

해리스, W.『베이커 성경주석 사무엘상·하』. 장귀복 역. 서울: 기독문화사, 1990.

히버트, 폴 G.·쇼, 다니엘·테에노우, 티트.『민간종교 이해: 대중적인 신념과 실행에 대한 기독교적 반응』. 문상철 역. 서울: 한국해외선교회출판부, 2006.

──────.『선교와 문화인류학』. 김동화 외 3인 공역. 서울: 죠이선교회출판부, 2000.

──────.『선교현장의 문화이해』. 김영동·안영권 공역. 서울: 죠이선교회출판부, 2001.

Abraham Man Soo, Mok. "The Practies of Macumba in Afro-Brazilian Religion: A Description and Evaluation from a Missiological Perspective." Ph. D. Fuller Theological Semnary School of World Mission, 1999.

Awolalu, J. Omosade. *Yoruba Beliefs and Sacrificial Rites.* Essex: Longmana Hoause, 1979.

Bastide, Roger. *The African Religions of Brasil.* trans. Helen Sebba. Baltimore and London: The Johns Hopkins Univ. 1960.

Bastos, Abguar. *Os Cultos Má Gico-Religiosos No Brasil.* São Paulo: Editora Hucitec, 1979.

Beckwith, Francis J. and Koukl, Gregory. *Relativism: Feet Firmly Planted in Mid-Air.* Grand Rapids: Baker, 1998.

Bethell, Leslie. *Colonial Brazil.* revised ed.: New York: Cambridge Univ. Press, 1987.

Bosch, David. *Transforming Mission: paradigm shifts in theology of mission.* Maryknoll, New York: Orbis Books, 1991.

Bruneau. *Thomas The Church in Brazil: The Politics of Religions.* Texas: Univ. of Texas Press, 1982.

Burdick, John. *Looking for God in Brazil*. California: Univ. of California Press, 1993.

Burns, E. Brandforld. *A History of Brazil*. New York: Columbia Univ. Press, 1970.

Cabal, H. L. *The Revolution Latin America Church*. Norma: Univ. of Oklahoma Press, 1978.

Calogeras, João Pandiá. *A History of Brazil*. tran. Percy Alvin Martin. New York: Russell and Russell, Inc., 1963.

Carriker, C. Timothy and Barro, Antonio Carlos. "As Religiões Afro-Brasileiras." *Ultimato*. Vol. xxx. No. 245. 1997. 3: 30-34.

Clair, David. *Drum and Candle*. New York: Doubleday, 1971.

D'araujo Filho, C. F. *Pricipados e Potestades*. São Paulo: Munado Cristão, 1984.

Degler, Carl N. *Neither Black Nor White: Slavery and Race Relations in Brazil and United States*. New York: The MacMillan Comany, 1971.

Diogenes, Allen. *Christianity Belif in a Postmodern World: The Full Wealth of Conviction*. Kentucky: Westminster Jhon Knox, 1989.

Hemming, John. *Red Golg: The Conquest of the Brazilian Indiasns*. Cambridge: Harvard Univ. Press, 1978.

Henry, Jules. *Jungl People*. New York: Vintage Books, 1964.

Hesselgrave, David J. *Communicating Christ Cross-Culturally*. Grand Rapids: Zondervan, 2001.

Hiebert, Paul G. *Anthropological Insight for Mission*. Grand Rapids: Baker Book House, 1985.

Huxley, Francis. *Affable Savages: An Antropologist Among The Urub Indians of Brazil*. New York: The Viking Press, 1957.

Itioka, Neuza. "The Challenge of Umbanda-Brazilian Low Spiritism to the Christian Community: Its Theological and Pastoral Implications." D. Miss, Fuller Theological Semnary, 1986.

────. *Os deuses da Umbanda*. Rio de Janeiro: ABU., 1989.

Johnson, A. Harmon. "Authority over the Spirits." M. A. thesis. Fuller Theological Seminary, 1969.

Kloppenburg, Boaventura. *A Umbanda no Brasil*. Rio de Janeiro: Vozes, 1961.

Kraft, Charles H. *Deep Wounds Deep Healing*. Grand Rapids: Servant Publications, 1993.

──. *I Give You Authority*. Grand Rapids: Chosen Book, 1997.

──. *Defeating Dark Angel*. Ann Arbor: Vin Book, 1992.

──. *Christianity in culture: A Study in Dynamic Biblical Theologizing in Cross-cultural Perspective*. Maryknoll: Orbis Books, 2000.

──. *Communication Theory for Christian Witness*. New York: Orbis Books, 1991.

Lima, Vicente. *Xangô*. Recife: Jornal do Commercio, 1937.

Mckenzie, Peter. *Hail Orisha!*. Koninklijeke: E.J. Brill, 1997.

Morse, M. Richard. ed., *The Bandeirantes: The Historical Role of The Brazilian Pathfinders*. New York: Afred A. Knopf, 1965.

Morwyn. *Magic from Brazil: Recipes, Spells and Rituals*. revised ed.: Minnesota: Llewellyn, 2001.

Page, Joseph A. *The Brazilians*. New York: Da Capo Press, 1995.

Pieroson, Paul E. A Younger Church in Search of Maturity. Texas: Trinity Univ. Press, 1974.

Poppino, Rolle E. *Brazil: The Land and People*. New York: Oxford Univ. Press, 1968.

Pordeus, Ismael Jr. *A Magia do Trabalho: Macumba Cearense e Festas de Possessão*. Fortaleza: Secretaria de Cultura e Desporto de Estado de Ceará, 1993.

Ribeiro, René. "On the Ameziado Relationship." *American Sociological Review*. No. 1. 1945: 14-49

Rodrigues, José Honório. *Brazil and Africa*. trans. Richard A. Mazzara and Sam Hileman. Berkeley & California: Univ. of California Press, 1965.

Rorty, Richard. *Objectivity, Relativism, and Truth: Philosophical Papers*. Cambridge: Univ. Press, 1991.

Talbot, P. A. *The People of Sothern Nigeri*a. London: Frank Cass and Co., Ltd., 1969.

Voeks, Robert A. *Sacred Leaves of Candomblé: African Magic, Medicine and Religion in Brazil*. Texas: Univ. of Texas Press, 1997.

Veja. São Paulo: Abril, 1990. 12. 19.

Veja São Paulo: Abril, 1993. 4. 21.

288